Tom Yeakley

Leiten mit Charakter

10 Wesensmerkmale für Menschen in geistlicher Verantwortung

AF727365

Francke

Über den Autor:

Tom Yeakley ist seit über 30 Jahren bei den Navigatoren im Bereich Leiterschulung und Coaching aktiv. Zusammen mit seiner Frau Dana berät er junge christliche Führungskräfte in den USA und weltweit. Die beiden leben in Colorado Springs. Sie haben drei Kinder und acht Enkelkinder. developingkingdomleaders.com

FSC
www.fsc.org
MIX
Papier aus verantwortungsvollen Quellen
FSC® C014138

Um der besseren Lesbarkeit des Textes willen verwenden wir die feminine und maskuline Form im Wechsel, wobei wir jeweils das andere Geschlecht mit ansprechen.

Falls nicht anders vermerkt, sind die Bibeltexte aus Lutherbibel, revidierter Text 2017, © 2016 Deutsche Bibelgesellschaft, Stuttgart
Einige Bibeltexte sind nach BasisBibel zitiert,
© 2021 Deutsche Bibelgesellschaft, Stuttgart

Bibliografische Information der Deutschen Nationalbibliothek
Die Deutsche Nationalbibliothek verzeichnet diese Publikation in der Deutschen Nationalbibliografie; detaillierte bibliografische Daten sind im Internet über http://dnb.dnb.de abrufbar.

ISBN 978-3-96362-300-4
Alle Rechte vorbehalten
Originally published in English in the U.S.A. under the title:
Growing Kingdom Character, by Tom Yeakley
Copyright © 2011 by Tom Yeakley
German edition © 2022 by Francke-Buch GmbH, 35037 Marburg an der Lahn with permission of NavPress, represented by Tyndale House Publishers. All rights reserved.
Deutsch von Lingua Stedtnitz, Berlin
Umschlagbild: Pexels, Jeffrey Czum
Umschlaggestaltung: Marina Köberlein
Satz: Francke-Buch GmbH
Printed in Czech Republic

www.francke-buch.de

Inhalt

Für meine Frau Dana und unsere drei Kinder –
Michael, Amy und Stephen,
die Gottes stetigem Prozess meiner eigenen Entwicklung
hin zu einem christusähnlichen Charakter
immer mit Geduld und Verständnis begegnet sind.

Mein herzlicher Dank gilt allen, die mir beim Schreiben dieses Buches geholfen haben. Ich danke insbesondere Jerry Bridges, Dr. Bobby Clinton, Terry Cook, Kevin DiFelice, Dr. Erwin Lutzer, Jack McQueeney, Lee und Debbie Maschhoff, Dr. Doug Nuenke, Steve Rugg, Paul und Phyllis Stanley und Dr. Jerry White dafür, dass sie mich nicht nur ermutigt haben, dieses Buchprojekt in Angriff zu nehmen, sondern auch dazu, im Hinblick auf meine Charakterentwicklung weiterzukommen.

Einleitung

Auf den Charakter kommt es an

Heiligung geschieht durch das Wirken des Heiligen Geistes in uns, indem er nach und nach unser innerstes Wesen verändert. (...) Sie beinhaltet unsere aufrichtige Antwort im Gehorsam und die regelmäßige Anwendung der geistlichen Disziplinen, die Instrumente der Heiligung sind.

JERRY BRIDGES

Ich bin der Weinstock, ihr seid die Reben. Wer in mir bleibt und ich in ihm, der bringt viel Frucht; denn ohne mich könnt ihr nichts tun.

JOHANNES 15,5

Die meisten angehenden Leitenden, die noch wenig Leitungserfahrung haben, sind davon überzeugt, dass es vor allem darauf ankommt, sich bestimmte »Führungsqualitäten« anzueignen. Terminvorgaben müssen eingehalten und Strategiepläne vorgelegt, wichtige Veranstaltungen wollen organisiert und geleitet werden. Junge Führungskräfte sind deshalb vor allem damit beschäftigt, jene Fertigkeiten zu erwerben, die sie brauchen, um ihre Arbeit zu tun und der stetig wachsenden Verantwortung gerecht zu werden. Wem es gelingt, im Bereich der Führungskompetenzen Fortschritte aufzuweisen, der wird mit größerer Verantwortung und zunehmendem Einfluss belohnt. Das ist der Lohn einer erfolgreichen Leitungsperson. Kein Wunder, dass der geschäftige Alltag des Leitens die Zeit und Energie frisst, die eigentlich für die bewusste Entwicklung des Charakters gebraucht würde.

Die frühzeitige Konzentration auf den Kompetenzerwerb führt oft dazu, dass Leitungspersonen auf dem Höhepunkt ihrer Karriere ankommen, um dann festzustellen, dass ihre inneren Qualitäten und ihr eigentlicher Charakter noch völlig unterentwickelt sind – und damit zu schwach für die ihnen aufgebürdete Last ihrer Position. Der Druck und die Anforderungen der komplexer werdenden Leitungsaufgaben decken Charakterschwächen auf, die man jahrelang ignoriert oder verdrängt hat. Und jetzt, wo man größere Verantwortung trägt, lassen sich die Auswirkungen dieser Schwächen nicht länger ignorieren, da ihre Auswirkungen auf Mitarbeitende und ganze Arbeitsbereiche exponentiell zugenommen haben. So geht es vielen jungen Führungskräften: Sie jagen Fähigkeiten hinterher und müssten eigentlich an ihrer Charakterentwicklung arbeiten. Führungskompetenzen zu erwerben, ist notwendig, aber Charakterentwicklung ist sehr viel wichtiger. Und um tiefen und echten Charakter zu entwickeln, müssen wir zuerst auf Jesus Christus schauen.

Ein langwieriger Prozess

Ich bin in Central Florida aufgewachsen, wo das ganze Jahr über Gartenarbeit angesagt ist. Jeden Samstagmorgen übergab mein Vater meinem Bruder und mir eine Liste mit Aufgaben, die wir zu erledigen hatten, bevor wir anschließend mit unseren Freunden aus der Nachbarschaft spielen durften. Für mich war das Spielen natürlich weitaus interessanter als die Arbeit und so versuchte ich, meine Jobs so schnell wie möglich zu erledigen.

Wenn ich die Liste abgearbeitet hatte, ging ich damit zu meinem Vater, der meist irgendwo anders im Garten beschäftigt war, und er überprüfte die Ergebnisse meiner eiligen Bemühungen. Er zeigte mir, wo immer noch ungemähtes Gras spross, wo nach wie vor Unkraut im Blumenbeet wuchs oder wo ich eine Aufgabe völlig »vergessen« hatte. Dann schickte er mich zurück an die Arbeit. Meine Enttäuschung und Frustration waren häufig offensichtlich, weshalb er mir zur Erinnerung mitgab: »Wenn du Zeit hast, es nochmals zu tun, hast du auch Zeit, es beim ersten Mal richtig zu machen!«

Was mir damals als Kind nicht klar war – wofür ich meinem Vater aber heute sehr dankbar bin –, ist die Tatsache, dass er mir durch die wöchentliche Gartenarbeit etwas Wesentliches beigebracht hat. Sie diente meiner Charakterschulung. Ich lernte, wie wichtig es ist, gut und gründlich zu arbeiten, keine Aufgabe auszulassen, geduldig zu sein, Ausdauer zu entwickeln und vieles andere mehr – und das alles, indem ich Rasen mähte, Kanten gerade schnitt und Unkraut jätete. Es war ein langwieriger Prozess und es dauerte, bis sich durch stetiges Wiederholen meine Einstellung und mein Verhalten verändert hatten. Erst später im Leben, als ich selbst Kinder hatte, lernte ich diesen Prozess wertzuschätzen.

Denn Charakterbildung ist ein Prozess, kein Ereignis. Es ist allerdings ein Prozess, der mit einem Ereignis beginnt. Wenn wir unser Leben Jesus Christus anvertrauen, macht er uns zu einer »neuen Schöpfung« (2. Korinther 5,17 NGÜ). Der Heilige Geist nimmt in uns Wohnung. Theologen bezeichnen dieses Ereignis als »Wiedergeburt«. Nachdem wir dadurch zu neuen Kreaturen in Christus geworden sind, macht sich der Heilige Geist daran, unseren Charakter zu verändern, genauso wie mein Vater es bei mir tat. Der Heilige Geist beginnt mit einem »Renovierungsprojekt«, das ein Leben lang andauert. Er möchte die Wesensmerkmale Jesu und die sich daraus ergebenden Verhaltensweisen in uns hineinlegen. Paulus beschrieb diesen Prozess im 2. Korintherbrief 3,18 so: »Wir alle aber spiegeln mit aufgedecktem Angesicht die Herrlichkeit des Herrn wider und wir werden verwandelt in sein Bild von einer Herrlichkeit zur andern von dem Herrn, der der Geist ist.«

Wenn wir auf Jesus schauen, werden wir durch den Heiligen Geist verändert! Theologen nennen diesen Prozess »Heiligung« und er dauert an, bis wir sterben.

Wie es im natürlichen Bereich von Gottes Schöpfung keine sofortige Ernte gibt, so auch nicht im geistlichen Bereich. Frucht muss wachsen und reifen. Und die Bäume oder Sträucher müssen gut versorgt und gelegentlich beschnitten werden. So ist es auch bei uns. Natürlich sehen wir schon als frisch bekehrte Christen unmittelbare Veränderungen in unserem Leben. Aber um eine reiche Ernte einzufahren, müssen wir dem Wachsen und Reifen Zeit geben und den himmlischen Gärtner arbeiten lassen. Das ist die Arbeit der Heiligung, die Jesus in Johannes 15 (Verse 5-8) erläutert:

Ich bin der Weinstock, ihr seid die Reben. Wer in mir bleibt und ich in ihm, der bringt viel Frucht; denn ohne mich könnt ihr nichts tun. Wer nicht in mir bleibt, der wird weggeworfen wie eine Rebe und verdorrt, und man sammelt die Reben und wirft sie ins Feuer und sie verbrennen. Wenn ihr in mir bleibt und meine Worte in euch bleiben, werdet ihr bitten, was ihr wollt, und es wird euch widerfahren. Darin wird mein Vater verherrlicht, dass ihr viel Frucht bringt und werdet meine Jünger.

Es gibt in dieser Gleichnisrede vier Hauptcharaktere: den Weingärtner (Gott, den Vater), den Weinstock (Jesus, den Sohn Gottes), die Reben (Menschen, die Jesus nachfolgen) und die Frucht (ein christusähnlicher Charakter und der davon ausgehende Einfluss auf das Leben anderer).

Beachte, wie Jesus unsere Position in Vers 5 definiert: Wir sind die Reben, nicht zu verwechseln mit dem Weinstock! Durch ihn fließen die fruchtbringenden Nährstoffe aus dem Boden in die Reben. Wenn eine Rebe vom Weinstock abgetrennt wird, gibt es keine Frucht und die Rebe wird verdorren und absterben. Eine Rebe kann aus sich selbst heraus keine Frucht bringen. Sie ist vollkommen vom Weinstock abhängig.

Es ist diese Vertrautheit mit Jesus, das Festhalten am Weinstock, das für viel Frucht im Leben seiner Nachfolger sorgt. Mit »Frucht« ist zunächst einmal die Frucht des Geistes gemeint – die christusähnlichen Charaktereigenschaften, die sich im Leben eines gläubigen Menschen zeigen, der vom Heiligen Geist erfüllt ist und von ihm geleitet wird. »Die Frucht aber des Geistes ist Liebe, Freude, Friede, Geduld, Freundlichkeit, Güte, Treue, Sanftmut, Keuschheit; gegen all dies steht kein Gesetz« (Galater 5,22f). Aber es geht auch um die Frucht des positiven Einflusses. Denn ein Charakter, der Christus ähnlich ist, äußert sich in entsprechenden Taten und beeinflusst so das Leben anderer. Das Ziel unseres Lebens als Christen besteht darin, Gott zu verherrlichen (vgl. Johannes 15,8).

Die Verantwortung der Reben ist es, fest am Weinstock zu bleiben, also diese Leben spendende Beziehung zu hegen und zu pflegen, sodass sie von Tag zu Tag mehr in das Ebenbild Jesu verwandelt werden. Aber beachten wir auch die Aufgabe des Weingärtners in diesem Wachstums- und Reifungsprozess. Jesus sagt, dass der Weingärtner eine jede Rebe, die keine Frucht bringt, wegnimmt. »Und eine jede, die Frucht bringt, reinigt er, dass sie mehr Frucht bringe« (Johannes 15,2). Unser liebender himmlischer Vater möchte in unserem Leben »viel Frucht« sehen und er weiß, wie er dies erreichen kann. Er »beschneidet« diejenigen Gläubigen, die schon Fortschritte in der Reifung gemacht haben, was er daran erkennt, dass sich bereits Frucht zeigt. Er tut das, damit sie mehr Frucht bringen. Dieser Beschneidungsprozess ist alles andere als angenehm, denn Gott nimmt sich dabei sämtliche Bereiche unseres Lebens vor, die sich seinem Willen noch nicht untergeordnet haben. Aber am Ende, wenn wir die Ergebnisse seiner liebevollen Hände und die reife Frucht in unserem Leben sehen, freuen wir uns. Gottes »Beschneiden« kann zwar für den Moment hart sein, aber es dient »zu unserm Besten, auf dass wir an seiner Heiligkeit Anteil erlangen« (Hebräer 12,10).

Dabei können wir großen Trost in seinem Versprechen finden: »Das geknickte Rohr wird er nicht zerbrechen und den glimmenden Docht wird er nicht auslöschen« (Jesaja 42,3). Ja, wir werden an unsere Grenzen geführt und fühlen uns vielleicht sogar dermaßen unter Druck, dass alles hoffnungslos erscheint. Aber all das ist notwendig, wenn wir in sein Bild verwandelt werden wollen. Paulus hat das Ergebnis von Gottes »Druckpresse« so formuliert: »... und wir dachten bei uns selbst, zum Tode verurteilt zu sein. Das geschah aber, damit wir unser Vertrauen nicht auf uns selbst setzten, sondern auf Gott, der die Toten auferweckt« (2. Korinther 1,9).

Gott hat versprochen, in Zeiten der Prüfung bei uns zu sein. Er gibt uns die Kraft, den Schmerz des Beschneidungsprozesses aushalten zu können.

Wenn du durch Wasser gehst, will ich bei dir sein,
und wenn du durch Ströme gehst, sollen sie dich nicht ersäufen.
Wenn du ins Feuer gehst, wirst du nicht brennen
und die Flamme wird dich nicht versengen.
JESAJA 43,2

Ein verändertes Herz

Es sticht wohl nichts in dem Gleichnis so sehr heraus wie Jesu schlichte Aussage in Johannes 15,5: »Ohne mich könnt ihr nichts tun.« Jesus lenkt unser Augenmerk auf die absolute Abhängigkeit von ihm, wenn es darum geht, Veränderung zu erreichen. Wenn wir ihm langfristig immer mehr gleichen und zur vollen geistlichen Reife in ihm gelangen wollen, dann ist das nur durch die Arbeit des Heiligen Geistes in uns möglich. Aber diese Abhängigkeit von der Kraft Gottes, uns zu verändern, ist kein passives Warten auf Gott, sondern ein aktives Sich-Ausstrecken nach ihm; es bedeutet, ihn von ganzem Herzen zu suchen und geistliche Disziplinen auszuüben. Aber in all unserem Streben nach Gott, in dem Wunsch, ihm ähnlicher zu werden, finden wir Ruhe in der Gewissheit, dass es letztlich nicht auf unsere eigenen Anstrengungen ankommt, sondern auf die Kraft Gottes, die uns von innen heraus verändert.

Jerry Bridges erinnert uns: »Wenn wir im Streben nach der Heiligung Fortschritte machen wollen, müssen wir auch selbst Verantwortung übernehmen. Wir müssen hart trainieren und uns an die Kandare nehmen. Aber all das muss in der absoluten Abhängigkeit vom Heiligen Geist geschehen. Er ist es, der in uns am Werk ist und uns mit der Kraft Jesu Christi ausrüstet.«[1]

Gott benutzt verschiedene Mittel, verbunden mit der Kraft des Geistes, um diesen Veränderungsprozess in uns in Gang zu bringen. Von unserer Seite kommt es vor allem darauf an, dass wir ein demütiges, lernbereites und gehorsames Herz haben. Es war die Beschaffenheit des menschlichen Herzens, worauf Jesus in seiner Lehre einen besonderen Schwerpunkt legte. Ihm ging es nicht so sehr um das äußere Verhalten, denn er weiß: Wenn unsere Herzen verändert werden, folgen entsprechende Handlungen.

Ein Kennzeichen geistlicher Reife ist, dass wir aus der Veränderung leben, die Jesus in unserem Herzen bewirkt. James Friesen hat das folgendermaßen erklärt:

> *Das Herz ist das Zentrum unseres Verstehens und die Ursprungsquelle unseres geistlichen Urteilsvermögens. Das Herz spielt eine entscheidende Rolle, wenn es um die Entwicklung der geistlichen Identität eines*

Menschen geht. »Ausleben, was Jesus in unser Herz hineingelegt hat«, beschreibt die gemeinsame Klammer zwischen unserer Identität als Menschen und unserem Selbstverständnis als Christen. Es besagt, dass Gott jeden von uns als individuelle Persönlichkeit erschaffen hat – mit Eigenschaften, die nur wir haben und sonst niemand. Und wenn wir eben das ausleben, was Jesus in unser Herz hineingelegt hat, dann sind wir genau der Mensch, den Gott sich gedacht hat. Dieses »Ausleben« entspringt der Seele als Sitz unserer Gefühle und dem Verstand als Sitz unseres Denkens. (…) Ganz wichtig: Das Herz ist nicht dasselbe wie die Emotionen. Das Ausleben dessen, was wir im Herzen tragen, heißt also nicht, unseren Gefühlen freien Lauf zu lassen. Das wäre töricht. »Aus dem Herzen leben« heißt, dass wir einen Richtungsgeber in uns tragen, der uns, sofern wir darauf achten, uns vom Geist Gottes leiten zu lassen, genau in jener Spur hält, die mit dem übereinstimmt, was wir sind, und uns in die Richtung führt, in die Gott uns leiten möchte. Wenn unser Herz auf diese Weise auf Gott ausgerichtet ist, wissen wir, wer wir sind und was wir tun sollen.[2]

Gottes Werkzeugkasten für Veränderung

Sein Wort ist eins der ersten Werkzeuge, die Gott benutzt, um den Charakter seiner Kinder zu formen. Der Heilige Geist kann dadurch Sünde aufdecken und das Wort kann die Herzen Einzelner weich machen und sie zu Umkehr bewegen (vgl. Johannes 16,8). Es ist das Wort, das uns hilft, Gottes Wahrheit zu verstehen und falsche Lehre und Fehler zu erkennen. Wenn unser Leben mit der Schrift gesättigt und durchdrungen ist, können wir ein gutes Stück weit aus der Perspektive Gottes denken. Wir entwickeln Werte und Überzeugungen, die auf den Prinzipien seines Reiches beruhen. Angehende Leitungskräfte müssen sich deshalb selbst disziplinieren, das Wort zu hören, zu lesen, zu studieren, auswendig zu lernen und darüber nachzusinnen. Nicht für den missionarischen Dienst an anderen, sondern um ihres eigenen Wachstums und ihrer Entwicklung willen. In der Schrift nach Antworten auf die Fragen und Probleme zu suchen, vor die uns das Leben heute stellt, ist unerlässlich für alle, die Jesus ähnlicher werden und andere Menschen so wie Jesus leiten wollen.

Ein zweites Werkzeug, das Gott einsetzt, um unseren Charakter zu formen, ist die Lebenssituation, in der wir uns befinden, und die Umstände, denen wir gerade ausgesetzt sind. Wie bereits erwähnt, kann sich aus diesen Umständen durchaus ein »Beschneidungsprozess« ergeben, den Gott zu unserem Besten nutzt. Dabei ist es häufig sehr viel wichtiger, wie wir im Herzen auf diese Umstände reagieren, als was wir dann letztlich entscheiden oder tun. Gott setzt die äußeren Umstände dazu ein, dass sie uns dabei helfen, uns weiterzuentwickeln und zu wachsen. Wir sollten also nicht frustriert oder entmutigt auf diese Prüfungen reagieren, sondern sie als ebendiese Werkzeuge erkennen, durch die wir mit Gottes Hilfe an uns arbeiten können. Wenn wir lernen, inmitten dieser schwierigen Zeiten in ihm zu ruhen und von ihm her unsere Kraft zu beziehen, dann werden wir davon sehr profitieren, weil wir wissen, »dass denen, die Gott lieben, alle Dinge zum Besten dienen, denen, die nach seinem Ratschluss berufen sind« (Römer 8,28).

Ein weiteres Mittel der Charakterentwicklung ist das Gebet. Oft ist unser Beten eine Reaktion auf irgendeine Krise, die in unser Leben gekommen ist, und weniger strategisches Bitten um Wachstum hinsichtlich unserer Charakterbildung. Durch das Gebet können wir praktisch dem Heiligen Geist die Steine aus dem Weg räumen, sodass er in unserem Leben wirken kann. Bitten wir ihn, uns sensibel zu machen für Möglichkeiten zu wachsen und Gelegenheiten, um anzuwenden, was er uns lehrt. Wenn wir das tun, werden wir jeden Tag in vielen Situationen erkennen, dass er uns im Umgang mit Menschen und Entscheidungen dazu aufruft, biblische Wahrheit in die Praxis umzusetzen.

Ich möchte dich ermutigen, nicht nur für die zehn Charaktereigenschaften zu beten, die in diesem Buch behandelt werden. Nimm dir Zeit, um vor Gott über dein Leben nachzudenken. Bitte ihn, dass er dir zeigt, ob es noch weitere Bereiche deines Charakters gibt, die der Weiterentwicklung bedürfen. Dabei kann es sich um Stärken handeln, auf die du dich konzentrieren willst und die du in Form bringen möchtest, sodass sie anderen, die du leitest, helfen können. Es kann sich aber auch um Schwächen handeln, die dich in deiner Leitungstätigkeit behindern. Diese bedürfen der Veränderung, damit deine Einflussnahme für Christus gedeiht.

Vor einigen Jahren hat Marvin Smith, der frühere Leiter der Außenmissionsarbeit der Navigatoren, eine Studie über die Missionare der Navigatorenarbeit durchgeführt. Aus den Ergebnissen abgeleitet listete er die Dinge auf, die allen, die einen guten Einsatz vollbracht hatten, gemeinsam waren. Ich habe mir diese Punkte aufgeschrieben und angefangen, regelmäßig dafür zu beten, dass Gott sie in meinem Leben und innerhalb meiner Leiterschaft ausbaut. Es handelt sich um die folgenden: Abhängigkeit von Gott; Liebe und Mitgefühl; Sensibilität; Demut; Flexibilität; die Fähigkeit, Harmonie zu schaffen; Mut und Durchhaltevermögen; die Bereitschaft, Opfer zu bringen; emotionale Stabilität; ein gutes Familienleben.

Die Macht des Beispiels

Auch, indem er Vorbilder in unser Leben stellt, formt Gott unseren Charakter. Für viele von uns sind es Menschen (Eltern, Lehrerinnen, Freunde, Pastorinnen, Mentoren), die Gott einsetzt, um Charaktereigenschaften positiv zu modellieren und anschließend auch in uns selbst zu verankern. Das heißt, wir schauen uns an, wie sie bestimmte Charaktereigenschaften in ihrem Leben umsetzen, und versuchen dann, diese Prinzipien in unserem eigenen Leben anzuwenden. Manchmal tun wir dies bewusst, doch meist ergibt es sich so, dass wir Menschen, mit denen wir viel Zeit verbringen, unbewusst ähnlich werden. Es heißt in den Sprüchen Salomos: »Wer mit den Weisen umgeht, der wird weise; wer aber der Toren Geselle ist, der wird Unglück haben« (Sprüche 13,20), und an anderer Stelle: »Ein Messer wetzt das andere und ein Mann den anderen« (Kap. 27,17). Ein modernes Sprichwort drückt den gleichen Grundsatz aus: »Der Apfel fällt nicht weit vom Stamm.« Wir werden so wie die, mit denen wir Zeit verbringen.

Früher wurde in den Niederlanden bei der Rosenzucht so verfahren, dass eine minderwertige Rose direkt neben eine hochwertige Rose gepflanzt wurde. Die minderwertige Rose wurde sorgfältig beobachtet, bis dann irgendwann ihre Staubbeutel entfernt wurden, sodass sie nur von der höherwertigen Rose bestäubt werden konnte. Im Laufe der Zeit nahm dann die qualitativ minderwertige Rose die Qualitäten ihrer Nachbarin an.[3] In unserer Beziehung zu einem Vorbild verhält es sich genauso: Unsere Charaktereigenschaften als Leitende entwickeln sich weiter und machen große Fortschritte, wenn wir in gutem Kontakt zu einem erfahrenen, gottesfürchtigen Vorbild stehen.

Eine hervorragende Möglichkeit, von anderen Menschen zu lernen, bietet sich uns, wenn wir ihre Biografien lesen. Über das Leben und die Herausforderungen anderer Leitungspersönlichkeiten zu lesen, kann uns inspirieren und uns in wichtigen Bereichen Hilfestellung für unsere eigenen Situationen geben. Neben der Bibel habe ich über das Leben im allgemeinen und Leitungsfragen im Besonderen mehr durch die Lektüre von Biografien großer Leitungspersonen gelernt als durch irgendeine andere Quelle; die Lebensgeschichten geistlicher, geschäftlicher, politischer oder auch militärischer Führungspersonen können wirklich einen großen Einfluss auf deine Persönlichkeitsentwicklung nehmen. Ich schlage vor, du beginnst mit den Biografien großer geistlicher Persönlichkeiten, wie zum Beispiel William Carey, Hudson Taylor, Amy Carmichael, J. O. Fraser, Adoniram Judson, D. L. Moody, Georg Müller, Dawson Trotman und Bill Bright.

Die Lehre und das Beispiel eines geistlichen Mentors ist ein weiteres wichtiges Element, wenn es um die Entwicklung und das Wachstum einer angehenden Führungskraft geht. Noch mehr als es einem Vorbild möglich ist, kann eine Mentorin dir dabei helfen, christusähnliche Charaktereigenschaften und Werte in deinem Leben zur Entfaltung zu bringen. Gott zu bitten, dass er dir jemanden zeigt, der dir als positives Beispiel dienen kann und von dem du lernen kannst, wie es praktisch aussieht, Jesus ähnlicher zu werden, kann großen Segen nach sich ziehen. Paulus hatte sich Timotheus als seinen Mitarbeiter ausgewählt. Er sollte ihm bei der Arbeit zur Seite stehen und auf dem Weg gab Paulus ihm mit, was er über Leiterschaft in Gottes Reich gelernt hatte. In seinem letzten Brief an Timotheus schrieb er folgende Ermahnung: »Du aber bist mir gefolgt in der Lehre, im Leben, im Streben, im Glauben, in der Langmut, in der Liebe, in der Geduld, in den Verfolgungen (...) Du aber bleibe bei dem, was du gelernt hast und was dir anvertraut ist; du weißt ja, von wem du gelernt hast« (2. Timotheus 3,10-11.14).

Ein Umfeld der Veränderung

Mentoren und andere Leiterinnen können uns dabei helfen, unseren Charakter und unsere Leitungskompetenzen weiterzuentwickeln. Auch wenn wir für gute Leiterschaft beides brauchen, Fähigkeiten und einen christusähnlichen Charakter, ist doch das jeweilige Umfeld, in dem sich das eine und das andere entwickelt, ganz unterschiedlich. Für die Vermittlung von Fähigkeiten brauchen wir eine Umgebung, die von Verantwortlichkeit geprägt ist. Für die Charakterbildung ist ein beziehungsorientierter Kontext notwendig. Wenn wir die beiden verwechseln, das heißt Charakterentwicklung durch Rechenschaftspflicht erreichen wollen, werden wir keine dauerhafte Veränderung sehen.

Die folgende Grafik zeigt die gegensätzlichen Merkmale der beiden Umfelder. Beachte, dass beide im richtigen Kontext hilfreich sind.[4]

Umfeld von Verantwortlichkeit	**Umfeld von Beziehungen**
Entwicklung von Fähigkeiten	Entwicklung des Charakters
aufgabenorientiert	charakterorientiert
leistungsorientiert	an persönlichem Wachstum orientiert
Ziel: Kompetenzniveau	Ziel: Reife
Mentor wird zugeteilt	Mentor wird eingeladen
Erlaubnis, einen Bereich anzusprechen, wird vorausgesetzt	Erlaubnis, einen Bereich anzusprechen, muss gegeben werden
Mentorin bestimmt das Vorgehen	Mentee bestimmt das Vorgehen
braucht ein stimulierendes Umfeld	braucht einen geschützten Raum

Sobald ein Thema im Bereich Leistung offengelegt ist, wird es zu einer Entwicklungsfrage.	Sobald ein Thema im Bereich Charakter offengelegt ist, wird es zu einer Integritätsfrage.
Aufgedeckte Themen stehen zwischen beiden Personen und sind eine Barriere, die es zu überwinden gilt.	Aufgedeckte Themen werden nicht auf die persönliche Ebene verlagert und sind als Möglichkeit zur Weiterentwicklung zu betrachten.

Wie du dieses Buch am besten nutzen kannst

Für dauerhaftes Wachstum, geistliche Gesundheit und einen positiven Einfluss im Reich Gottes ist die bewusste persönliche Charakterentwicklung nach dem Wesen Jesu essenziell. Sie erfordert Anstrengung, wenn sich ein anhaltendes Wachstum einstellen soll, und manchmal haben wir dabei den Eindruck, einen Schritt vor und zwei zurück zu gehen. Doch mit Gottes Hilfe und durch seine Gnade können wir tatsächlich charakterliche Veränderungen erleben und in Christus reifer werden. Dieses Buch behandelt insgesamt zehn Charaktereigenschaften, die für die Entwicklung eines Menschen in Leitungsposition unerlässlich sind. Sie sind in zwei Gruppen unterteilt: grundlegende Charaktereigenschaften und ergänzende Charaktereigenschaften. Zusammengenommen bilden diese Charaktereigenschaften eine gute Grundlage, auf der die so wichtigen praktischen Fähigkeiten aufgebaut und ausgeübt werden können.

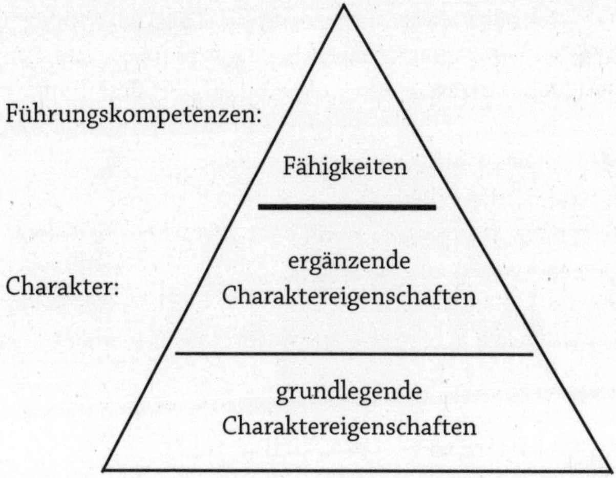

Bei den grundlegenden Charaktereigenschaften handelt es sich um:
Liebe, Integrität, Demut und die Bereitschaft zum Dienen.
Bei den ergänzenden Charaktereigenschaften handelt es sich um:
moralische Reinheit, Glaube, Geduld,
Selbstbeherrschung, Lernbereitschaft und Mut.

Jedem dieser Bereiche ist ein eigenes Kapitel gewidmet. Es zeigt auf, was die jeweilige Charaktereigenschaft ausmacht und wie sie im Leben und in der Leiterschaft praktisch verwirklicht werden kann. Am Ende jedes Kapitels findest du praktische Maßnahmen und konkrete Schritte, die dir dabei helfen sollen, in dem betreffenden Charakterbereich zu wachsen. Im Zentrum dieser Anwendungsschritte stehen die Werkzeuge, die Gott einsetzt, um uns zu formen: Sein Wort, Gebet und lebenspraktische Übungen, um das Gelernte umzusetzen und dir dabei zu helfen, neue Glaubensüberzeugungen und Verhaltensweisen zu entwickeln.

Markiere während des Lesens Textabschnitte oder Gedanken und notiere dir deine Gedanken dazu sowie mögliche Anwendungsschritte für dein Leben und deine Leiterschaft. Schaue dir von Zeit zu Zeit deine Notizen an, während du weiter an deiner Charakterentwicklung arbeitest.

Bedenke allerdings, dass Charakterveränderung ein Prozess und kein punktuelles Ereignis ist. Manche Gedankenmuster und Verhaltensweisen haben sich über viele Jahre hinweg gebildet und lassen sich nicht von heute auf morgen ändern. Jemand sagte einmal: »Wenn wir eine Meile in den Wald hineingelaufen sind, dann müssen wir auch eine Meile herauslaufen!«

Lass dich nicht entmutigen, wenn dauerhafte Charakterveränderung viel länger braucht, als du dachtest. Oft ist der Prozess genauso wichtig wie das Ergebnis und es ist ein erstes Zeichen von Reife, die Reise zu genießen, wenn man sich auf einem Umweg befindet.

Charakterentwicklung konkret

Es reicht nicht allein zu wissen, dass du in einem bestimmten Bereich deines Charakters wachsen solltest. Du musst dich bewusst für dieses Wachstum entscheiden und Schritte gehen, die zeigen, dass ein gefestigter Charakter die Grundlage für einen nachhaltigen Erfolg als geistliche Leitungskraft ist. Die Tipps zur Charakterentwicklung am Ende jedes Kapitels sollen dir dabei helfen.

Vergiss nicht, dass der Prozess deiner Charakterveränderung Höhen und Tiefen haben wird. Gott ist geduldig mit dir, deshalb solltest auch du geduldig mit dir sein. Es wird Zeit brauchen, bis du dauerhafte Veränderungen siehst, manchmal sogar mehr, als du dir eigentlich nehmen möchtest. Aber Gott nimmt sich mehr Zeit, eine Eiche wachsen zu lassen als einen Kürbis! Gott ist derjenige, der durch seinen Heiligen Geist die Veränderungen möglich macht. Du kannst darauf vertrauen, dass seine Kraft die Veränderung bewirkt, während du an den praktischen Übungen arbeitest.

Der praktische Teil besteht aus jeweils vier Abschnitten: (1) einer persönlichen Bibelarbeit, (2) einer Reihe von Bibelversen zum Thema, die zum Auswendiglernen gedacht sind, (3) Vorschlägen für konkretes Gebet, (4) praktischen Anwendungsschritten.

Bibelstudium

Aus dem Bibelstudium zu einem bestimmten Thema entstehen persönliche Überzeugungen. Davon ausgehend, dass du dein Leben der Autorität der Heiligen Schrift untergeordnet hast und dem gehorchen möchtest, dem du dienst, ist es grundlegend zu wissen, was die Bibel zu jedem Thema zu sagen hat. Du musst Gottes Gebote kennen, bevor du sie befolgen kannst (vgl. Johannes 14,21).

Dieses Buch bietet zu jeder Charaktereigenschaft eine Einheit für das persönliche Bibelstudium. Es ist als Ausgangspunkt für die Beschäftigung mit dem jeweiligen Thema gedacht und deckt nicht alles ab. Ich hoffe, dass du weiter an den verschiedenen Bereichen arbeitest und sie vertiefst, während du in deiner Leiterschaft wächst und reifst.

Wenn du die Bibel zu einem bestimmten Thema studierst, denke immer daran, dass der Sinn und Zweck der Übung darin besteht, das Wort Gottes auf dein Leben und deine Leiterschaft anzuwenden. Folge dem Beispiel Esras, der die Schrift nicht nur studierte, sondern ihr gehorchte und das Gelernte dann weitergab (vgl. Esra 7,10). D. L. Moody hat einmal gesagt: »Die Bibel wurde uns nicht gegeben, um unser Wissen zu vermehren, sondern um unser Leben zu verändern.«[5]

Verse auswendig lernen

Bist du persönlich zu der Überzeugung gelangt, dass es für eine Leitungspersönlichkeit wichtig ist, einen gottgefälligen Charakter zu entwickeln, dann ist es wichtig, dass du diese Überzeugung auch in deine Leitungstätigkeit einbringst. Wenn du ausgewählte Bibeltexte zu einem bestimmten Thema verinnerlichst, kann der Heilige Geist durch sie deinen Charakter formen. Er kann dich bei deinen Begegnungen mit Menschen und all den Entscheidungen in deinem Leben und in deiner Leitungsrolle daran erinnern. Übe dich darin, sensibel zu werden für seine Stimme, gerade auch in der Routine des Alltags. Der Psalmist erinnert uns daran, dass das »Behalten des Wortes im Herzen« vor Sünden bewahrt (vgl. Psalm 119,9.11).

Gebet

Bete regelmäßig über die wichtigen Charaktereigenschaften und bitte Gott darum, sie in deinem Leben zur Entfaltung zu bringen. Wie schon betont, ist Charakterveränderung ein Prozess. Er ist das Werk Gottes und bedarf seiner Kraft, wenn die Veränderung dauerhaft sein soll. Bitte Gott, dass er dich auf die Bereiche in deinem Leben aufmerksam macht, die der Veränderung bedürfen, und um Gnade für deinen Weg zu einem Jesus immer ähnlicheren Menschen.

Viele finden es hilfreich, Gebetsanliegen in einem kleinen Notizbuch aufzuschreiben und täglich dafür zu beten. So ein schriftlicher Leitfaden kann dir bei der Konzentration im Gebet helfen. Überlege in diesem Zusammenhang auch einmal, ob du dir nicht eine längere Gebetszeit gönnen solltest, vielleicht einen halben Tag, um dich in Ruhe auf bestimmte Anliegen zu fokussieren.

Praktische Übungen

Zu jeder Charaktereigenschaft findest du eine Liste mit praktischen Übungen, die dir dabei helfen sollen, dich in dem jeweiligen Bereich weiterzuentwickeln. Einige dieser Übungen sind eher kurzfristig angelegt und sollen dich für die Bereiche sensibilisieren, in denen du Wachstumsbedarf hast. Andere sind langfristige Projekte, die viel Geduld und Durchhaltevermögen erfordern, wenn du dauerhafte Veränderung erreichen möchtest. Vergiss dabei nie, dass du dich nicht selbst verändern kannst. Die praktischen Übungen schaffen lediglich einen Raum für den Herrn, um tiefe und dauerhafte Veränderungen in dir zu bewirken. Nur er kann dich verändern, nicht du selbst.

Ein paar Tipps zur Durchführung

Beginne immer mit einem gründlichen Bibelstudium zu der betreffenden Charaktereigenschaft, bei dem du dich bemühst, in deinem Verständnis und deinen persönlichen Überzeugungen zu diesem Thema zu wachsen. Lies die Bibel unter dem Aspekt der praktischen Anwendung. Zu wissen, was Gott über die Notwendigkeit eines christusähnlichen Charakters sagt, und seine Anwendung im Leben und in der

Praxis einer Leitungspersönlichkeit zu verstehen, schafft eine gute Handlungsgrundlage.

Als Nächstes solltest du damit beginnen, einige der Verse auswendig zu lernen, die im Bibelstudium-Abschnitt zu der betreffenden Eigenschaft aufgeführt werden. Zusätzlich zur Entwicklung persönlicher Überzeugungen durch die Bibelarbeiten kannst du dich durch das »Behalten des Wortes im Herzen« auf das Treffen von Entscheidungen vorbereiten – der Heilige Geist kann dich durch sie leiten. Achte darauf, nicht nur die Verse auswendig zu lernen, sondern auch die dazugehörigen Bibelstellen. So kannst du sie schnell und genau abrufen. Beim Wiederholen der Verse ist es für viele hilfreich, zuerst die Bibelstelle aufzusagen, dann den Vers und dann wieder die Bibelstelle.

Nimm dir jeden Tag Zeit, um die Bereiche, in denen du charakterlich wachsen möchtest, im Gebet vor Gott zu bringen. Die Länge der Zeit ist dabei weniger wichtig als die Einstellung deines Herzens. Bitte Gott ernsthaft darum, dass er dir dabei hilft, dich zu ändern. Erlaube es seinem Geist, zu deinem Herzen zu sprechen. Wenn du auf ihn hörst und bereit bist, das zu tun, was er von dir möchte, hilfst du, in deinem Herzen einen guten Boden für die Veränderung vorzubereiten. Lass nicht nach im Gebet für diese Bereiche. Danke Gott für die positiven Veränderungen, die du wahrnimmst, und bekenne ihm deine Sünden und Schwächen, sobald er sie dir zeigt.

Nachdem du durch das Studieren der Bibel persönliche Überzeugungen entwickelt hast, wichtige Verse in Bezug auf eine Charaktereigenschaft auswendig gelernt und für eine Veränderung deines Charakters in entsprechenden Bereich gebetet hast, geht es darum, dein Leben und deine Leiterschaft daran auszurichten. Paulus ermahnt uns, unserer Berufung würdig zu leben (vgl. Epheser 4,1), und wir können dies am besten tun, indem wir in unserer Lebensführung mit unseren Überzeugungen übereinstimmen. Jesus hat für die religiösen Leiter seiner Zeit harte Worte gefunden, weil bei vielen Wissen und Tun weit auseinanderklafften. Gott gebraucht keine heuchlerischen Leitungskräfte für große Aufgaben in seinem Reich! Wie Jakobus uns ermahnt: »Seid aber Täter des Wortes und nicht Hörer allein; sonst betrügt ihr euch selbst!« (Kap. 1,22).

Erster Teil

Grundlegende Charaktereigenschaften

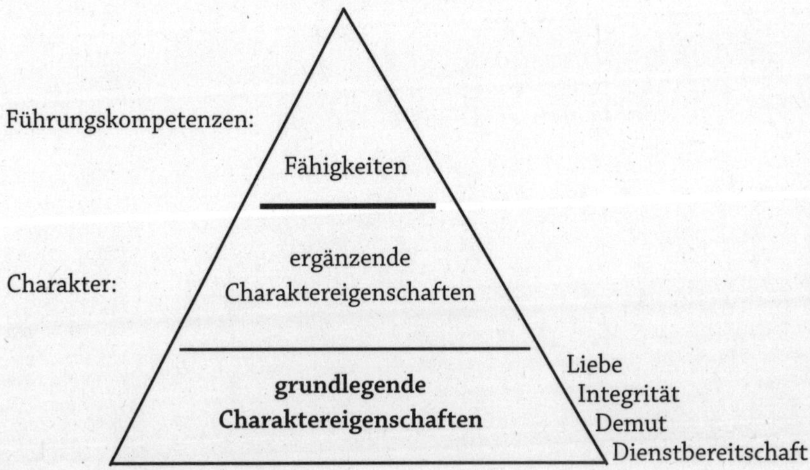

Kapitel 1

Liebe – Der Grundpfeiler eines von Christus veränderten Charakters

Alle Menschen müssen Liebe, Vergebung und Annahme kennen.
RICHARD MOHLINE

Ein neues Gebot gebe ich euch, dass ihr euch untereinander liebt, wie ich euch geliebt habe, damit auch ihr einander liebt.
JOHANNES 13,34

Meine erste Gelegenheit zu dienen hatte ich als junger Leiter im Rahmen einer Arbeit mit Studierenden. Ich wurde damals gebeten, bei einem Großgruppentreffen einen Diavortrag zum Thema Weltmission und Evangelisation zu halten. Ich übte, die Dias zu wechseln und den Vortrag anhand eines Skripts zu halten, und war am Abend der Präsentation gut vorbereitet – dachte ich zumindest. Als ich schließlich an der Reihe war, wurde das Licht ausgemacht und der Projektor summte fröhlich vor sich hin. Mir wurde ganz anders, als ich erkannte, dass ich meinen Vortrag immer tagsüber geübt hatte und auf die Dunkelheit nicht vorbereitet war. Ich konnte mein Skript kaum lesen und kam deshalb durcheinander, wann ich die Dias wechseln musste. Und so stimmten Dias und Vortrag nicht überein, was dazu führte, dass am Ende meines Vortrags noch mehrere Dias übrig waren. Das war mir sehr peinlich, weil ich wusste, dass ich es nicht geschafft hatte, meiner Verantwortung gerecht zu werden.

Ich freute mich nicht darauf, im Anschluss mit dem Leiter zu reden und ihm zu erklären, warum meine Präsentation so schlecht gelaufen war. Ich hatte eine hervorragende Leistung für Jesus bringen und andere damit erreichen wollen und jetzt war meine erste Verantwortungsübernahme ein Reinfall. Ich begann, ausführlich zu erklären, wie es dazu gekommen war, aber der Leiter ließ mich nicht ausreden. »Lass gut sein. So was kann passieren. Ich bin mir sicher, dass du daraus lernst und es in Zukunft besser machst!«

Ich lernte an jenem Abend zwei wichtige Dinge: Zum einen, dass man bei der Vorbereitung auf Details achten muss. Und zum anderen – und das war die weitaus wichtigere Lektion –, welche Wirkung ein Leiter hat, der Liebe und Vergebung praktiziert und Hoffnung und Zuversicht in Menschen weckt.

Wir alle kennen, womöglich sogar aus eigener Erfahrung, Leitende, die eine ganz andere Wirkung auf andere haben – verwundete, verletzte Menschen, die das Gefühl haben, den Ansprüchen nie gerecht zu werden, bleiben zurück. Leitende, denen es an Liebe fehlt, drehen sich um sich selbst statt um andere. Sie drängen sich in den Vordergrund, statt sich um andere zu kümmern und sie zu fördern. Das Ego und die Identität solcher Menschen hängen unmittelbar mit ihrem Erfolg als Führungskräfte zusammen und wehe dem, der sich ihnen in den Weg stellt. Hinzu kommt, dass solche Leitende andere Menschen nur akzeptieren, wenn diese gute Leistung bringen, die wiederum von ihnen beurteilt wird. Sie haben nie gelernt, die Leistung eines Menschen von seinem Wert zu unterscheiden, und so benutzen sie diejenigen, die sie leiten, und lassen sie fallen, wenn sie keine ausreichende Leistung mehr erbringen.

Sehr oft handelt es sich bei diesen lieblosen Führungskräften um Menschen, die ihre ganze Karriere lang versucht haben, Führungskompetenzen zu erwerben, statt ihren Charakter zu entwickeln. Doch Liebe ist die erste und wichtigste der vier grundlegenden Charaktereigenschaften, die für eine christliche Führungskraft wesentlich sind. Sie ist das wesentlichste Kennzeichen der Nachfolger Christi (vgl. Johannes 13,34f.) und laut Paulus ist sie die größte Eigenschaft überhaupt (vgl. 1. Korinther 13,13).

Für einen Menschen, der Jesus Christus nachfolgt, zeigt sich die Liebe zuallererst im vollkommenen Gehorsam in Bezug auf die Gebote Gottes (vgl. Johannes 14,15.21). Zudem kommt sie besonders dann zum Zuge, wenn andere Menschen versagen, uns enttäuschen oder sich an uns versündigen.

Das Wort »Liebe«, so wie wir es in unseren Bibeln finden, geht auf zwei griechische Verben im Neuen Testament zurück: *agapao* und *phileo*.[6]

Agape ist die Liebe Gottes für seinen Sohn und für seine Geschöpfe. Gottes Liebe ist bedingungslos und aufopfernd. Sie zeigt sich darin, dass er seinen Sohn gesandt hat, um für uns zu sterben (vgl. Römer 5,8). Sie akzeptiert den Menschen, wie er ist, nicht, wie er werden könnte, und unterscheidet zwischen der Person und ihren inakzeptablen Taten. Es ist diese Liebe, die das Wesen Gottes ausmacht (vgl. 1. Johannes 4,8.16).

Phileo ist die geschwisterliche Liebe zwischen Bruder und Bruder oder Schwester und Schwester. Sie ist die liebevolle Zuneigung zu einem anderen und beinhaltet die Vorstellung, sich dazu zu verpflichten, einander zu dienen und zu helfen.

Agape-Liebe ist die grundlegende Charaktereigenschaft einer jeden christlichen Leitungskraft, denn ohne sie sind wir als Nachfolgende Jesu disqualifiziert. Die Liebe zeichnet uns als seine Jünger aus und ist die wichtigste Frucht des Geistes Gottes, der in allen Gläubigen wohnt (vgl. Galater 5,22f.). Wenn wir vom Geist Gottes und nicht von unseren eigenen Wunschvorstellungen geleitet werden, wird sich die Liebe (und die anderen Eigenschaften, die uns Jesus ähnlicher werden lassen) in unserem Leben wie auch unserer Leitungstätigkeit manifestieren. Diese Art von Liebe ist es, die Leitende im Reich Gottes von anderen Führungskräften unterscheidet.

In unserer Gesellschaft wird oft der Eindruck vermittelt, dass Menschen, die mit dieser *Agape*-Liebe führen, schwach sind. Das weltliche Bild von Führungskräften kann nahelegen, dass sie dominante, ja herrische Personen zu sein haben, die andere einschüchtern, weil sie nur so die Kontrolle behalten können, was einer der höchsten Werte säkularer Leiterschaft ist. Bei der Erfüllung von Führungsaufgaben wird großer Wert auf positionelle Autorität und Macht gelegt.

Jesus lehrt uns, dass Leiterschaft im Reich Gottes völlig anders aussieht: »Ihr wisst, die als Herrscher gelten, halten ihre Völker nieder und ihre Mächtigen tun ihnen Gewalt an. Aber so ist es unter euch nicht« (Markus 10,42f).

Jesus hat uns die persönliche Kraft der Liebe in seiner Leiterschaft vorgelebt. Er war nicht schwach, sondern lebte und tat seinen Dienst mit voller Kraft. Das Werk, für das er verantwortlich war, hat er erfüllt, so wie er es am Ende seines irdischen Lebens bezeugte, als er zu seinem Vater betete: »Ich habe dich verherrlicht auf Erden und das Werk vollendet, das du mir gegeben hast« (Johannes 17,4). Die Liebe Jesu wirkte anziehend auf die Menschen in seiner Umgebung, insbesondere auf die, die ihm am nächsten waren. Sie motivierte sie dazu, Opfer zu bringen und ihm nachzufolgen. Er behielt die Kontrolle durch das Vertrauen in seinen Vater, der alles überblickte.

Als Leitende, die den Werten des Reiches Gottes verpflichtet sind, müssen wir in allem, was wir tun und sagen, Liebe zeigen. Dadurch setzen wir einen Akzent in unserem Leitungsumfeld, der für andere attraktiv ist und sie dazu veranlasst, unserem Beispiel zu folgen. Liebe wird uns keinesfalls schwach erscheinen oder Zweifel daran entstehen lassen, ob wir kompetente Leitende sind. Sie wird vielmehr Menschen dazu motivieren, mit anzupacken. Sie wird ihre Herzen erreichen, denn diese haben ein untrügliches Gespür dafür, ob sie wirklich geliebt werden.

James Friesen hilft uns zu verstehen, wie es aussieht, andere zu lieben und selbst geliebt zu werden, wenn er schreibt: »Eine Möglichkeit, wie du erkennen kannst, ob eine Beziehung, in der du dich befindest, von Liebe geprägt ist oder nicht, ist die Art und Weise, wie du dich fühlst, nachdem du mit dieser Person zusammen warst. Wenn du dich generell zufrieden, energiegeladen, (selbst-)sicher und zuversichtlich fühlst, nachdem ihr zusammen wart, ist die Wahrscheinlichkeit groß, dass diese Beziehung von Liebe geprägt ist. Menschliche Beziehungen, die von Liebe geprägt sind, stärken uns und bringen das Beste in uns zum Vorschein.«[7]

Annahme bedeutet, keine Bedingungen zu stellen

Leitende, die lieben, nehmen ihre Mitmenschen bedingungslos an. Das heißt, ob sie ihr Gegenüber wertschätzen, hängt nicht davon ab, ob er oder sie bestimmte Leistungen erbringt oder sich an bestimmte

Verhaltensnormen anpasst. Jesus hat uns für diese liebevolle Annahme das eindrücklichste Beispiel gegeben, indem er für uns starb »als wir noch Sünder waren« (Römer 5,8). Gott liebt uns jetzt, wo wir an ihn glauben, nicht mehr als vorher, denn das würde ja bedeuten, dass seine Liebe früher unvollkommen oder unvollständig gewesen wäre. Doch das Gegenteil ist der Fall: Sie ist absolut und umfassend und nicht an unsere Reaktion darauf gebunden.

Führungskräfte, die lieben, streben nach dem Besten für andere Menschen, anstatt sie zu benutzen, um irgendwelche Ziele zu erreichen. Eine solche Art von Liebe ist keinesfalls mit Toleranz für jedes Verhalten gleichzusetzen. Wenn wir das Beste für die Menschen wollen, für die wir Verantwortung tragen, müssen wir ihnen manchmal auch unangenehme Dinge sagen. Gelegentlich werden wir sie zurechtweisen und vielleicht sogar maßregeln müssen. Jesus hat uns diese Art von Liebe vorgelebt, als er der Frau, die auf frischer Tat beim Ehebruch ertappt worden war, klarmachte, dass sie ihr Verhalten ändern müsse (vgl. Johannes 8). Als er ihr sagte, sie solle nicht mehr sündigen, machte er deutlich, dass ihr Verhalten inakzeptabel war. Und doch nahm er sie an. Er begegnete ihr mit Vergebung und Liebe, indem er sie nicht verurteilte.

In der Welt herrscht an vielen Stellen ein rein funktionales Beurteilungs- und Wertesystem vor: Es scheint, als ob sich der Wert eines Menschen daran bemessen ließe, welche Funktion er hat und welchen gesellschaftlichen Beitrag er leistet. Funktionen, die für wichtig erachtet werden, werden von der Gesellschaft belohnt (meist mit hohen Gehältern) und eine angesehene berufliche Position führt zu entsprechender Anerkennung. Im Reich Gottes werden ausnahmslos alle Menschen, unabhängig von ihrer gesellschaftlichen Stellung, als wertvoll erachtet. Ihr Status hat mit ihrem Wert nicht das Geringste zu tun.

So wie Jesus uns bedingungslos liebt und annimmt, schätzen geistliche Führungskräfte alle Menschen um sie herum, weil sie als Gottes Ebenbilder geschaffen sind. Dies bedeutet nicht, dass jede Form der Leistungsbeurteilung nun über Bord geworfen würde. Leitende müssen denjenigen, die sie leiten, Feedback geben. Aber dieses Feedback sollte sich immer nur auf die Qualität der geleisteten Arbeit beziehen, nie auf den Wert der Person, die sie geleistet hat. Es kann sein, dass wir Menschen entlassen müssen, weil sie die erforderliche Leistung nicht erbringen. Doch das ist nur die Reaktion auf ein konkretes Versagen und keine Bewertung auf persönlicher Ebene.

Das »Lob-Konto«

Führungskräften, die ihre Mitarbeitenden lieben, ist es wichtig, diese ihre Wertschätzung spüren zu lassen und sie zu ermutigen, so wie der Vater im Himmel immer wieder seinem Sohn gegenüber sein Wohlgefallen zum Ausdruck brachte, manchmal sogar vor den Menschen in seiner Umgebung (vgl. Mk 1,11; 9,7).

Gute Führungskräfte fühlen sich nicht durch den Erfolg anderer Menschen bedroht. Im Gegenteil, sie freuen sich darüber. Sie benennen die individuellen Beiträge, die zum Erfolg des Teams beigetragen haben, und hüten sich davor, die Leistungen anderer für sich in Anspruch zu nehmen. Indem sie so handeln, kommunizieren sie Vertrauen in und Glaube an das Können der Einzelnen. Sie vermitteln die Überzeugung, dass die Mitarbeitenden schaffen, was sie anstreben. Begründet ist diese in dem Wissen: Gott ist in ihnen und durch sie am Werk und hilft ihnen, seine Ziele zu erreichen.

Wir können uns die Sache mit dem Lob wie ein Konto vorstellen, auf das wir regelmäßige Einzahlungen machen. Wir wollen einen positiven Kontostand im Leben eines anderen aufbauen, damit wir die Beziehung nicht in den Ruin treiben, wenn es an der Zeit ist, etwas abzuheben (durch Korrektur oder Zurechtweisung).

Kenneth Blanchard und Spencer Johnson drücken es in ihrem Ratgeber *The One Minute Manager* folgendermaßen aus: »Bemühen Sie sich darum, jeden Tag etwas zu finden, was Ihre Mitarbeiter richtig gemacht haben, und dann loben Sie sie dafür!«[8]

Besonders effektiv ist ein Lob immer dann, wenn es auch andere mitbekommen. Lorne Sanny, der frühere Präsident der internationalen Navigatorenarbeit, pflegte zu sagen: »In der Öffentlichkeit soll man loben und im Privaten kritisieren.«

Manche Führungskräfte sind in diesem Zusammenhang besorgt, dass zu viel Lob und Anerkennung die Leute faul oder stolz und überheblich werden lassen könnte. Deshalb knallen sie lieber mit der Peitsche, weisen vor allem auf die Unzulänglichkeiten des Gegenübers hin und legen die Leistungslatte immer wieder ein bisschen höher. Diese Führungskräfte gehen davon aus, ihr Verhalten führe dazu, dass sich die Mitarbeitenden weiter anstrengen und Selbstzufriedenheit vermieden wird, aber stattdessen demotiviert diese Art von Leiterschaft die Menschen häufig eher, als dass sie sie dazu inspiriert, mehr zu tun. Menschen wollen ihren Vorgesetzten gefallen. Führungskräfte, die ihre Mitarbeitenden ständig auf Fehler hinweisen, berauben diese daher einer ihrer größten Motivatoren. Bald merken diese, dass sie nur dann etwas von ihren Vorgesetzten hören, wenn etwas falsch oder schlecht läuft, und sie spüren, dass sie nie genug tun können, um es ihnen recht zu machen. Sie zucken schon zusammen, wenn das Telefon klingelt oder eine E-Mail kommt, weil sie wissen, dass wahrscheinlich mehr Arbeit auf sie zukommt oder eine Nachricht, die darauf hinweist, dass ihre Bemühungen zwar geschätzt werden, aber sie nicht genug tun.

Junge Führungskräfte sind oft sehr ambitioniert und gehen automatisch davon aus, dass für andere das Gleiche gilt. Manchmal begegnen sie ihrem Team unbewusst mit viel zu hohen Erwartungen und sind enttäuscht, wenn sie feststellen, dass nicht alle dasselbe Engagement für die Sache zeigen. *»Ich bin bereit, dieses Wochenende zu arbeiten – warum sind Sie es nicht?«*, *»Es tut mir leid, dass Sie im Moment wenig Zeit mit Ihrer Familie verbringen können, aber wir müssen das Projekt wirklich fertigbekommen.«*

Das Selbstwertgefühl Leitender hängt allzu oft mit der Leistung ihres jeweiligen Teams zusammen. Wenn es die erwartete Leistung nicht erbringt oder mangelndes Engagement zeigt (zumindest nach den Maßstäben der Leitungskraft), wird die Gruppe oder eine einzelne Person zurechtgewiesen – manchmal auch mit harschen Worten. All das führt allerdings zur Entmutigung der Mitarbeitenden und gipfelt nicht selten darin, dass sie sich nach Möglichkeiten umsehen, unter einer anderen Führungskraft zu arbeiten, die an sie glaubt.

Opferbereitschaft – Es kommt darauf an, wem man dient

Nicht nur das Weitergeben von Lob und Anerkennung ist wichtig, Leitungspersonen sollten auch bereit sein, zum Wohl derer, die sie leiten, etwas von sich selbst zu geben. Dabei sprechen Taten lauter als Worte. Liebe ist opferbereit, nie selbstbezogen oder egoistisch (vgl. 1. Korinther 13,5). Liebe denkt vom anderen her, will dem anderen dienen, nicht dem eigenen Ego. Liebe gibt, statt zu nehmen.

Der britische Polarforscher Sir Ernest Shackleton hat während seiner tragischen Expedition zur Antarktis viel Mut bewiesen und gezeigt, was Selbstaufopferung bedeutet. Paul Lee Tan berichtet von Shackleton:

> *Am schlimmsten war jene Nacht, als sie alle zusammen im Notquartier lagen, er und seine Kameraden, wobei er sich ein wenig abseits von den anderen hingelegt hatte. Die letzte Ration an Hartkeksen war aufgebraucht. Es gab nichts mehr zu verteilen. Jeder dachte vom anderen, dass er schlafen würde. Dann spürte Shackleton, dass sich in der Hütte jemand ganz leise bewegte. Er sah, wie einer der Männer sich vergewisserte, dass alle schliefen. Leise griff er nach der Vorratsdose des Mannes neben sich und nahm den letzten Keks heraus. Shackleton wartete und wartete. Seine innere Anspannung wuchs. (...) Nach einiger Zeit sah er, wie der Mann seine eigene Dose öffnete, den letzten Keks herausnahm und diesen in die Dose seines Kameraden legte. Den vorher entnommenen Keks legte er auch wieder hinein und verstaute die Dose vorsichtig dort, wo sie gewesen war. Shackleton sagte: »Ich werde den Namen dieses Kameraden nicht verraten. Ich hatte den Eindruck, dass sich hier etwas zwischen ihm und Gott abgespielt hatte.«*[9]

Führungskräfte genießen oft besondere Privilegien. Damit sie ihre Aufgaben effektiv erfüllen können, stehen ihnen Ressourcen, Wissen und Möglichkeiten zur Verfügung, die nicht jedermann zugänglich sind. Wenn wir als Leitungskräfte nicht aufpassen, gewöhnen wir uns an sie und verwechseln sie mit Rechten, weil wir uns selbst sagen: »Ich habe die Leitungsverantwortung und ich brauche all das.«

In dem Fall täten wir gut daran, uns am Beispiel von Nehemia zu vergegenwärtigen, wie opferbereites Leiten aussieht:

Dazu waren von den Juden und den Vorstehern hundertfünfzig Mann an meinem Tisch und die, die zu uns kamen aus den Völkern, die um uns her wohnten. Und man brauchte dafür täglich einen Ochsen und sechs auserlesene Schafe und Geflügel und für zehn Tage allerlei Wein in Menge. Dennoch forderte ich nicht die Einkünfte eines Statthalters; denn der Dienst lag schwer auf diesem Volk (Nehemia 5,17f.).

Wir sollten unsere Ressourcen als Leitungspersonen so einsetzen, dass sie anderen zum Segen und zum Nutzen werden, nicht in erster Linie uns selbst. Wir sollten deshalb die Mittel, die man uns zur Verfügung gestellt hat, nicht krampfhaft festhalten, sondern sie wohlwollend einsetzen und auch anderen Zugang dazu geben. Dabei sollten wir, genau wie Nehemia, darauf vertrauen, dass Gott uns für unseren Einsatz belohnt: »Gedenke, mein Gott, zu meinem Besten an alles, was ich für dieses Volk getan habe« (Nehemia 5,19). Liebe opfert sich für andere auf.

Vergebung und Feedback

Auch wenn wir für uns selbst versuchen, einen hohen Standard als Führungskräfte aufrechtzuerhalten, dürfen wir uns nicht erlauben, über andere zu urteilen. Menschen, in die wir unser Vertrauen gesetzt haben, werden uns enttäuschen. Vielleicht hintergehen sie uns und nutzen sogar unser Vertrauen und unsere Liebe aus, aber »die Liebe rechnet das Böse nicht an« (vgl. 1. Korinther 13,5). Führungskräfte, die sich den Werten des Reiches Gottes verpflichtet wissen, sind nicht nachtragend. Sie vergeben bereitwillig, weil sie wissen, dass Christus ihnen vergeben hat. Weil uns selbst so viel vergeben wurde, können wir auch anderen Menschen vergeben, selbst wenn sich deren Verhalten nicht ändert. Diese Art von Liebe zeigt Versöhnungsbereitschaft, die es uns ermöglicht, das Fehlverhalten einer Person von der Person selbst zu trennen. Wir vergeben die Sünde und lieben den Menschen nach wie vor.

Die Bereitschaft, schnell zu vergeben, bedeutet nun allerdings nicht, dass es keine Vorgaben und Richtlinien mehr braucht. Diese sind unerlässlich, um mit häufig auftretenden Problemen umgehen zu können. Mitarbeitende sollten eine klare Stellenbeschreibung erhalten, in der die Erwartungen an sie definiert sind (gewünschte Ergebnisse, Schwerpunkte). Auch Ehrenamtliche brauchen eine klare Aufgabenbeschreibung. Weil wir regelmäßig ihre Arbeit evaluieren, müssen sie wissen, was von ihnen erwartet wird. Solche regelmäßigen Evaluierungen (»Fortschrittskontrollen«) sollten ein Teil unserer Verantwortung als Führungskräfte sein. Aber wir können keine Arbeit bewerten, wenn wir uns nicht vorher mit den Verantwortlichen besprochen und darauf geeinigt haben, wie diese konkret aussehen soll.

Für gewöhnlich streben Menschen nach der Anerkennung ihrer Vorgesetzten und merken es oft selbst als Erstes, wenn sie nicht ihr Bestes gegeben haben. Bleiben sie hinter den Erwartungen zurück oder zeigen keinen ausreichenden Einsatz, sind wir es als Führungskräfte ihnen schuldig, das anzusprechen, denn wir wollen, dass sie ihre Gaben so gut wie möglich einbringen und die beste Version ihrer selbst sind. Dies entspringt unserer Motivation, alles für Gott und nicht für eine Organisation zu tun (vgl. Kolosser 3,23f.). Wenn wir also Leistungsbeurteilungen vornehmen, sind Sanftmut und ein freundlicher Ton gefragt.

Ein Freund sagte zu diesem Thema einmal: »Führungspersonen sprechen mit einer Lautstärke von zwei Menschen, aber sie werden mit einer Lautstärke von neun gehört!« Dies hat mir sehr zu denken gegeben und ich bemühe mich seither umso mehr, mein Feedback auf möglichst sanfte Art und Weise anzubringen, besonders wenn ich jemandem schwierige Dinge sagen muss.

Es gilt aber auch das Gegenteil: Wenn Leitende Lob und Ermutigung aussprechen, wird dies immer »laut gehört« und bleibt noch lange Zeit in Erinnerung. Das können wir nutzen, um Moral und Motivation in unserem Team zu stärken.

Führungskräfte, denen es an Liebe mangelt

Dass einer Führungskraft die Liebe fehlt, zeigt sich als Erstes im Wertesystem, dem sie folgt. Solche Leitungspersonen zeichnen sich dadurch aus, dass sie ein leistungsorientiertes Wertesystem haben statt einem, das die Liebe und Gnade Gottes zum Zentrum hat. Solche Menschen signalisieren ihrem Team ziemlich schnell, dass sie an persönlichen Beziehungen nicht interessiert sind, denn das Zwischenmenschliche ist für sie im Arbeitsumfeld rein funktional. Sobald eine Person ihren Beitrag zu einem Projekt erbracht hat, endet auch die Verbindung, da die Person nicht mehr gebraucht wird. Die Führungskraft widmet sich einer anderen Aufgabe und baut neue Beziehungen auf, die zum Erreichen der nächsten Ziele beitragen. Das ist alles andere als motivierend.

Die Mitarbeitenden werden als erfolgreiche Teamplayer angesehen, wenn sie die Erwartungen der Leitungskraft erfüllen. Diejenigen, die dies nicht schaffen, gelten als schlecht, als »B-Mitarbeiter« oder Schlimmeres.

Ein solch leistungsorientiertes Wertesystem kann äußerst subtile Formen annehmen. Es kann sich als positiver Wert tarnen, als Streben nach Spitzenleistungen. An sich ist das schließlich durchaus etwas Gutes, aber sobald es in Perfektionismus übergeht und dazu benutzt wird zu unterscheiden, wer okay ist und wer nicht, geht es mit Sicherheit zu weit.

Ein leistungsorientiertes Wertesystem kann sich auch darin zeigen, dass eine Führungskraft Erwartungen an den Tag legt, die über die vereinbarte Stellenbeschreibung hinausgehen. Es geschieht nicht selten, dass eine engagierte Teamleitung ihr eigenes Engagement zum Maßstab für die ganze Truppe macht. Vielleicht wird jedes Teammitglied dafür bezahlt, von acht Uhr morgens bis fünf Uhr nachmittags an seinem Arbeitsplatz zu sein, abzüglich einer einstündigen Mittagspause. Doch die Leitung kommt immer eine halbe Stunde früher, geht eine halbe Stunde später und verkürzt auch noch die Mittagspause. Wer sich an die in der Stellenbeschreibung festgelegten Arbeitszeiten hält, zieht sich dann schnell den (oft gar nicht so subtilen) Spott der restlichen Belegschaft zu und bekommt wichtige Meetings nicht in voller Länge mit, da diese über die Kernarbeitszeiten hinausgehen. Mittagspausen werden von oben aufgrund eines wichtigen Auftrags unterbrochen und die Teilnahme an »Sonderbesprechungen« wird erwartet. Die Botschaft, die das vermittelt, ist unmissverständlich: Erbringe Leistung oder du bist nicht Teil des »A-Teams«.

Führungskräfte, denen es an Liebe mangelt, haben für gewöhnlich kein Gespür für die Bedürfnisse anderer. Sie sind mehr damit beschäftigt, sich selbst in den Vordergrund zu schieben, als dass sie daran denken, persönliche Opfer für ihre Mitarbeitenden zu bringen. Ihr Ego und ihre Identität sind eng verknüpft mit dem Erfolg, den sie aufweisen können. Alle, die diesen Erfolg bedrohen, werden unerbittlich bekämpft. Solche Führungskräfte kleben an ihren Titeln und Positionen und bauen kein Vermächtnis liebevoller Leitung auf, das eines Tages an jemand anderen weitergegeben werden kann.

Sie lassen außer Acht, dass Liebe der Grundpfeiler eines Lebens als Christ und damit auch das Wichtigste für christliche Führungskräfte ist. An ihr soll man sie erkennen, sei es in militärischen, politischen, sportlichen oder anderen religiösen Bereichen. Wenn wir unser Leben auf die Liebe ausrichten, wird unsere Leiterschaft Gottes Wünschen entsprechen und für andere Menschen attraktiv sein.

Nimm dir Zeit, um die folgenden Bibelstellen zum Thema Liebe durchzuarbeiten, damit Gott durch sie an deinem Charakter arbeiten kann, und mach dir bewusst, welch einen immensen Einfluss du als Führungsperson haben wirst, wenn du dich von seiner Liebe leiten lässt. Nur wenn du das tust, kann das volle Potenzial in den Menschen, die du leitest, freigesetzt werden.

Charakterentwicklung konkret – Thema Liebe

Bibelarbeit

1. Gott ist Liebe, aber er ist noch sehr viel mehr. Gott hat uns aufgrund seiner Liebe unsere Schuld vergeben und uns das ewige Leben geschenkt. Lies die folgenden Verse und notiere dir, was darin über die Liebe Gottes gesagt wird. Schreibe auf, wie du anderen Gottes Liebe zu dir widerspiegeln kannst.

5. Mose 33,12:

Jesaja 54,10:

Jeremia 31,3:

Hosea 2,20ff.:

Zefania 3,17:

Matthäus 9,36-38:

Johannes 3,16:

Johannes 15,9-15:

Römer 5,5.8:

Römer 8,35-39:

Epheser 2,4f.:

1. Johannes 3,1f.:

1. Johannes 4,9f.:

2. Lies Hebräer 12,4-13 und notiere deine Beobachtungen dazu, in welchem Verhältnis Liebe und Zucht stehen. Wie kannst du die gewonnenen Erkenntnisse in deinem Leben und deiner Leiterschaft umsetzen?

3. Wir lieben Gott, weil er uns zuerst geliebt hat. Lies die folgenden Bibelverse und notiere dir, was sie über unsere Liebe zu Gott aussagen.

5. Mose 6,5:

5. Mose 10,12:

Psalm 31,24:

Matthäus 22,37f.:

2. Thessalonicher 3,5:

4. Betrachte 1. Korinther 13,1-13 und halte schriftlich fest, was dort über die Liebe gesagt wird. Wie können Führungskräfte eine solche Art von Liebe in ihre Leitungstätigkeit einfließen lassen?

Verse zum Auswendiglernen

Johannes 3,16
1. Korinther 13,4-7
Galater 5,6
Epheser 5,1f.

Gebet

Bitte Gott darum, dich zu einem Menschen zu machen, der andere so liebt wie er. Zusätzlich sind hier ein paar Anregungen für deine Gebetszeit, die du regelmäßig mit aufnehmen kannst:

- Bitte Gott darum, dir zu zeigen, ob es Bereiche in deinem Leben gibt, in denen dir die Liebe fehlt. Bitte ihn darum, dass er dir konkret zeigt, an welchen Punkten du dich daran gewöhnt hast, lieblos zu handeln, und es noch nicht einmal merkst.
- Rufe dir ein paar wichtige Entscheidungen der letzten Zeit ins Gedächtnis, wo es um die Beurteilung deiner Mitarbeitenden ging. Hast du ihnen ein leistungsbasiertes Beurteilungssystem zugrunde gelegt?
- Überdenke deinen Leitungsstil im Gebet. Geht es dir in deinen Entscheidungen vor allem um dich selbst oder um den Dienst für andere?
- Bete darüber, wie du in deinen Beziehungen zu Bekannten und Familienmitgliedern in den letzten zwei Wochen aufgetreten bist. Bist du gelegentlich zu streng und fordernd mit anderen?
- Schließe deine aktuelle berufliche Rolle und Position ins Gebet ein. Wie wichtig ist dir deine Stellung oder ein bestimmter Titel? Wärst du bereit, zurückzutreten und jemand anderem deine Führungsposition zu überlassen, wenn Gott dir das ans Herz legt?

- Ist deine Nachfolge geregelt? Bete darum, dass Gott dir zeigt, wen du mit Blick auf die Zukunft schon jetzt anleiten und coachen könntest.
- Bitte Gott darum, dein Herz zu erforschen und dir deine wahren Motive für deine Leitungsposition zu zeigen. Bitte ihn, jede ungute Motivation durch eine von Liebe geprägte zu ersetzen.

Tipps für die Praxis

1. Bitte deine Mitarbeitenden um ehrliches Feedback zum Thema. Lass sie wissen, dass du dich in diesem Bereich weiterentwickeln möchtest und dabei auf ihre Hilfe angewiesen bist. Führe konkret aus, wie Liebe im Hinblick auf Leitung aussehen könnte, und frage sie nach ihren Gedanken dazu. Überlege, wie das Feedback anonym oder über eine dritte Person geäußert werden kann, damit die Leute sich trauen, ehrlich zu sein. Die Tatsache, dass eine Führungskraft in diesem Bereich wachsen möchte, wird auf jeden Fall inspirierend und motivierend für dein Team sein!

2. Überlege, wie du die anderen ermutigen kannst. Mache ihnen ein Kompliment, wenn sie eine Sache gut gemacht haben. Versuche diese Woche, jeden Tag mindestens eine Person aus deinem Team zu loben oder zu ermutigen.

3. Bringe deine Wertschätzung gegenüber deinen Mitarbeitenden dadurch zum Ausdruck, dass du ihnen Fragen stellst und dir Zeit nimmst, ihnen zuzuhören. Bleibe im Gespräch ganz bei ihnen und nicht bei dir und deinen Ideen. Es soll nur darum gehen, was die jeweilige andere Person denkt. Was kannst du von ihnen lernen?

4. Gibt es einen Erfolg oder ein Ereignis zu feiern? Nicht unbedingt etwas Berufliches, sondern beispielsweise einen Geburtstag, eine Verlobung, ein Jubiläum, die Geburt eines Kindes oder ein Zwischenziel, das ihr erreicht habt, eine Beförderung oder die Fertigstellung eines Projekts? Deine Anwesenheit als Leitungskraft wird bei solchen Feiern sehr geschätzt. Scheue dich nicht, anderen zu gegebenem Anlass eine Auszeit von ihrem Arbeitsalltag zu gewähren. Die Mitarbeiten-

den werden es als wertschätzend empfinden, wenn sie innerhalb der Arbeitszeiten stattfinden.

5. Gibt es Privilegien, die dir als Führungskraft zur Verfügung stehen und die du nutzen könntest, um anderen Gutes zu tun?

6. Nimm dir für die nächsten zwei Wochen vor, jeden Tag jemandem in deinem Team dafür zu danken, dass er/sie so hart arbeitet. Bringe schriftlich zum Ausdruck, welche besondere Stärke du an dieser Person schätzt. Schreib deine anerkennenden Worte per Hand und nicht per E-Mail, das hat eine größere Wirkung!

7. Gibt es bestimmte Vergünstigungen, die mit deiner Rolle als Leitungskraft einhergehen und auf die du eher verzichten solltest? Wie wichtig sind sie dir? Denk daran, deine Überzeugungen nicht zur Norm für das Unternehmen zu machen, es sei denn, du bist für die Unternehmenspolitik verantwortlich. Selbst dann solltest du andere in deine Entscheidungen mit einbeziehen und mit ihnen eventuelle Veränderungen besprechen.

8. Vielleicht hat Gott dir offenbart, dass du deine Organisation zu deinem persönlichen Vorteil ausgenutzt hast. Wenn das der Fall ist, bemühe dich umgehend um Wiedergutmachung! Gibt es Vorschriften, die geändert werden müssen, um sicherzustellen, dass anderen dies nicht passiert? Für Gott sind diese Dinge kein »Kavaliersdelikt« (vgl. Lukas 16,10).

9. Bitte Gott darum, dass er dir bewusst macht, ob es aktuell jemanden gibt, dem du vergeben oder den du um Vergebung bitten musst. Wenn wir vergeben, befreien wir uns damit aus der Fessel des Feindes, der uns beispielsweise bitter und neidisch machen will. Wenn Gott dir einen konkreten Fall zeigt, wo du um Vergebung bitten musst, weil du einem anderen Unrecht getan hast, kläre die Sache so bald wie möglich (vgl. Matthäus 5,23f.).

10. Haben deine Teammitglieder eine klare Vorstellung davon, was von ihnen erwartet wird? Gibt es eine Stellenbeschreibung? Und gibt

es regelmäßige Treffen, bei denen du deinem Team Rückmeldung gibst und die Leistung deiner Mitarbeitenden auswertest? Falls nicht, solltest du dich um klar umrissene Beschreibungen der Aufgabenbereiche kümmern, möglichst in Rücksprache mit deinem Team und in Zusammenarbeit mit anderen Leitenden. Wenn wir unsere Leute wissen lassen, was von ihnen erwartet wird, ist dies nicht nur ein Zeichen von Leitungskompetenz, sondern auch von Liebe. Plane Mitarbeitergespräche mit denjenigen, die länger keines hatten – im Übrigen auch eine großartige Gelegenheit, Lob und Ermutigung zu kommunizieren!

Kapitel 2

Integrität – Wer du bist, wenn du denkst, du bist allein

Du bist, wer du bist, wenn du allein bist.
QUELLE UNBEKANNT

Eure Rede aber sei: Ja, ja; nein, nein. Was darüber ist, das ist vom Bösen.
MATTHÄUS 5,37

Wenn jemand versuchen würde, dir eine Falle zu stellen, würde diese Person auf den Gedanken kommen, deine persönliche Integrität dafür zu nutzen?

In Matthäus 22,15-17 lesen wir:

> *Da gingen die Pharisäer hin und hielten Rat, dass sie ihn fingen in seinen Worten, und sandten zu ihm ihre Jünger samt den Anhängern des Herodes. Die sprachen: Meister, wir wissen, dass du wahrhaftig bist und lehrst den Weg Gottes recht und fragst nach niemand; denn du achtest nicht das Ansehen der Menschen. Darum sage uns, was meinst du: Ist's recht, dass man dem Kaiser Steuern zahlt, oder nicht?*

Beachte, an welchem Punkt die Pharisäer ansetzen, um Jesus eine Falle zu stellen. Es eilte ihm der Ruf voraus, absolut wahrhaftig zu sein. Die religiöse Klasse wusste, dass Jesus seiner Zuhörerschaft die Wahrheit sagte, unabhängig von der gesellschaftlichen Stellung oder Macht der Einzelnen. Seine Rede veränderte sich nicht mit seinem Publikum. Er war konsequent. Jesus war so bekannt dafür, eine integre Person zu sein, dass dies als Ausgangspunkt für eine Falle gegen ihn benutzt wurde. Was für ein unglaubliches Image!

Das griechische Wort für Integrität heißt *alethes* und bedeutet bei der Beschreibung einer Person »wahr(haftig)«[10]. Noch ausführlicher definiert *Webster's Unabridged Dictionary* diese Charaktereigenschaft als »das konsequente Festhalten an einem moralischen Wertekodex bei gleichzeitiger charakterlicher Aufrichtigkeit, unverrückbaren moralischen Prinzipien und der steten Beachtung der Wahrheit.«[11]

Integre Führungspersönlichkeiten kann man beim Wort nehmen. Auf sie ist Verlass. Sie brechen keine Versprechen. Sie sagen nicht das eine und tun dann etwas anderes. Und sie sagen nicht jedem gegenüber etwas anderes. Sie sind konsequent, unabhängig vom Kontext.

Integrität ist die zweite der vier grundlegenden Charaktereigenschaften, die eine christliche Leitungskraft auszeichnen sollen. Weil wir aus dem heraus leiten, wie wir sind, müssen wir wahrhaftige und ehrliche Menschen sein, um das Vertrauen derer, die wir leiten, zu gewinnen. Ohne Integrität würde man unsere Motive hinterfragen, uns nicht ernst nehmen oder uns sogar verachten.

In Vereinen und Freiwilligen-Organisationen gibt es das Phänomen der »Abstimmung mit den Füßen«. Wenn der Führung die moralische Integrität fehlt, zeigt man ihr dies, indem man die Organisation verlässt. Ein Mangel an Integrität kann eine der schädlichsten Dinge für unsere Leiterschaft sein.

Integrität offenbart das Herz einer Leitungskraft und hat immer Vorbild- und Signalfunktion für andere. »Wie sich im Wasser das Angesicht spiegelt, so ein Mensch im Herzen des anderen«, heißt es in den Sprüchen Salomos (Kap. 27,19). Eine integre Leitungsperson zu sein, ist der Schlüssel, um Einfluss im Reich Gottes zu haben.

Wie zeigt sich nun Integrität im Leben und Leiten? Schauen wir uns dazu einige typische Bereiche an.

Es ist nur eine Kleinigkeit

Integrität zeigt und entwickelt sich in den kleinen Dingen des Lebens. Wenn wir vor einer Entscheidung stehen und die Möglichkeit haben, ehrlich zu reagieren oder nicht, denken wir oft: »Was für eine Kleinigkeit. Niemand wird jemals davon erfahren. Außerdem ist es völlig egal, was ich jetzt tue. Ich störe niemanden damit. Ich schade niemandem damit. Wen kümmert's? Und wenn es hart auf hart kommt, bin ich selbstverständlich ehrlich!«

Das Problem bei dieser Argumentation besteht darin, dass wir uns selbst etwas vormachen. Jesus sagt: »Wer im Geringsten treu ist, der ist auch im Großen treu; und wer im Geringsten ungerecht ist, der ist auch im Großen ungerecht« (Lukas 16,10).

In den Kleinigkeiten offenbart und entwickelt sich unser wahres Ich, zum Guten oder zum Schlechten. Wenn wir in den Kleinigkeiten nicht aufrichtig sind, sind wir es auch in großen Dingen nicht. Im Zusammenhang mit Ehrlichkeit und Gehorsam gibt es bei Gott keine Kleinigkeiten.

Da Integrität etwas ist, was entwickelt werden kann, sollten wir sie als Prinzip in unserem Alltag etablieren. Wie oft sagen wir zum Beispiel beim Abschied: »Ich bete für dich.« Und dann vergessen wir es und beten nicht ein einziges Mal für die Person. Lieber nichts versprechen, als ein Versprechen zu brechen. Vielleicht denkst du nun: »Ist das nicht ein bisschen übertrieben?« Aber vergiss nicht, dass Integrität in den scheinbar kleinen Dingen uns zu integren Leitenden in den großen Dingen macht.

Versprechen sind leicht gegeben und leicht gebrochen. Hältst du deine persönlichen Versprechen ein? Kann man dich beim Wort nehmen? Wenn du sagst, dass du etwas tun wirst, ist es dann so gut wie getan? Oder brauchst du jemanden, der dich kontrolliert, um sicherzugehen, dass du deine Versprechen einhältst? Wie sieht es mit der Ansage deines Anrufbeantworters aus? »Ich werde Sie so bald wie möglich zurückrufen!« Wirklich?! So bald wie möglich?

Und wie verhalten wir uns diesbezüglich unseren Mitarbeitenden gegenüber? Halten wir uns an die Zusagen, die wir ihnen gemacht haben? Kommen wir Absprachen nach, wenn es um vereinbarte Gehaltserhöhungen, freie Zeit oder Fortbildungsangebote geht? Tun wir das auch dann, wenn es uns schadet? Vielleicht hat sich die wirtschaftliche Gesamtsituation verändert und wir können die Löhne nicht erhöhen. Aber dann schulden wir unseren Mitarbeitenden wenigstens eine Erklärung und eine ernst gemeinte Entschuldigung, statt das Thema totzuschweigen und darauf zu hoffen, dass Gras über die Sache wächst.

Bist du eine Person, die ihr Wort hält? »Es ist besser, du gelobst nichts, als dass du nicht hältst, was du gelobst«, heißt es im Prediger

Salomo. Und: »Lass nicht zu, dass dein Mund dich in Schuld bringe« (Prediger 5,4f.).

Wie reagierst du, wenn der Kassierer im Supermarkt den falschen Preis einscannt? Klar, wenn es zu deinem Nachteil ist, weist du ihn umgehend darauf hin. Doch wie sieht es aus, wenn er sich zu deinen Gunsten verrechnet? Sagst du ihm dann, dass das Produkt in Wirklichkeit teurer ist? Oder denkst du: »Auf die paar Cent kommt es ja wohl nicht an. Außerdem kaufe ich hier ständig ein und der Laden hat schon genug an mir verdient.«

Wie verhältst du dich, wenn du denkst, du bist allein – wenn niemand dich beobachtet? Wie oft denken wir bei den verschiedensten Dingen: »Ein bisschen tricksen doch alle. Letztlich muss die grobe Richtung stimmen.«?

Mag sein, dass es für sich betrachtet alles bloß Kleinigkeiten sind, aber Unehrlichkeit im Kleinen kann zu gewohnheitsmäßigen Mustern führen. Entwickeln wir Verhaltensmuster der Integrität oder der Unehrlichkeit? Paulus sagt: »Wir sehen darauf, dass es redlich zugehe nicht allein vor dem Herrn, sondern auch vor den Menschen« (2. Korinther 8,21).

Ein Prediger war vor einigen Jahren in Übersee unterwegs. Nach einer Predigt am Abend vor einem großen Publikum ging er zum Münztelefon in seiner Hotellobby, um einen internationalen Anruf nach Hause zu seiner Familie zu tätigen. Er wandte sich an die Telefonistin in Übersee, die ihn bat, die erforderlichen Münzen in das Telefon einzuwerfen. Er tat es und wurde verbunden. Aber dann, während des Telefonats, kamen die Münzen rasselnd wieder aus dem Telefon in seinen Schoß gefallen. Er beendete sein Gespräch und beschloss, die Telefonistin erneut anzurufen, um zu fragen, was er nun mit den Münzen tun sollte. Kichernd antwortete sie ihm: »Ich war heute Abend im Publikum, als Sie über das Thema Integrität gesprochen haben. Als Sie den Anruf gemacht haben, habe ich beschlossen, Ihnen das Geld zurückzugeben, um zu sehen, ob Sie wirklich praktizieren, was Sie predigen!«

Man weiß nie, wer einen gerade beobachtet. Das heißt, in einem Fall wissen wir es: Gott beobachtet uns ständig. Allein dieser Gedanke sollte uns ein Ansporn sein, stets integer zu handeln. Wir sind nie wirklich allein. Und es gibt viele Situationen, in denen andere uns sehen, ohne dass wir es wahrnehmen. Und das kann sich, oft ohne unser Wissen, auswirken – zum Guten oder zum Schlechten.

Integrität in der Berichterstattung

Von Leitungspersonen wird erwartet, dass sie regelmäßig belegen, was sie erreicht haben. Dabei kann es sich um Statistiken und Berichte handeln, die dem Vorstand vorgelegt werden, oder im geistlichen Bereich um Jahres- und Finanzberichte für Mitglieder, Freunde oder Unterstützerinnen. Diese Menschen möchten wissen, was Gott durch diese Arbeit tut, und wir wollen natürlich, dass sie genauso ermutigt sind wie wir. Also erzählen wir ein paar Geschichten, biegen die Fakten ein wenig zurecht und geben uns redliche Mühe, unsere Arbeit interessant und als erfolgreich darzustellen. Wir mögen so etwas »dichterische Freiheit« nennen, aber Gott nennt es Lüge.

Viele Menschen geben aufopferungsvoll, um Gemeinden und Non-Profit-Organisationen zu unterstützen. Halten wir sie treu auf dem Laufenden, was die Verwendung ihres Geldes für die Arbeit im Reich Gottes betrifft? Wir sind gut darin, Finanzberichte, Grafiken und Balkendiagramme in rot und grün zu entwerfen, aber stimmen diese Statistiken mit der Wirklichkeit überein? Würden sie jeder Untersuchung standhalten? Sind sie von unabhängiger Seite überprüft worden? Sind wir bereit, allen, die ein Interesse daran haben, unsere Bücher vorzulegen? Wie viel Erklärungsbedarf hätten wir? Was ist beängstigender: eine Steuerprüfung, ein ausführliches Interview mit einem investigativen Reporter oder Gottes Verurteilung wegen Unehrlichkeit?

Ich spiele seit meiner frühen Jugend Golf. Golf ist ein herrlicher Sport, um seinen Charakter zu entwickeln oder ihn zu offenbaren. Dieser wird vor allem beim Scoring, also beim Zählen der Schläge, auf die Probe gestellt. Wie viele Schläge habe ich nun wirklich gebraucht, um den Ball einzulochen? Waren es fünf oder doch sechs? Zählen wir auch dann, wenn wir beim Übungsschwung versehentlich den Ball berühren oder ihn bei einem Schlag verfehlen? Schlagen wir ihn genau dort ab, wo er liegt? Oder verschieben wir ihn um ein paar Zentimeter, weil er so ungünstig gefallen ist? So etwas ist gegen die Regeln, es sei denn, wir haben vorher die Option »Besserlegen« nach den Winterregeln vereinbart. »Das ist nur eine Kleinigkeit«, sagen wir uns vielleicht. Ah ja, schon wieder diese Kleinigkeiten!

Integrität bei der Gewinnung von Mitarbeitenden und beim Fundraising

Wenn wir versuchen, Menschen dafür zu gewinnen, »ihre Netze zu verlassen« und mit uns zu kommen, liegt es auf der Hand, dass wir ein möglichst positives Bild zeichnen wollen. Wir betonen das Gute und neigen dazu, die Herausforderungen zu ignorieren, mit denen wir konfrontiert sind, denn hinter allen Organisationen stehen unvollkommene Menschen. Es wäre besser, sowohl von den Schwierigkeiten als auch von den Stärken zu erzählen und darauf zu vertrauen, dass es Gott ist, der die Menschen in unser Team führt, und nicht unsere Fähigkeit, ein tolles Rekrutierungsgespräch zu führen (vgl. Johannes 17,6).

Wenn wir für eine Organisation Fundraising betreiben, wollen wir natürlich, dass die potenziellen Spendenden davon überzeugt werden, dass Gott in unserer Organisation am Werk ist. Und so erzählen wir Geschichten, die ein strahlendes Bild von Ergebnissen malen, von denen wir glauben, dass sie gut bei ihnen ankommen. Wir berichten davon, wie viele Menschen sich bekehrt haben, wie viele Mitglieder unsere Bibelkreise haben und wer alles auf unseren Freizeiten und Konferenzen erscheint. Nur selten erwähnen wir dabei Probleme, Enttäuschungen und Fehlschläge. Natürlich sollten wir uns nicht auf die negativen Aspekte konzentrieren, aber wir sollten auf jeden Fall versuchen, authentisch wiederzugeben, was an Gutem und eben auch weniger Gutem zum Organisationsleben gehört. Kein Mensch hat immer Erfolg. Diese Art von Transparenz, die Erfolge und Schwächen teilt, erreicht die Herzen derer, die uns unterstützen.

Integrität bei Personalfragen

American Idol ist eine beliebte Fernsehshow, die aufstrebende junge Menschen mit Singtalent auf eine landesweite Bühne bringt. So erhalten sie die Chance, entdeckt zu werden und einen Plattenvertrag zu bekommen. Das Merkwürdige dabei ist, dass sich jede Menge Leute bewerben, die nicht singen können! Die Jury hört höflich zu und muss diesen Menschen anschließend in die Augen sehen und ihnen klarmachen, dass das Singen nicht zu ihren Stärken gehört. In den Sprüchen Salomos heißt es: »Besser Tadel, der offen sich ausspricht, als Liebe, die schweigt« (Sprüche 27,5; Zürcher Übersetzung). Gelegentlich sind gute Worte eben auch harte Worte, denn sie ersparen dem, der sie hört, eine Menge Enttäuschungen in der Zukunft.

Wir haben bereits festgestellt, dass liebevolles Leiten auch bedeutet, unseren Mitarbeitenden regelmäßiges Feedback zu ihren Leistungen zu geben. Achten wir bei solchen Mitarbeitergesprächen darauf, sowohl das Positive als auch diejenigen Arbeitsbereiche, die einer Verbesserung bedürfen, zu erwähnen? Sind wir bei der Leistungsbeurteilung ehrlich oder haben wir Angst davor, Schwachpunkte zu benennen, die unseren Leuten auf Dauer gesehen schaden und sie in ihrer Entwicklung behindern können? Wenn wir für unsere Mitarbeitenden das Beste wollen – das heißt, wenn uns daran gelegen ist, dass sie ihr Potenzial voll entfalten –, dürfen wir nicht nur über ihre Stärken reden, sondern müssen sie auch auf ihre Schwächen hinweisen.

Integrität bei allem, was wir sagen

Jesus lehrte uns, dass jedes einzelne Wort, das wir reden, wichtig ist (vgl. Matthäus 12,36f.). Nehmen wir an, du bist im Homeoffice, machst gerade Mittagsschlaf und das Telefon klingelt. Ein Kollege ist am Apparat. Der Mann entschuldigt sich für die Störung und fragt, woran du gerade sitzt. Es ist dir peinlich, dass du einen Mittagsschlaf gemacht hast, deshalb antwortest du so etwas wie »Oh, ich war gerade nur im Haus unterwegs«, anstatt die Wahrheit zu sagen und so zu vermitteln, dass es völlig in Ordnung ist, sich auszuruhen, wenn man müde ist.

Oder vielleicht geht eines deiner Kinder ans Telefon und es ist jemand für dich dran. Du willst nicht gestört werden und weist dein Kind an, dem Anrufer zu sagen, du wärst gerade nicht zu sprechen. Was lernen unsere Kinder durch ein solches Verhalten? Wundern wir uns, wenn sie uns später als Teenager nicht die Wahrheit sagen und wir nicht erfahren, wo sie hingehen oder mit wem sie Zeit verbringen? Sie haben das von uns gelernt!

Meist zeigt schon die spontane Antwort auf eine einfache Frage, ob wir hundertprozentig ehrlich sind oder nicht. Stellen wir uns zum Beispiel vor, wir haben eine Verabredung und das Telefon klingelt. Es ist unsere Chefin! Sie fragt: »Haben Sie Zeit zu reden?« Die haben wir nicht, aber als höfliche Menschen wollen wir stets erreichbar sein und trauen uns nicht, unsere Vorgesetzten »abzuwimmeln«. Zur selben Zeit wartet an verabredeter Stelle jemand anders, der pünktlich erschienen ist und dasselbe von uns erwartet. Und statt der Chefin zu sagen: »Es tut mir wirklich leid, aber ich bin verabredet. Kann ich Sie später zurückrufen?«, antworten wir munter: »Aber sicher, was kann ich für Sie tun?« Derweil bekommt die auf uns wartende Person vielleicht den Eindruck, dass auf uns kein Verlass ist.

Menschen, die »laut denken« (»verbal processors«), müssen lernen, besonders vorsichtig zu sein. Wenn wir mit Menschen diskutieren, vor allem, wenn es um Entscheidungen geht, die sie direkt betreffen, müssen wir vermeiden, Dinge zu äußern, die andere als eine feste Entscheidung ansehen, nur um später jemand anderem gegenüber zu einem anderen Ergebnis zu kommen. Unsere Überlegungen dauern weiter an und wir merken vielleicht nicht, dass die Leute die erste Diskussion in dem Glauben verlassen haben, es wäre eine endgültige Entscheidung getroffen worden. Später, wenn sie herausfinden, dass die Dinge anders liegen, können sie uns beschuldigen, doppelzüngig zu sein oder Schlimmeres!

Wenn du ein Mensch bist, der laut denkt, solltest du in besonderer Weise darauf achten, wie das in Diskussionen bei anderen ankommt. Wenn wirklich eine Entscheidung gefallen ist, lass keinen Zweifel daran, dass dem so ist. Wenn du nur laut denkst, mach klar, dass du inmitten eines Prozesses steckst und noch keine Entscheidung gefallen ist. Menschen hören sehr genau auf die Worte ihrer Leitenden. Sie werden dich exakter zitieren, als du dich selbst zitieren kannst!

Führungskräfte, denen es an Integrität fehlt

Es gibt wenige geistliche Leitungskräfte, die vorsätzlich trügerisch, unehrlich oder arglistig sind. Aber Unehrlichkeit in den kleinen, alltäglichen Dingen des Lebens kann einen Riss in unserem Charakter erzeugen, der uns davon abhält, unserer Berufung gerecht zu werden. Was als eine kleine Dehnung der Wahrheit beginnt, kann schnell zu etwas Schlimmerem auswachsen. Halbwahrheiten werden mit weiteren Halbwahrheiten zugedeckt. Es wird gelogen, damit eine frühere Lüge nicht ans Licht kommt; und ständig muss man überlegen, wem man was gesagt hat. Das alles kostet Energie, die weitaus sinnvoller eingesetzt werden könnte als dafür, den Schein zu wahren. Irgendwann kommt dann alles ans Licht und unsere Quittung ist ein schlechter Ruf.

Um in Gottes Reich etwas zu bewirken und einen positiven Einfluss zu nehmen, ist es wesentlich, dass wir Leitende sind, die tun, was sie sagen – die man beim Wort nehmen kann. Obwohl wir alle damit kämpfen, unsere Worte zu kontrollieren, erinnert uns Jakobus daran: »Wir alle machen ja immer wieder etwas verkehrt. Wer nie ein verkehrtes Wort sagt, der ist ein vollkommener Mensch. Denn wer seine Zunge im Zaum hält, kann auch seinen Körper beherrschen« (Jakobus 3,2; BasisBibel).

Ein integres Leben fängt damit an, dass wir unsere Worte kontrollieren. Integrität wächst in den kleinen Dingen, denn aus ihnen heraus entwickeln wir Gewohnheiten. Vor Gott gibt es keine kleinen Unehrlichkeiten. Es heißt:

Diese sechs Dinge hasst der HERR,
diese sieben sind ihm ein Gräuel:
stolze Augen, falsche Zunge,
Hände, die unschuldiges Blut vergießen,
ein Herz, das arge Ränke schmiedet,
eilige Füße, die zum Bösen laufen,
ein falscher Zeuge, der frech Lügen redet,
und wer Streit zwischen Brüdern anrichtet.
SPRÜCHE 6,16-19

Im folgenden Abschnitt werden einige konkrete Ideen angesprochen, wie du charakterlich in diesem Bereich wachsen kannst.

Charakterentwicklung konkret – Thema Integrität

Bibelarbeit

1. Betrachte die folgenden Bibelverse und notiere dir, was dort über das Thema persönliche Integrität ausgesagt wird und welche konkreten Folgen charakterliche Integrität im Leben der Menschen hatte, denen sie anzumerken war.

3. Mose 19,11-13:

5. Mose 9,4f.:

1. Könige 9,4f.:

1. Chronik 29,10-19:

Nehemia 7,2:

Hiob 2,1-10:

Hiob 6,28-30:

Hiob 27,1-6:

Psalm 25,20f.:

Psalm 78,72:

Sprüche 10,9:

Sprüche 11,3:

Sprüche 13,6:

Sprüche 17,26:

Sprüche 29,10:

Markus 12,14:

Lukas 16,10-12:

Apostelgeschichte 24,16:

Titus 2,7:

2. In 2. Korinther 8,16-21 heißt es, dass Paulus eine Geldsammlung für die Bedürftigen in Jerusalem durchführte. Beachte, wie er mit dem gesammelten Geld umging. Was sagt dies über seine Integrität aus? Wie kannst du als Leitungskraft eine solche Einstellung praktisch umsetzen?

Verse zum Auswendiglernen

Psalm 78,72
Markus 12,14
Römer 12,17
2. Korinther 8,21

Gebet

Bitte Gott, dass er dich zu einem integren Menschen macht. Die folgenden Anregungen sollen dir dabei helfen. Bringe die einzelnen Punkte immer wieder im Gebet vor Gott!

- Bitte Gott darum, dir zu zeigen, ob es Bereiche oder blinde Flecken in deinem Leben gibt, in denen dein Verhalten nicht von Integrität geprägt ist.
- Überdenke im Gebet deine Selbst- und Fremdwahrnehmung. Verhältst du dich in der Öffentlichkeit anders als im privaten Bereich?
- Kann man dich beim Wort nehmen? Bitte Gott, dass er dir dabei hilft, zu dem zu stehen, was du sagst.
- Hältst du dich an deine Versprechen? Gibt es jemanden, bei dem du dich dafür entschuldigen musst, dass du dich an eine gegebene Zusage nicht gehalten hast?
- Schuldest du deinen Mitarbeitenden noch irgendetwas, das ihnen vereinbarungsgemäß zusteht (Lohnerhöhung, Feedback, Urlaub o. Ä.)?
- Sind deine Ausgaben und Abrechnungen im Privaten und Geschäftlichen in den Augen Gottes durch und durch ehrlich? Würde es dich in Verlegenheit bringen, anderen die Details deiner Finanzgeschäfte zu zeigen?
- Wenn du Geschichten erzählst, sind es dann solche, die sich wirklich ereignet haben, oder übertreibst und schmückst du sie gern aus, um andere zu beeindrucken? Musst du in dieser Hinsicht noch etwas richtigstellen?

Tipps für die Praxis

1. Bitte deine Mitarbeitenden um Feedback zum Thema Integrität und Ehrlichkeit. Lass sie wissen, dass du dich in diesem Bereich weiterentwickeln möchtest und dabei auf ihre Hilfe angewiesen bist. Führe konkret aus, wie charakterliche Integrität bezüglich Leiterschaft aussehen könnte, und bitte um Rückmeldung. Überlege dir, wie du das Feedback anonym oder über eine dritte Person einholen kannst, damit sich alle trauen, ehrlich zu sein. Die Tatsache, dass eine Führungsperson es ernst meint, in diesem Bereich wachsen zu wollen, wird auf jeden Fall inspirierend und motivierend für die Mitarbeitenden sein!

2. Lass die letzte Woche vor deinem inneren Auge Revue passieren. War der Umgang mit deinen Mitmenschen immer ehrlich? Waren die Entscheidungen, die du getroffen hast, von Ehrlichkeit und Integrität gekennzeichnet (oder nicht)? Hast du Zusagen eingehalten und bist zu verabredeten Terminen pünktlich erschienen? Gibt es irgendetwas, was du ändern musst? Was würdest du anders machen, wenn du dieselbe Situation noch einmal durchleben könntest?

3. Wie sieht es mit deinen eingereichten Belegen, Quittungen, Abrechnungen und deiner Steuererklärung aus? Was kannst du ändern, um mit deinen Finanzen noch integrer umzugehen? Gibt es Verantwortungsstrukturen oder Vorgehensweisen, die eingeführt werden müssen, um die Versuchung, unehrlich mit Geld umzugehen, zu beseitigen?

4. Hast du Familienmitgliedern oder jemandem von der Arbeit Zusagen gemacht, die du noch einhalten musst? Frage vorsichtshalber nach. Lass dich von anderen an gegebene Versprechen erinnern und trage Sorge dafür, dass du sie hältst!

5. Falls du vor einem größeren Publikum sprichst: Wie sieht es mit deinen Beispielgeschichten und Darstellungen aus? Sind sie wahr oder beschönigst du die Fakten? Sind es deine eigenen Storys oder schmückst du dich mit fremden Federn? Hinterlässt du in deinen Vorträgen womöglich einen falschen Gesamteindruck bei deinem Publikum? Präsentierst du deine eigene Meinung, als wäre es eine Wiedergabe von Tatsachen?

6. Bemühe dich auch bei deinen Freizeitaktivitäten um Integrität. Spiel immer nach den Regeln und mogle nicht. Bei Gott gibt es keine kleinen Unehrlichkeiten!

7. Wenn du ein Fundraising machst, achte darauf, den Zweck so wirklichkeitsgetreu wie möglich darzulegen. Widerstehe der Versuchung, alles in den buntesten Farben zu schildern. Wenn es Schwachpunkte gibt, sprich sie an. Achte vor allem genau darauf, die Geldmittel so einzusetzen, wie du es versprochen hast. Benutze Spenden nicht für andere Projekte als die beworbenen, es sei denn, die Spendenden sind damit einverstanden.

8. Gehörst du zu den »Lautdenkenden«? Dann lass die Menschen in deiner Umgebung unbedingt wissen, dass sich Entscheidungen bei dir entwickeln, indem du darüber nachdenkst, deine Gedanken aussprichst und auf Feedback wartest. Sprich es offen an, wenn du die Sorge hast, dass man dich aufgrund dieser Eigenart als unzuverlässig empfindet. Bitte um konkrete Hilfe deiner Teammitglieder. Erlaube ihnen, dich zu fragen, ob es sich bei deinen Überlegungen um das Endergebnis einer Entscheidung handelt (»Können wir jetzt zur Tat schreiten?«) oder ob die Dinge noch im Fluss sind (»Brauchst du noch mehr Zeit zum Überlegen?«).

9. Denke über deine persönlichen und geschäftlichen Kontakte nach. Gibt es Menschen, die dich dazu bringen oder gar zwingen wollen, deine Integrität zu kompromittieren? Welche Schritte kannst du gehen, um dich aus diesen Beziehungen zurückzuziehen? Falls das nicht möglich ist, wie kannst du die Bereiche ansprechen, in denen Integrität fehlt?

10. Gibt es irgendeinen Bereich in deinem Leben, beruflich oder privat, wo du dich schuldig gemacht hast, weil du nicht vollkommen ehrlich warst? Wie kannst du sicherstellen, dass du stets das tust, was richtig ist, und nicht das, was bequem ist? Musst du noch etwas klar- oder richtigstellen? Denke daran, dass Gott den Demütigen Gnade verheißen hat. Er wird dir dabei helfen, das Richtige zu tun.

Kapitel 3

Demut – Die Tür zu wahrer Größe entdecken

Ich bin 82 Jahre alt und lebe in einem Seniorenheim. Vor kurzem hat mir der Geist Gottes bewusst gemacht, dass die Leute mich aufgrund meiner Bücher für ganz besonders heilig halten. Als Reaktion darauf würde ich mich jetzt am liebsten unbemerkt in den Himmel schleichen.
F. B. MEYER

Wer nun sich selbst erniedrigt und wird wie dieses Kind, der ist der Größte im Himmelreich.
MATTHÄUS 18,4

Ich hatte den ganzen Tag über Vorträge vor Studierenden gehalten. Nun war ich hundemüde und wollte nur noch ins Bett fallen. Als ich durch eine nahe gelegene Kleinstadt fuhr, passierte ich ein Stoppschild, ohne völlig zum Stehen zu kommen. Kurz darauf sah ich im Rückspiegel das Blinken roter und blauer Lichter. »Auch das noch!«, dachte ich. »Das hat mir gerade noch gefehlt.«

Ich fuhr rechts ran und wartete darauf, dass der Polizist zu mir kam. Er wies mich darauf hin, dass ich soeben ein Stoppschild missachtet hätte. Ich stimmte ihm zu, denn ich hatte ja tatsächlich nicht angehalten. Der Polizist bat mich um Führerschein und Zulassungspapiere und ging dann wieder zu seinem Wagen.

Kurz darauf kam er zurück, reichte mir die Papiere und erklärte mir, dass er es bei einer mündlichen Verwarnung belassen würde. Ein Bußgeld bräuchte ich nicht zu zahlen. Dann fragte er: »Wollen Sie wissen, warum ich Sie nur verwarne und Ihnen keinen Strafzettel gebe?«

»Ja«, antwortete ich und stellte mich auf eine Gardinenpredigt ein.

»Als ich Sie darauf ansprach, dass Ihr Wagen an der Kreuzung nicht zum Stillstand gekommen war, haben Sie das sofort zugegeben. Sie haben sich nicht herausgeredet, sondern mir recht gegeben. So etwas passiert mir bei Kontrollen äußerst selten. Sie können sich nicht vorstellen, welche Ausreden die Leute erfinden, die ich anhalte. Dass jemand seine Schuld einfach eingesteht und sich zu seinem Fehler bekennt, ist mir in all den Jahren nur wenige Male passiert. Deshalb gebe ich Ihnen nur eine Verwarnung. Achten Sie trotzdem darauf, dass Sie beim nächsten Mal wirklich stoppen!«

Demut berührt die Herzen der Menschen und sie ist erstaunlich selten.

Doch auch wenn uns Demut nicht häufig begegnet – Gott legt allergrößten Wert darauf. Er hat uns selbst vorgemacht, was es bedeutet, demütig zu sein. Tatsächlich erniedrigte er sich für jeden sichtbar in Jesus Christus. Allein diese Tatsache sollte uns alle dazu bringen, im Denken und vor allem im Herzen demütig zu sein. Wenn es jemanden gibt, der ein Recht darauf hätte, stolz zu sein, wäre es Jesus Christus selbst. Aber er war und ist demütig. Worauf könnte ein Mensch denn stolz sein? Paulus formuliert es so: »Was hast du, das du nicht empfangen hast?« (1. Korinther 4,7).

Vielleicht spielen wir ein Musikinstrument. Oder wir kennen uns mit PCs aus und können sehr gut programmieren. Oder wir spielen richtig gut Golf. Wir haben viele Stunden investiert, um solche Fertigkeiten zu erlangen. Aber während wir hart daran arbeiten, uns diese Dinge anzueignen – wo kommt die Fähigkeit zu lernen letztlich her? Wer hat uns ein Gehirn gegeben, das uns lesen und Musik spielen lässt? Wer schenkte uns die Fähigkeit, mathematische Gleichungen zu berechnen? Und wer erschuf menschliche Körper mit Muskeln, die sich Abläufe merken und so Golfschläge wiederholen können? Natürlich trainieren wir, aber Gott ist die Quelle für alles, was wir sind und was wir können.

Das Wort Demut bedeutet »Niedrigkeit des Geistes«[12]. Das heißt nun aber nicht, dass wir schlecht oder gar geringschätzig von uns denken sollen. Wahre Demut entspringt der Erkenntnis, wer wir im Vergleich zu Gott sind. Wir sind von der Erde genommen und leben nur, weil er uns seinen Geist eingehaucht hat. Jeder Atemzug kommt von Gott. Wir sind von Natur aus »Kinder des Zorns«, aber um seiner Gnade willen geschieht uns nicht so, wie wir es verdient hätten (vgl. Epheser 2,3). Demut bedeutet, dass wir nicht höher von uns denken, als es der Wahrheit entspricht, weil wir uns im Lichte Gottes sehen (vgl. Römer 12,3).

Demut ist die Tür zum geistlichen Wachstum in der Gnade. Gnade beinhaltet nicht die Freiheit, das zu tun, was wir wollen, sondern die Kraft, so zu leben, wie wir es sollten. Es ist die Kraft, die von Gott kommt, um ein Leben nach dem Vorbild Jesu zu führen. Gott hat versprochen, den Demütigen Gnade zu schenken (vgl. Sprüche 3,34; Jakobus 4,6; 1. Petrus 5,5). Und er hat auch versprochen, den Demütigen zu erhöhen (vgl. Jakobus 4,10), aber er tut das nach seinem Zeitplan (vgl. 1. Petrus 5,6).

Gott ist bestrebt, Demut in uns zu entfalten. Wir haben dabei zwei Möglichkeiten: Entweder wir treten in Demut vor ihn oder wir lassen uns von ihm Demut lehren. Ersteres ist mit Sicherheit die bessere und weniger schmerzvolle Alternative. Daher sollten wir unsere Lebensumstände bewusst als Möglichkeiten zum Demütigwerden erkennen.

Demut im Gebet und Fasten

Wenn man Christen die Frage stellt, wie es ihnen in ihrem geistlichen Leben geht, werden viele eingestehen, dass sie in zwei Bereichen wachsen müssen: Gebet und Zeugnisgeben.

Beten bedeutet zuzugeben, dass wir aus uns heraus nichts tun können. Unsere eigenen Fähigkeiten und Mittel reichen einfach nicht aus. Wir brauchen Hilfe – Gottes Hilfe. Ohne sein Eingreifen ist all unser Tun zum Scheitern verurteilt.

Wenn ich vom Beten spreche, meine ich damit ein ernsthaftes und von Herzen kommendes Gebet und kein »aufgesagtes«. Ich finde es immer merkwürdig, wenn mir jemand sagt: »Würdest du bitte ein Gebet für mich sprechen?« – als würde ein Gebet die himmlischen Mächte günstig stimmen, damit sie unsere Alltagsgeschäfte segnen. Es geht nicht darum, vor dem Essen oder vor einer Reise vorsichtshalber ein kurzes Gebet zu sprechen, damit nichts schiefläuft. Das Gebet ist kein Glücksbringer und keine geistliche Unfallversicherung. Gedankenloses Beten ist, wie Jesus klarstellt, nicht mehr als Geplapper, auch wenn wir noch so viele Worte auswendig gelernt haben und noch so viel Zeit dafür investiert haben (vgl. Matthäus 6,7).

Echtes Beten bedeutet, dass wir uns vor Gott in Demut üben und unsere absolute Abhängigkeit von ihm erkennen. Wir brauchen Gott wie die Luft zum Atmen. Wir können nichts ohne ihn tun, rein gar nichts – nichts Großes und Wichtiges, aber auch nichts, was wir vielleicht für klein und unbedeutend halten. Wenn wir beten, nähern wir uns Gott in dem Bewusstsein, dass wir mit dem König aller Könige und dem Herrn aller Herren kommunizieren. Wir treten vor unseren allmächtigen Schöpfer, der uns in seiner Gnade und Barmherzigkeit jederzeit eine Audienz ermöglicht. Diesem Schöpfer dürfen wir uns nähern – voller Zuversicht, aber niemals leichtfertig.

Die geistliche Disziplin des Fastens hängt eng mit dem Beten zusammen. Fasten sensibilisiert unsere Sinne für Gott, weil wir in dieser Zeit auf Nahrung für unseren Körper verzichten. Jesus betonte, dass es eine Zeit für das Fasten gibt, als er sagte: »Könnt ihr denn die Hochzeitsgäste fasten lassen, solange der Bräutigam bei ihnen ist? Es wird aber die Zeit kommen, dass der Bräutigam von ihnen genommen ist; dann werden sie fasten, in jenen Tagen« (Lukas 5,34f.). Auch David zeigte den Zusammenhang von Fasten und Demut, als er sagte: »Ich aber, als sie krank waren, kleidete mich in Sacktuch; ich demütigte mit Fasten meine Seele« (Psalm 35,13; Elberfelder). Manche Christen haben das Fasten zu einer regelmäßigen Gewohnheit gemacht. Einige lassen jede Woche oder monatlich eine Mahlzeit ausfallen, um zu beten. Andere fasten länger, insbesondere, wenn sie vor einer wichtigen Entscheidung stehen. Fasten ist sinnvoll, wenn es aus der rechten Motivation heraus geschieht – nämlich, um beim Beten noch intensiver Gott und seinen Willen zu suchen.

Demut bei Entscheidungen

Jesus entschied sich bewusst, sich zu demütigen. Er verließ die Herrlichkeit im Himmel, um Mensch zu werden und die Demütigung des Kreuzes zu ertragen (vgl. Philipper 2,8). Er konnte diesen Weg gehen, weil er wusste, wer er war und was ihn bei seiner Rückkehr in den

Himmel erwartete. Johannes berichtet, dass Jesus in ebendiesem Bewusstsein seinen Jüngern die Füße wusch:

> *Jesus aber wusste, dass ihm der Vater alles in seine Hände gegeben hatte und dass er von Gott gekommen war und zu Gott ging – da stand er vom Mahl auf, legte seine Kleider ab und nahm einen Schurz und umgürtete sich. Danach goss er Wasser in ein Becken, fing an, den Jüngern die Füße zu waschen und zu trocknen mit dem Schurz, mit dem er umgürtet war* (Johannes 13,3-5).

Auch wir stehen immer wieder vor der Wahl, ob wir uns demütigen wollen oder nicht (vgl. Lukas 18,14). Sich zu demütigen, ist eine Willensentscheidung und es ist nie leicht. Unserem Ego gefällt das gar nicht. Unser Verstand flüstert uns ein, dass Demut dasselbe sei wie Schwäche und dass Schwäche und Leiterschaft einander ausschließen. Gefühlsgesteuert fürchten wir uns vor peinlichen Situationen. Aber Jesus macht uns Mut. Er hat uns verheißen, dass Gott den Demütigen Gnade erweist und sie zu seiner Zeit erhöht.

Genau wie Integrität zeigt sich Demut in den kleinen Dingen des Lebens. Ich selbst bin zum Beispiel ein begeisterter Fliegenfischer. Dabei kommt es mir gar nicht so sehr darauf an, unbedingt etwas zu fangen. Ich empfinde einfach den Aufenthalt draußen in den Bergen von Colorado (unserem derzeitigen Zuhause) als ungemein erfrischend, sowohl geistig als auch seelisch. Eines Tages hatte ich Glück und fing eine riesengroße Regenbogenforelle. Ich bewunderte ihre Größe und überlegte, wie viel sie wohl wog. Gerade als ich nach der Waage griff, um dieses »Monster« zu meinen Füßen zu wiegen, war mir, als würde der Heilige Geist mich fragen: »Tom, warum tust du das?«

»Warum? Ich will doch nur wissen, wie groß er ist, Herr«, antwortete ich in meinem Herzen. Doch dann merkte ich, dass ich die Forelle aus einem ganz anderen Grund wiegen wollte. Ich wollte damit vor meinen Freunden prahlen. Ich erkannte meinen Stolz und ließ den Fisch frei, ohne ihn zu wiegen.

Bitte versteh mich nicht falsch: Es ist nichts dagegen einzuwenden, Fische zu messen und zu wiegen. Ich selbst habe das dutzende Male getan, ohne dass mich der Geist Gottes ermahnt hätte. Aber an jenem Tag, mit jenem Fisch waren mein Stolz und mein Ego mit der

Größe und dem Gewicht der Forelle verbunden. Ich musste mich deshalb entscheiden: auf die Stimme hören oder mir einreden, dass alles nur Einbildung war? Gott sei Dank entschied ich mich dafür, der inneren Überzeugung zu gehorchen.

Sich selbst zu demütigen, ist ein Prozess, der jeden Tag in genau solchen kleinen Entscheidungen stattfindet. Nach meiner Erfahrung spricht der Geist Gottes täglich treu in diese scheinbar routinemäßigen Entscheidungssituationen hinein. Der Kampf um Demut entscheidet sich oft im Alltag. Interessanterweise hängen viele dieser kleinen Dinge mit Maßeinheiten und Zahlen zusammen. Wie gesagt: Messen und Zählen sind nicht per se sündig, aber wie unser Herz auf diese Zahlen reagiert, kann uns zur Sünde verleiten.

Demut lernen durch Unterordnung

Es gibt der Bibel nach sechs Ebenen der Unterordnung im Leben, nämlich:

Gott – Mensch(heit), Regierung – Bürgerschaft, Arbeitgebende – Arbeitnehmende, Ehemann – Ehefrau, Eltern – Kinder und geistliche Leitungspersonen – Mitarbeitende. Wie wir uns unseren von Gott gegebenen Vorgesetzten gegenüber verhalten, zeigt, ob wir stolz oder demütig sind.

Ich habe viel mit Studierenden zu tun, die vor der wichtigen Frage stehen, was sie nach ihrem Universitätsabschluss mit ihrem Leben anfangen sollen. Sie möchten Gottes Willen tun und ihm gefallen, zweifeln aber manchmal, ob Gottes Plan für ihre Zukunft wirklich so gut wie oder gar besser ist als der, den sie sich selbst zurechtgelegt haben. Sie zögern, Gott die Zukunft anzuvertrauen, weil sie Angst haben, er könne ihr Leben durcheinanderwirbeln oder etwas von ihnen verlangen, was sie nicht tun wollen.

Jesus sagt in Lukas 9,23: »Wer mir folgen will, der verleugne sich selbst und nehme sein Kreuz auf sich täglich und folge mir nach.«

Das Kreuz täglich auf sich zu nehmen, heißt, dass wir unseren Wünschen, Träumen und Plänen sterben und unseren Willen dem Willen Gottes unterordnen. Auf der Makroebene bedeutet dies, dass wir ihm unsere Zukunft überlassen, unsere Lebensträume, und ihn entscheiden lassen, wohin der Weg führt. Auf der Mikroebene bedeutet es, dass wir ihm jeden Tag neu unsere Pläne anbefehlen und ihm die Möglichkeit geben, sie zu bestätigen oder zu ändern.

Wenn wir Angst davor haben, dass Gott uns in eine schwierige Lage bringen könnte, haben wir nicht verstanden, wer wir sind. Hat Gott nicht das Recht, mit uns zu verfahren, wie er es für gut und richtig hält? Er hat uns teuer erkauft, nämlich mit seinem eigenen Blut (vgl. 1. Korinther 6,19f.). Sollten wir uns ihm da nicht gerne unterordnen und darauf vertrauen, dass er uns, falls er denn einen schwierigen Weg für uns vorgesehen hat, auch die Kraft geben wird, auf diesem Weg zu bestehen?

Eine solche Angst entspringt außerdem auch einem fehlenden Verständnis der Liebe Gottes. Gott hat seine Liebe uns gegenüber dadurch bewiesen, dass er Christus geschickt hat, der für unsere Schuld gestorben ist (vgl. Römer 5,8). Wie hätte er uns die Tiefe seiner Liebe besser beweisen können? Wer das erfasst hat, wird von jeder Zukunftsangst frei werden. Gott hält die Zukunft in seinen Händen. Er ist der Gott, der uns liebt und nur das Beste für uns will und dementsprechend an uns handelt. Wir dürfen ihm vertrauen, dass er uns dort hinstellt, wo wir hingehören, um seine Wünsche für uns zu erfüllen.

Ein weiterer Bereich, der damit zu tun hat, unsere Zukunft Gott unterzuordnen, ist die Verteidigung unseres Rufs. Wie schnell fangen wir an, uns selbst zu verteidigen, wenn jemand schlecht über uns redet oder unserem Ruf schadet. Jesus selbst hat ganz anders reagiert, wenn er fälschlicherweise beschuldigt wurde. Petrus, der als Augenzeuge bei der Verurteilung Jesu dabei war, schreibt:

> *Dazu hat er euch nämlich berufen, denn auch Christus hat für euch gelitten. Christus hat euch ein Beispiel gegeben, damit ihr seinen Spuren folgt. Er hat keine Sünden begangen und keine Lüge kam aus seinem Mund. Er wurde beschimpft, aber er gab es nicht zurück. Er litt, aber er drohte nicht mit Vergeltung. Vielmehr übergab er seine Sache dem gerechten Richter* (1. Petrus 2,21-23; BasisBibel).

Jesus ordnete sich und seinen Ruf dem Vater unter. Er wusste, dass es Gott in seiner Allmacht ein Geringes ist, zu seiner Zeit zu strafen und zu richten. Vertrau auch du deinen Ruf Gott an!

Unterordnung unter Leitende ist eine weitere Art von Demut. Wir alle stehen unter irgendeiner Art von Leitung – ob es sich dabei um einen Vorstand oder unsere Vorgesetzten handelt. Sie sind von Gott zu unserem Besten über uns gestellt. Er verlangt von uns, dass wir ihnen folgen und uns ihnen unterordnen: »Gehorcht denen, die eure Gemeinde leiten, und folgt ihren Anweisungen! Denn sie wachen über euer Leben und müssen darüber einmal Rechenschaft ablegen. Das sollen sie mit Freude tun können – und nicht mit Seufzen und Stöhnen. Das würde euch nämlich nur schaden« (Hebräer 13,17; BasisBibel). Es geht hier nicht um ein zähneknirschendes Gehorchen, bei dem wir sie öffentlich unterstützen und im Privaten kritisieren, sondern um ein Grundvertrauen in ihre Leitung, das darum weiß, dass Gott jeden Fehler, der gemacht wird, zu unserem Besten nutzen kann.

Viele Leitende in Gemeinden oder Unternehmen müssen sich in bestimmte hierarchische Strukturen einfügen. Organisationen mit einer langen Geschichte haben oft viele Regeln, Richtlinien und Abläufe. Wie wir auf solche Vorschriften und Regeln reagieren, kann uns helfen oder daran hindern, in Demut zu wachsen. Denken wir: »Sie gelten für alle, außer für mich«? Unterwandern wir diese gut gemeinten Vorgaben, indem wir unsere Handlungen aus Zweckmäßigkeit heraus rationalisieren? Müssen alle die Regeln befolgen, nur wir nicht?

Eine weitere hierarchische Struktur, die uns dabei helfen kann, demütig zu werden, betrifft die Unterordnung im Rahmen eines geistlichen Mentorings. Menschen, die uns im Glauben ein Stück weit voraus sind, können sich als eine wertvolle Stütze erweisen. Sie können unseren Glauben fördern und uns dabei helfen, darin zu wachsen. Suche dir deshalb ein Vorbild im Glauben, mit dem du dich regelmäßig austauschen kannst. Vielleicht willst du um Hilfe in einem bestimmten Bereich bitten: »Kannst du mir zu lernen helfen, wie man ein Team leitet?«, »Kannst du mir beibringen, wie man strategisch denkt?« Oder du hast allgemeinere Fragen: »Wie kann ich eine bessere Leitungskraft sein?«

Wer eine andere Person um Hilfe bittet und diesen Rat umsetzt, zeigt Demut.

Mit Demut führen

Als Führungskräfte müssen wir ständig Entscheidungen fällen, die das Leben unserer Teammitglieder betreffen. Wir können nur hoffen, dass die meisten dieser Entscheidungen gut sind. Aber wir sind Menschen und so wird es nicht ausbleiben, dass wir gelegentlich Fehleinschätzungen vornehmen und demnach auch Fehlentscheidungen treffen. Wenn wir eine schlechte Entscheidung erkennen, ist das eine Gelegenheit, in Demut und Gnade zu wachsen.

Wir denken vielleicht als Erstes: »Nobody's perfect. Für meine Mitarbeitenden ist es sicher positiv, wenn sie merken, dass ich auch nur ein Mensch bin!«

Aber der Weg der Demut wäre, vor unserem Team und ggf. denjenigen, die sonst noch von unserer Fehlentscheidung direkt betroffen sind, zuzugeben, dass wir einen Fehler gemacht haben, und dann alles in unserer Macht Stehende zu unternehmen, um die negativen Folgen dieses Verhaltens zu korrigieren.

Vielleicht wird eine innere Stimme uns einzureden versuchen, dass Führungskräfte, die Schwäche oder Fehler zugeben, ihre Autorität verlieren. Das Gegenteil ist richtig. Unsere Mitarbeitenden erwarten keine vollkommenen Vorgesetzten, sondern solche, die ihr Bestes geben und authentisch leiten und leben. Gerade, wenn wir unsere Fehler eingestehen, zeigen wir damit, dass wir Menschen sind wie die, für die wir Verantwortung tragen. Dies wiederum vermittelt unseren Mitarbeitenden die Hoffnung, dass man als Führungskraft nicht perfekt zu sein braucht, was ihnen bezüglich eigener Leitungsaufgaben helfen kann. Fehler einzugestehen, entmutigt also niemanden. Es stärkt das Band zwischen Leitungspersonen und Team und schafft Identifikationspotenzial.

Hin und wieder wird es natürlich auch vorkommen, dass andere uns kritisieren und unsere Entscheidungen als Leitende infrage stellen. Das geht automatisch mit der Verantwortung von Leiterschaft einher. Unser Umgang mit Kritik ist ebenfalls ein Punkt, in dem wir uns in Demut üben können. Manchmal hat Kritik mit unterschiedlichen Wertvorstellungen und Herangehensweisen zu tun. Manchmal hängt sie auch mit fehlendem Faktenwissen zusammen, das dann zu unterschiedlichen Schlussfolgerungen führt. Aber es kann auch sein, dass eine Kritik an uns völlig berechtigt ist, weil wir unserer Verantwortung in einem bestimmten Bereich nicht gerecht geworden sind. Wie wir angebrachter Kritik begegnen, offenbart sehr schnell, wo wir uns auf der »Demut-Skala« befinden.

Mir sagte einmal jemand: »Wenn du kritisiert wirst, überlege erst einmal, wo der andere recht hat, und nicht, wo er unrecht hat! Beinhaltet die Kritik etwas, wodurch du lernen kannst?« Wappne dich also nicht vorschnell für Verteidigung, Rechtfertigung und Erklärung, sondern bitte Gott darum, dir zu zeigen, wo der andere dich zu Recht kritisiert. Was offenbaren dir die Worte der betreffenden Person und wie kann dir das dabei helfen, eine bessere Leitungskraft zu werden? Nicht selten nutzt Gott die Kritik anderer Menschen, um etwas in uns zu dem hin zu verändern, wie er uns gedacht hat.

Ein anderer, damit zusammenhängender Bereich ist die Kritik, die wir als Führungskräfte an anderen üben. Es kann leicht sein, eine kritische Haltung gegenüber den Entscheidungen unserer Mitmenschen einzunehmen, woraus ein generell kritischer Geist erwächst, der zynisch und abwertend von anderen denkt. Wir sehen ihre Fehler und weisen sie schnell darauf hin. Manchmal kommt das von dem heimlichen Wunsch, uns selbst besser darstellen zu wollen. Vielleicht fühlen wir uns auch durch die Gaben und den Erfolg anderer bedroht. Wir reagieren dann, indem wir fieberhaft nach Schwachpunkten bei ihnen suchen, um damit zu beweisen, dass sie gar nicht so gut sind. Diese Denkmuster wurzeln in einer stolzen Haltung.

Demut im Erfolg

Chuck Swindoll sagte einmal: »Moralische Integrität lässt sich weder durch Not noch durch Wohlstand erschüttern.«[13] In eine ähnliche Richtung weist Sprüche 27,21: »Ein Mann bewährt sich in seinem Ruf wie das Silber im Tiegel und das Gold im Ofen.« Wenn wir Erfolg haben und von anderen dafür gelobt werden, ist dies eine ausgezeichnete Gelegenheit, in Demut zu wachsen.

Wie oft kommt es vor, dass die Menschen zu uns als ihren Vorgesetzten aufsehen und uns in ihrem Kopf auf ein Podest heben. Fast so, wie Kinder mit ihren Eltern prahlen (vgl. Sprüche 17,6), können geistliche Leitungspersonen von denen, die sie leiten, in den höchsten Tönen gelobt werden. Wir müssen deshalb achtgeben, dass wir nicht alles glauben, was über uns gesagt wird. *»Das war die beste Predigt, die je gepredigt wurde!« – »Du bist eine der weisesten LeiterInnen überhaupt.«* – oder gar: *»Ich weiß, du bist auch nur ein Mensch, aber ich kann mir nicht vorstellen, dass du sündigst.« – »Diese Arbeit ist unübertrefflich!«*

Solche positiven Kommentare entspringen der Wertschätzung unserer Leitung und Arbeit, aber nimm sie nicht für bare Münze. Verstehe die Absicht dahinter und bedanke dich für die Komplimente.

Auf echte Komplimente zu reagieren, ist etwas, was man lernen muss. Oft reicht eine einfache Antwort aus, z. B. »Herzlichen Dank! Es freut mich, wenn ich helfen konnte«. Gerade für junge geistliche Leitungspersonen ist es eine Herausforderung zu lernen, wie man ein Kompliment gut annehmen und gleichzeitig der Versuchung, stolz zu werden, widerstehen kann.

Gott ist derjenige, der uns dazu befähigt, anderen Menschen zu dienen. Alle Erfolge und jedes positive Ergebnis haben wir seinetwegen. Wenn wir das im Herzen behalten, wird uns kein Kompliment zu Kopf steigen. Wir freuen uns über ein Lob und sagen freundlich: »Danke für das Kompliment« oder »Danke für die netten Worte«. Wer so reagiert, lernt Demut und behält die richtige Perspektive.

Sprüche 27,2 sollte uns in diesem Zusammenhang eine Warnung sein: »Lass dich von einem anderen loben und nicht von deinem Mund, von einem Fremden und nicht von deinen eigenen Lippen.« Es ist nie angebracht, selbstgefällig zu sein oder sich selbst zu loben. Erfolge im Leben und auch auf der Leitungsebene sind fast immer das Ergebnis gemeinsamer Anstrengung vieler Menschen. Vergiss deshalb nicht, dem Team zu danken und alle öffentlich zu würdigen, die zu diesem Erfolg beigetragen haben. Jedes Lob für dich sollte ungefragt aus dem Mund anderer kommen.

Stolz – fehlende Demut

Stolz entspringt dem Bösen. Satan wollte sich über Gott erheben und wurde deshalb aus dem Himmel verbannt (vgl. Jesaja 14,12-15). Stolz ist letztlich die Weigerung, sich demütig in Gottes Hand zu geben, oder auch, Gott gegenüber eine gleichgültige und unabhängige Haltung zu haben. Wer stolz ist, hat ein falsches Selbst- und ein falsches Gottesbild.

Stolz kann auf verschiedene Weise in unser Leben kommen: durch Besitztümer, Wissen, Erfolg und eine Reihe weiterer Dinge. Stolz bringt nie etwas Gutes hervor, sondern führt zu Zerstörung und Scham. Er zerstört die Menschen, die in ihm gefangen sind. Und er hinterlässt seine zerstörerischen Spuren auch im Leben von Mitarbeitenden, die eine stolze Leitungskraft haben. Erkennen kann man es in deren Gesprächen, Beziehungen und der fehlenden Bereitschaft, anderen zu dienen. In Unterhaltungen drängen stolze Menschen sich in den Vordergrund und sprechen vor allem von sich und ihren Erfolgen. Den Gedanken und Anliegen des Gegenübers geben sie kaum Raum. Sie vertreten deutlich ihren Standpunkt und wehe, wenn jemand anderer Meinung ist. Die Stolzen sind oft streitsüchtig und säen durch ihren Umgang mit anderen Zwietracht.

Vielleicht erinnerst du dich an die Stelle im Kapitel über die Liebe, wo es hieß, dass Leitungspersonen, denen die Liebe fehlt, ihre Mitarbeitenden nur benutzen, um ihre persönlichen Karriereziele zu erreichen. Eine solche Einstellung findet sich auch bei den Stolzen. Stolz zerstört Liebe. Menschen werden so lange als nützlich angesehen, wie sie helfen können, Projekte abzuschließen und Ziele zu erreichen. Danach werden sie fallen gelassen und vergessen.

Stolze Menschen lassen sich gerne bedienen, anstatt anderen zu dienen. Wer will bestreiten, dass es ein schönes Gefühl ist, bedient zu werden? Aber Nachfolgende Jesu, besonders in leitenden Funktionen, dienen anderen aus einem demütigen Herzen heraus. Wer stolz ist, sieht es als sein selbstverständliches Recht an, bedient zu werden, ohne sich dafür zu bedanken. Stolze Menschen beanspruchen jeden Erfolg für sich und versäumen es, den Beitrag der Mitarbeitenden anzuerkennen.

Stolz setzt andere herab und tut ihnen weh. Demut hingegen ist eine grundlegende Charaktereigenschaft geistlicher Leitungskräfte. Sie ist zudem eine Voraussetzung für Dienstbereitschaft, wie wir im nächsten Kapitel sehen werden. Insofern lässt sich festhalten: Demut ist in der geistlichen Leiterschaft eine unerlässliche, nicht verhandelbare Voraussetzung, die wir entwickeln müssen. Vergiss das nicht, wenn du dich im Folgenden mit der »Charakterentwicklung konkret« zum Thema Demut beschäftigst.

Charakterentwicklung konkret – Thema Demut

Bibelarbeit

1. Betrachte die folgenden Bibelverse und notiere dir, was dort über Demut ausgesagt wird und welche konkreten Folgen sie im Leben der Menschen hatte, die sich in ihr übten.

Sprüche 15,33:

Sprüche 22,4:

Micha 6,8:

Matthäus 18,4:

Lukas 14,7-11:

Lukas 18,9-14:

1. Korinther 13,4:

Epheser 4,2:

Philipper 2,3f.:

Philipper 2,5-11:

Kolosser 3,12:

Jakobus 4,6.10:

1. Petrus 5,5f.:

2. Welche ersten Schritte kannst du gehen, um Demut in deinem Leben und deiner Leiterschaft umzusetzen?

Stolz

3. Betrachte die folgenden Bibelverse und notiere dir, was sie über Stolz aussagen und welche verheerenden Folgen dieser im Leben Einzelner hatte.

2. Chronik 26,16:

Sprüche 6,16-19:

Sprüche 11,2:

Sprüche 13,10:

Sprüche 16,5:

Sprüche 16,18:

Jeremia 49,16:

Obadja 1,3f.:

Markus 7,20-23:

Römer 12,3:

Römer 12,16:

1. Korinther 8,1:

1. Timotheus 3,6:

1. Johannes 2,15f.:

4. Was kannst du tun, damit so etwas in deinem Leben nicht geschieht?

Verse zum Auswendiglernen

Micha 6,8
Philipper 2,3f.
1. Petrus 5,5f.
1. Johannes 2,15f.

Gebet

Bitte Gott, dass er dir dabei hilft, demütig zu werden. Die folgenden Vorschläge sollen dir Anregungen dazu geben, in deinem Gebet im Bereich Demut konkret zu werden. Bete regelmäßig für die verschiedenen Punkte.

- Bitte Gott, dass er dir zeigt, ob es bestimmte Bereiche in deinem Leben gibt, in denen du nicht demütig bist und wo du dich in dieser Hinsicht falsch verhältst, ohne es zu bemerken.
- Denke im Gebet über die verschiedenen Charaktereigenschaften Gottes nach. Bitte ihn darum, dir klarzumachen, wer er ist, was er tut und was dies für deine Beziehung zu ihm bedeutet.
- Bitte Gott, dass er dir dieselbe Herzenshaltung gibt, die Jesus hatte, der sich selbst erniedrigte und gehorsam war »bis zum Tode, ja zum Tode am Kreuz« (Philipper 2,8).
- Bitte Gott, dich in den kleinen Entscheidungen deines Lebens zu unterstützen, damit sie nicht zur Quelle von Stolz werden.
- Breite im Gebet deine Zukunftspläne und Träume vor Gott aus. Lass ihn die Details regeln. Verspricht ihm, überall hinzugehen, wo er dich haben möchte – zu seiner Zeit und mit den Menschen seiner Wahl, um das zu tun, was er sich von dir wünscht.
- Überdenke im Gebet, ob es sinnvoll sein könnte, dass du dir jemanden suchst, der dich im Rahmen eines Mentorings begleitet – oder angehenden Leitungspersonen selbst ein solches Mentoring anbietest.
- Bitte Gott, dir zu zeigen, ob du anderen gegenüber eine grundlegend kritische Haltung eingenommen hast. Bitte ihn, sie dir zu nehmen, bevor sie sich in deinen Äußerungen niederschlägt.

Tipps für die Praxis

1. Bitte deine Mitarbeitenden um Feedback zum Thema Demut. Lass sie wissen, dass du dich in diesem Bereich weiterentwickeln möchtest und dabei auf ihre Hilfe angewiesen bist. Führe konkret aus, wie Demut im Bereich von Führung aussehen könnte, und bitte um Rückmeldung. Überlege dir, wie du das Feedback anonym oder über eine dritte Person einholen kannst, damit sich alle trauen, ehrlich zu sein.

Die Tatsache, dass eine Führungsperson es ernst meint, in diesem Bereich zu wachsen, wird auf jeden Fall inspirierend und motivierend für deine Teammitglieder sein!

2. Denke einmal über den Wert des Fastens nach, sei es für eine kurze oder auch längere Dauer, um in dieser Zeit besonders hellhörig für die Stimme Gottes zu sein. Wenn du regelmäßig Medikamente nehmen musst oder ein langfristigeres Fasten planst, ist es wichtig, dir dazu zunächst ärztlichen Rat einzuholen.

3. Mache dir bewusst, was du in deinem Leben und deiner Arbeit zählst oder misst. Frag dich selbst, warum du das tust. Was machen diese Zahlen mit dir? Was musst du ggf. ändern, um damit besser umzugehen?

4. Überdenke deine Zukunftspläne für die nächsten Jahre. Hast du Angst davor, Gott die völlige Freiheit zu überlassen, deinen Weg zu wählen und zu lenken? Falls ja, warum? Was wäre in deinen Augen das Schlimmste, was passieren könnte? Vertiefe dich in die Bibelstellen über Gottes Liebe und Fürsorge, um mit diesen Ängsten umgehen zu lernen.

5. Welche Vorgesetzten hat Gott in dein Leben gestellt, denen gegenüber du dich zu verantworten hast? Ordnest du dich ihnen unter? Tust du das von Herzen oder nur zum Schein? Kritisierst du innerlich ihre Leitung? Was musst du ändern?

6. Wäre es eine gute Idee, dich nach jemandem umzusehen, mit dem du eine Mentoring-Beziehung eingehen kannst? Gibt es in deinem Umfeld vielleicht schon eine Person, durch die Gott dich mehr und mehr zu einem Menschen nach seinem Herzen machen könnte? Wenn dir ein Name einfällt, zögere nicht, diese Person anzusprechen und sie um Hilfe zu bitten.

7. Hast du in letzter Zeit eine Fehlentscheidung getroffen, die du vor anderen bekennen solltest? Wäre es angebracht, für dein Fehlverhalten Wiedergutmachung zu leisten?

8. Bemühe dich diese Woche darum, in deinen Unterhaltungen mehr zuzuhören als zu reden. Konzentriere dich darauf, was die andere Person sagt. Stelle ihr Fragen und lerne aus ihren Antworten.

9. Wenn dich das nächste Mal jemand für etwas lobt, antworte einfach: »Danke für das nette Kompliment.« Übe dich darin, Komplimente auf angemessene Weise anzunehmen.

10. Welche Erfolge hast du in letzter Zeit gehabt? Hast du darauf geachtet, allen Parteien, die an diesem Erfolg beteiligt waren, ausdrücklich zu danken und ihren Beitrag hervorzuheben? Was kannst du jetzt tun, um ihre Arbeit gebührend anzuerkennen, sie zu bestätigen und ihnen zu danken?

Kapitel 4

Dienstbereitschaft – Dienst du leitend oder leitest du dienend?

Die Biene ist größerer Ehre wert als alle anderen Tiere,
nicht weil sie fleißig ist, sondern weil sie fleißig ist für andere.
JOHANNES CHRYSOSTOMOS

Wenn nun ich, euer Herr und Meister, euch die Füße gewaschen habe,
so sollt auch ihr euch untereinander die Füße waschen.
JOHANNES 13,14f.

Ich hatte gerade Platz genommen und freute mich auf das erste Essen im Rahmen unserer christlichen Konferenz. Aber leider hatte ich in der Schlange am Buffet vergessen, mir eine Serviette zu nehmen. Ich wollte gerade aufstehen, als mich Bobs Stimme von der anderen Seite des Tisches unterbrach: »Hier, ich habe vorsichtshalber mal ein paar mehr mitgenommen, man weiß ja nie …«

Ich nahm eine der Servietten entgegen und bedankte mich bei ihm.

Der Nachmittag verging und abends erzählte mir ein Teilnehmer, dass er vergessen habe, sein Handtuch mitzubringen. Er erwähnte, dass jemand namens Bob sein Dilemma gelöst habe, indem er ihm eines lieh. Bob hatte ein extra Handtuch eingepackt, falls jemand vergessen sollte, eins mitzubringen.

Bob ist ein Diener. Er sieht Bedürfnisse im Voraus und kümmert sich um sie, noch bevor er um Hilfe gebeten wird. Im Reich Gottes bedeutet dienen, sich in selbstloser Weise um Christi willen um die Nöte und Bedürfnisse der Mitmenschen zu kümmern.

Jesus ist auch in dieser Hinsicht unser größtes Vorbild. Er kam, um sich zu erniedrigen. Er wurde ein Diener, um eine hoffnungslos verlorene Menschheit zu erlösen. Paulus schreibt: »Er, der in göttlicher Gestalt war, hielt es nicht für einen Raub, Gott gleich zu sein, sondern entäußerte sich selbst und nahm Knechtsgestalt an, ward den Menschen gleich und der Erscheinung nach als Mensch erkannt. Er erniedrigte sich selbst und ward gehorsam bis zum Tode, ja zum Tode am Kreuz« (Philipper 2,6-8).

Jesu Identität bestand darin zu dienen – das war Sinn und Zweck seines Lebens. Er erinnerte die Zwölf an sein Modell dienender Leiterschaft, als er das vorherrschende Leitungsmodell in der Welt dem Leitungsmodell im Reich Gottes gegenüberstellte. Er sagte: »Aber so ist es unter euch nicht; sondern wer groß sein will unter euch, der soll euer Diener sein; und wer unter euch der Erste sein will, der soll aller Knecht sein. Denn auch der Menschensohn ist nicht gekommen, dass er sich dienen lasse, sondern dass er diene und sein Leben gebe als Lösegeld für viele« (Markus 10,43-45).

Paul Stanley, der frühere Vizepräsident der internationalen Navigatoren-Arbeit, ist ein gefragter Redner bei Tagungen zum Thema Leiterschaft. Eine seiner beliebtesten Fragen an die versammelten Führungskräfte lautet: »Dienst du leitend oder leitest du dienend?« Damit will er zum Nachdenken über die eigene Identität anregen. Um was von beiden geht es uns mehr?

Wenn wir unsere Identität vor allem im Leiten finden, werden wir uns bedroht fühlen, sobald man von uns verlangt, unsere Position aufzugeben. Leiterschaft ist eine Rolle, die wir angenommen haben, aber nicht unsere Identität. Führungspositionen kommen und gehen. Wir nehmen sie an und wir geben sie wieder ab. Unsere Führungsrolle und Autorität wird uns in Form einer bestimmten Position für eine bestimmte Zeit gegeben. Danach werden wir gebeten, diese Rolle und Autorität an jemand anderen abzugeben. Ich habe es schon bei vielen Leitenden erlebt, dass sie ihre Identität mit ihrer Position verbinden. Wenn sie diese Position dann jemand anderem überlassen müssen, stürzt sie dies in eine persönliche Krise.

Jesus lehrt uns, dass die Identität einer Leitungskraft darin besteht, ein dienender Mensch zu sein. Es gibt Dienende, die gebeten werden, eine Führungsrolle zu übernehmen. Und es gibt Dienende, deren Aufgabe es ist, einer Leitungskraft zu folgen. Dienende, die leiten, tun dies in aller Demut und fühlen sich nicht bedroht, wenn sie ihre Führungsrolle irgendwann an jemand anderen weitergeben müssen. Unsere Identität (»Ich diene«) hat sich nicht verändert. Aber unsere Rollen und Positionen ändern sich ständig. Manchmal haben wir das Vorrecht zu leiten. Manchmal haben wir das Vorrecht, anderen Leitenden zu folgen.

Dienen beginnt im Herzen

Dienende Taten entspringen einem Herzen voll Demut und Dienstbereitschaft. Einige von uns haben die Geistesgabe des Dienens (vgl. Römer 12,6f.). Diesen besonders »Begabten« fällt das Dienen leicht. Es verschafft ihnen Freude und Erfüllung, so wie es bei der Ausübung der Gaben des Geistes immer der Fall ist. Alle Christen sind aufgefordert zu geben; einige von ihnen haben die Gabe des Gebens (vgl. Römer 12,8). Alle sollen Zeugnis geben; einige unter ihnen haben die Gabe der Evangelisation (vgl. Epheser 4,11). Genauso verhält es sich mit dem Dienen. Wir alle sollen anderen dienen, auch wenn nur einige unter uns die Gabe des Dienens haben.

Leitende mit einem dienenden Herzen erwarten nicht, dass man sie bemerkt, sie belohnt oder ihnen dankt. Es ist ihre Pflicht und ihr Privileg zu dienen. Jeder persönliche Nutzen, der sich aus dem Dienst ergibt, ist zweitrangig und niemals eine Motivation für den Dienst. Jesus lehrt uns:

> *Wer unter euch hat einen Knecht, der pflügt oder das Vieh weidet, und sagt ihm, wenn er vom Feld heimkommt: Komm gleich her und setz dich zu Tisch? Wird er nicht vielmehr zu ihm sagen: Bereite mir das Abendessen, schürze dich und diene mir, bis ich gegessen und getrunken habe; und danach sollst du essen und trinken? Dankt er etwa dem Knecht, dass er getan hat, was befohlen war? So auch ihr! Wenn ihr alles getan habt, was euch befohlen ist, so sprecht: Wir sind unnütze Knechte; wir haben getan, was wir zu tun schuldig waren* (Lukas 17,7-10).

Das Herz einer dienenden Leitungskraft ist treu. »Dafür halte uns jedermann: für Diener Christi und Haushalter über Gottes Geheimnisse. Nun fordert man nicht mehr von den Haushaltern, als dass sie für treu erfunden werden« (1. Korinther 4,1f.). Es passiert häufig, dass unser Dienst mehr Anforderungen an uns stellt, als wir erwartet haben. Wir dachten anfangs, dass dies eine einfache Aufgabe wäre, aber jetzt nimmt sie mehr Zeit, Energie und Ressourcen in Anspruch, als wir uns ursprünglich vorgestellt hatten. Jetzt wird unser Herz auf die Probe gestellt! Werden wir treu zu Ende bringen, wozu wir unser Ja gegeben haben, oder werden wir aufgeben?

Jesus selbst hat uns gezeigt, was es heißt zu dienen, auch wenn es etwas kostet. Ihn hat sein Dienst *alles* gekostet. Stellen wir uns nur einmal vor, Jesus hätte den Kreuzestod nicht auf sich genommen, weil er die Schmerzen nicht aushalten wollte. Wie können wir als ihm nachfolgende Menschen irgendeinen Dienst ausschlagen, weil er uns zu anstrengend erscheint, wenn wir ihn mit seinem Opfer und seinem Dienst vergleichen? Dienende Führungskräfte erfüllen ihre Dienstpflichten treu, bis die Aufgabe erledigt ist, auch wenn sie ihnen viel abverlangen. Sie sind nicht egoistisch und bestehen nicht auf ihrem Recht. Sie möchten sich nicht bedienen lassen, sondern anderen dienen. Ihre Dienstbereitschaft beruht auf der Überzeugung, dass sie in Wirklichkeit Christus dienen und nicht den Menschen (vgl. Kolosser 3,23f.). Ein solcher Dienst verlangt unser Bestes. Dienende Leitungskräfte schauen auf die Bedürfnisse anderer, nicht auf ihre eigenen. Paulus ermahnt: »Tut nichts aus Eigennutz oder um eitler Ehre willen, sondern in Demut achte einer den andern höher als sich selbst und ein jeder sehe nicht auf das Seine, sondern auch auf das, was dem andern dient« (Philipper 2,3f.). Paulus sagt nicht, dass wir unsere eigenen Bedürfnisse vollkommen vernachlässigen sollen. Es geht darum, dass wir nicht bei unseren Bedürfnissen stehen bleiben, sondern »auch auf das (sehen), was dem andern dient«.

Manchmal sind wir verunsichert, ob es für eine geistliche Leitungskraft in Ordnung ist, Führung anzustreben. Junge Menschen, die den Wunsch haben zu leiten, haben manchmal ein schlechtes Gewissen, weil sie denken, Ehrgeiz zu haben, wäre verwerflich. Manche würden sagen, dass jedes Streben nach Leiterschaft sündig ist und einen von geistlicher Leiterschaft disqualifiziert. Aber das stimmt nicht. Es gibt gute Ambitionen und schlechte. Der Unterschied liegt in unseren Motiven, aus denen heraus wir leiten wollen. Im eben erwähnten Abschnitt sagt Paulus, dass wir nichts aus »Eigennutz« (im Griechischen steht hier *erithia*) tun sollen, also anderen nicht dienen sollen, um etwas zurückzubekommen, sondern um zu geben. Eigennutz dreht sich nur um mich, nicht um Gottes Reich. Diese Art von Ehrgeiz ist egoistisch und auf Selbstdarstellung aus. Eigennutz ist falsch.

Aber es gibt eine andere Art von Ehrgeiz, die ehrbar ist (im Griechischen *philotimeomai*) und von der Paulus sagt, dass er sie habe: »Dabei setze ich meine Ehre darein, das Evangelium zu predigen, wo Christi Name noch nicht genannt wurde, damit ich nicht auf einen fremden Grund baue« (Römer 15,20).

Diese Art von Ehrgeiz strebt danach, sich für Christus und sein Reich einzusetzen und nicht für sich selbst. Die Frage der Söhne des Zebedäus, ob sie einmal zur Rechten Gottes sitzen dürften, war nicht per se schlecht oder falsch (vgl. Markus 10,35-45). Jesus kritisierte nicht den Wunsch der Brüder nach einer leitenden Funktion. Er wies sie lediglich darauf hin, dass man auf andere Weise dorthin gelangt, als sie meinten. Leitende im Reich Gottes sind Menschen, die dienen. Wer groß rauskommen will, muss sich ganz hinten anstellen und nicht versuchen, sich an die Spitze zu drängen.

Widerspricht es dem Dienen, die Initiative zu ergreifen?

Führungskräfte ergreifen die Initiative. Leitende im Reich Gottes suchen nach Möglichkeiten, anderen Menschen zu dienen. Sie warten nicht darauf, dass man sie darum bittet. Sie handeln vorausschauend und bemühen sich rechtzeitig, auf die Nöte und Bedürfnisse anderer einzugehen, statt erst zu handeln, wenn diese offensichtlich geworden sind. Durch den Fokus auf andere statt auf sich selbst bieten sich ihnen täglich sowohl große als auch kleine Möglichkeiten zu dienen.

Nicht selten bleibt solch ein dienender Einsatz einer Leitungsperson unbemerkt. Weil sie Gelegenheiten zum Dienen vorhersieht, werden Probleme vermieden und Bedürfnisse erfüllt, bevor sie zu großen Problemen werden. Das ist gute dienende Leiterschaft – Krisen vorzubeugen.

Donald Phillips erzählt in seinem ausgezeichneten Buch *The Foun-*

ding Fathers on Leadership (sinngemäß: »Was unsere Gründerväter über Leiterschaft wussten«), wie George Washington im amerikanischen Unabhängigkeitskrieg die Verteidigung von Manhattan Island gegen einen Angriff der Briten organisierte. Er hatte seine Truppen unter dem Kommando eines Offiziers an einem Ende der Insel stationiert, während er sich selbst mit seinen Truppen an ihrem anderen aufhielt. Als er Kanonendonner hörte, stieg er sofort auf sein Pferd und ritt zum anderen Ende der Insel, um nachzusehen, was vor sich ging.[14] Als er auf dem Schlachtfeld ankam, musste er feststellen, dass seine Soldaten schon im Rückzug begriffen waren. Er hielt sie an, sprach zu ihnen, machte ihnen Mut und schickte sie in den Kampf zurück, sodass die Schlacht schließlich gewonnen wurde.

Gute Feldherren reiten nach vorne – dorthin, wo der Kanonendonner ist. Sie warten nicht, bis die Schlacht zu ihnen kommt und eine Reaktion verlangt. Stattdessen sehen sie Schwierigkeiten voraus und treten ihnen entgegen, um eine Lösung zu finden. Sie dienen anderen, indem sie Probleme beseitigen, bevor sie zu Krisen werden, statt sie in der Hoffnung, dass diese sich von selbst auflösen, zu ignorieren und zu meiden. Sie wissen, dass Abwarten sich anbahnende Konflikte für gewöhnlich nur vergrößert. Erfahrungsgemäß gilt: Je länger man wartet, desto mehr Aufwand und Energie sind nötig, um sie zu lösen.

Dienende Leitende hören auf die leise Stimme des Heiligen Geistes, der ihnen zeigt, wem sie wo dienen können. Sie wissen, dass der Geist das Innere des Menschen erforscht, und sind aufmerksam für sein Sprechen. Es stimmt, dass alles, was mit der Führung durch den Heiligen Geist zu tun hat, oft subjektiv und für andere schwer nachvollziehbar ist. Aber wir können lernen, auf die Stimme des Guten Hirten zu hören und sie von anderen Stimmen zu unterscheiden. Leitende, die dienen, sind für diese Stimme sensibilisiert, so wie es der Prophet Jesaja war: »Und wenn ihr zur Rechten oder zur Linken gehen wollt, werden deine Ohren hinter dir das Wort hören: Dies ist der Weg, den geht!« (Jesaja 30,21).

Oft wird uns der Geist Gottes leise auf eine Möglichkeit hinweisen, anderen zu dienen, bevor sie um Hilfe fragen. Wir erfüllen ein Bedürfnis, noch bevor die andere Person es ausgesprochen hat. Es kann sich dabei um Kleinigkeiten handeln, wie z. B. das Angebot, für jemanden einen Telefonanruf zu übernehmen, oder wir übernehmen einen Teil eines Projekts, für das eigentlich jemand anderes zuständig ist, um zu verhindern, dass diese Person in Rückstand gerät. Als dienenden Leitungskräften ist es uns ein Anliegen, die Lasten anderer zu tragen. Natürlich müssen trotzdem auch Aufgaben delegiert werden, aber dienende Führungskräfte wissen, wann sie anderen Lasten abnehmen und sie zu ihren eigenen machen können. Wenn sie der inneren Stimme des Geistes nachgeben, finden sie große Zufriedenheit darin, das Richtige zu tun. Oft ist das nicht einfach, denn das Dienen an sich ist häufig undankbar. Doch es ist das, wozu Jesus uns aufgerufen hat, und er nimmt es immer zur Kenntnis.

Deine Probleme und meine

Viele Jahre lang trug ich Verantwortung als Direktor der Studierendenarbeit der Navigatoren in den USA. Mit Hunderten von Mitarbeitenden auf dem ganzen Kontinent, traten täglich zahlreiche Probleme auf. Leitende vor Ort lösten die meisten dieser Probleme. Manchmal allerdings mussten Herausforderungen oder Fragen in einem größeren Rahmen geklärt werden. Vielleicht würde die Entscheidung Auswirkungen auf die Arbeit im ganzen Land haben und nicht nur auf eine Gruppe vor Ort. Oder für die Problemlösung wurden mehr Ressourcen benötigt, als vor Ort zur Verfügung standen. Es machte mir mit am meisten Freude, diese Art von Problemen lösen zu können – solche, die andere nicht selbst lösen konnten. Leitende dienen, indem sie als Problemlösende agieren.

Die Möglichkeiten dazu haben sie, weil es in ihrer Macht steht, Vorschriften und Regeln abzuändern, wenn diese ihren Sinn nicht mehr erfüllen und eher Hindernis als Hilfe sind. Sie haben außerdem oft Zugang zu mehr Ressourcen (personellen wie finanziellen), die sie bedarfsorientiert einsetzen können.

Mitarbeitende wenden sich oft mit ihren Problemen an ihre Vorgesetzten und erwarten von diesen Rat und Hilfe. Eine weise Führungskraft stellt, nachdem das Problem erklärt wurde, die Frage: »Was kann ich diesbezüglich für dich tun?« Durch diese Frage können wir herausfinden, ob es überhaupt innerhalb unserer Möglichkeiten liegt, das Problem aus der Welt zu schaffen. Nicht selten herrscht Unklarheit über die Kompetenzen und Zuständigkeiten von Leitenden und wir tun deshalb gut daran, möglichst früh klarzustellen, wo wir helfen können und wo nicht.

Manchmal reicht es den Leuten schon zu wissen, dass ihnen die Leitungskraft überhaupt zugehört hat. Sie wissen vielleicht, dass nichts Konkretes getan werden kann, aber es tut dennoch gut, wenn man mit seinem Problem nicht mehr allein ist. Wir können anschließend und in den nächsten Tagen mit und für sie beten. Wenn wir sie später noch einmal auf das Problem ansprechen und nachfragen, ob sich etwas verändert hat, zeigt ihnen das zudem, dass wir ihr Anliegen ernst genommen haben.

Es kann auch sein, dass Mitarbeitende ihre Probleme gern selbst lösen wollen, aber vorher einen Rat suchen. Menschen weise zu beraten, ist eine wunderbare Möglichkeit, ihnen zu dienen. Wir können anderen helfen, ein Problem von allen Seiten zu beleuchten und die jeweiligen Konsequenzen zu durchdenken. Ihnen zu sagen, was sie zu tun haben, sollten wir jedoch vermeiden (es sei denn, es geht um eine Sünde). Indem wir den Menschen vorgeben, wie sie sich verhalten sollen, lehren wir sie, auf ihre Leitenden zu hören, anstatt auf Gott. Wir geben ihnen so auch einen Grund, in Zukunft zu uns zurückzukommen, wenn die Dinge nicht so laufen wie erhofft, und sich zu beschweren, dass wir sie schlecht beraten haben. Vertraue darauf, dass Gott zu ihnen spricht und sie ihm zuhören und dann auch gehorchen.

Förderung und Fürsorge

Vor vielen Jahren kehrte unsere Familie von einem über zehnjährigen Missionseinsatz in Asien in die Vereinigten Staaten zurück. Irgendwie hatten wir im Laufe der Zeit den Kontakt zur dortigen Arbeit der Navigatoren ein wenig verloren. Wir kannten viele der neuen Leitenden nicht. Doch diejenigen, die uns kannten, halfen uns selbstlos, indem sie mit uns zusammen überlegten, welcher Platz nun am besten für uns geeignet war. Einzelnen zu helfen, den Platz in einer Organisation zu finden, der zu ihnen passt, ist eine großartige Art und Weise, wie dienende Leitungskräfte anderen helfen können.

Menschen zu fördern und für sie einzutreten, kann die unterschiedlichsten Formen annehmen. Wir unterstützen andere schon dadurch, dass wir zum richtigen Zeitpunkt vor den richtigen Leuten gut über sie sprechen und ihre Stärken hervorheben, auch wenn es bedeutet, dass unsere eigene Arbeit vielleicht unbemerkt bleibt. Es kann auch heißen, anderen unsere besten und talentiertesten Mitarbeitenden zu überlassen. Wir »kleben« nicht an unseren Leuten. Wenn sie ihre Gaben anderswo besser einsetzen können, lassen wir sie gerne ziehen.

Leitende, die anderen dienen, machen es sich zur Herzensangelegenheit, Menschen in ihrer Umgebung nach vorn zu bringen, selbst wenn sie auf diese Weise wertvolles und bewährtes Personal verlieren. Sie haben kein Problem damit, sich selbst überflüssig zu machen. Sie bemühen sich beizeiten darum, den Leitungsnachwuchs in ihre Arbeit einzuführen, denn sie wissen, dass sie ihre eigene Leitungsrolle eines Tages ab- und weitergeben werden. Sie empfinden das Talent neuer Leitender nicht als Bedrohung. Vielmehr ermutigen sie den potenziellen Nachwuchs schon heute, zum Beispiel, indem sie überall lobend verkünden, wie sehr sie sich im Team bewähren.

Schutz für unsere Schützlinge

Eine weitere Möglichkeit, als Leitungskräfte zu dienen, besteht darin, unsere Mitarbeitenden zu schützen. Vielleicht braucht jemand Schutz vor äußeren Einflüssen. Alle paar Jahre scheint es neue Irrlehren, Kontroversen oder Sekten zu geben, die Anhänger anziehen, die wiederum andere beeinflussen wollen. Dienende Leitungskräfte können diejenigen schützen, die sie leiten, indem sie Antworten geben und für die Wahrheit eintreten.

Als Führungskräfte können wir auch dazu beitragen, andere vor dem zu schützen, was ich »organizational raindown« (= organisatorisches Regenprasseln) nenne. Dieser »raindown« sind die scheinbar endlosen Anforderungen der Bürokratie – immer neue Meetings, Berichte oder Erwartungen –, die Menschen oft von ihrer primären Verantwortung ablenken. Sie helfen der Organisation und sind wichtig, aber sie können manchmal diejenigen behindern oder ablenken, die sich auf andere Dinge konzentrieren sollten. Führungskräfte können helfen, unrealistische organisatorische Erwartungen zu korrigieren oder ihre Mitarbeitenden vor diesen Anforderungen abzuschirmen, damit sie sich auf ihre vorrangige Aufgabe konzentrieren können.

Gelegentlich kommt es vor, dass wir als dienende Leitungskräfte unsere Mitarbeitenden vor sich selbst beschützen müssen. Fast alle Menschen, die sich in einer christlichen Organisation engagieren, tun dies, weil sie eine große Liebe für ihre Mitmenschen empfinden und einen starken inneren Wunsch verspüren, ihnen zu helfen. Sie sehen viele Nöte und Bedürfnisse und möchten helfen – und zwar allen! Wir sollten uns diesbezüglich an die weisen Worte von Donald Barnhouse erinnern: »Deine Aufgabe ist es, Gott zu repräsentieren, nicht, Gott zu sein!«

Einen »Messias-Komplex« zu haben, bedeutet, dass wir viel zu viel Verantwortung auf uns laden – Verantwortung, die Gott für sich selbst vorgesehen hat.

Dem Ego dienen oder dem Mitmenschen?

Jesus verurteilte die Art von Leiterschaft, die egoistisch und fordernd ist und nur ihre eigenen Belange im Blick hat mit seiner klaren Aussage: »Aber so ist es unter euch nicht« (Markus 10,43).

Leitungskräfte, denen ein dienendes Herz fehlt, tun das Gebot Jesu mit einem Achselzucken ab. Alles dreht sich um ihre Ideen, ihre Ziele, ihre Wünsche. Bei Entscheidungen oder Bitten (Forderungen) wird wenig oder gar nicht auf die Konsequenzen für andere geachtet. Sie erwarten sofortigen und absoluten Gehorsam. Alles, was dem nicht entspricht, wird mit Zurechtweisung, Ermahnung oder Schlimmerem beantwortet: *»Was soll das heißen: familiäre Verpflichtungen? Sie haben in erster Linie berufliche Verpflichtungen und ich brauche an diesem Punkt nun einmal Ihre Hilfe. Lassen Sie das, was sie gerade tun, liegen und helfen sie mir – und zwar jetzt!«*

Solche Führungskräfte wollen vor allem eins: Kontrolle. Indem sie danach streben, behalten sie den Blick auf sich selbst und ihre erwünschten Ergebnisse gerichtet, von denen sie immer selbst profitieren. Während dienende Führungskräfte anderen geben, nehmen diese immer mehr und noch mehr. Sie beanspruchen die Lorbeeren für die

Leistungen anderer und den öffentlichen Beifall, der eigentlich geteilt werden sollte, für sich. Dankbarkeit für die Beiträge ihrer Teammitglieder kennen solche Führungskräfte nicht. Sie binden Menschen und Ressourcen, anstatt sie weiterzugeben, und hoffen so, ihren eigenen Erfolg zu vergrößern.

Entscheidungen werden nach dem Prinzip »So wenig wie nötig, so viel wie möglich« gefällt. Eigene Anstrengungen sollen minimiert, persönliche Vorteile maximiert werden. Wir alle verwenden dieses Prinzip zu einem gewissen Grade, diese Leute tun dies aber im Übermaß. Wenn sie etwas mehr kostet, als an Nutzen zu erwarten ist, ist die Entscheidung bereits gefallen, da ihnen das Konzept des Opfers fremd ist. Die ihnen zur Verfügung stehenden organisatorischen Ressourcen werden ebenfalls zu ihrem persönlichen Vorteil genutzt. Das Motto ist »Nimm alles, was du kriegen kannst, dann schließe es weg. Und vergifte den Rest!«

Führungskräfte, die den Werten des Reiches Gottes verpflichtet sind, müssen danach streben, sich in der Kraft des Heiligen Geistes von jeder Tendenz einer solch egozentrischen Einstellung zu lösen. Ihre Identität ist die eines dienenden Menschen, der leitet und nicht eines leitenden Menschen, der dient, denn sie dienen dem ultimativen Diener, Jesus Christus.

Überlege dir, wenn du dich nun dem Abschnitt »Charakterentwicklung konkret« zuwendest, immer wieder, was dich als Leitungsperson ausmacht. Worin liegt deine Identität begründet? Wem dienst du? Und wie dienst du wem?

Charakterentwicklung konkret – Thema Dienstbereitschaft

Bibelarbeit

1. Lies die folgenden Bibelverse und schreib auf, was sowohl zu der inneren Einstellung als auch den konkreten Taten dienender Menschen gesagt wird.

1. Samuel 3,10:

1. Könige 12,7:

Markus 9,35:

Markus 10,42-45:

Lukas 17,7-10:

Lukas 22,27:

Johannes 12,26:

Johannes 13,1-17:

Apostelgeschichte 28,3:

Römer 12,6f.:

1. Korinther 4,1f.:

Galater 5,13:

Epheser 6,7:

Philipper 2,6f.:

Kolosser 3,22-24:

2. Timotheus 2,24:

1. Petrus 4,10:

Abrahams Diener

2. Lies 1. Mose 24,1-67 und notiere dir, was dort zum Dienst am Nächsten gesagt wird. Führ dir vor Augen, wie treu Abrahams Knecht seinen Auftrag erfüllte, eine Frau für Isaak zu finden.

Verse zum Auswendiglernen

Markus 10,45
Lukas 17,10
Johannes 13,14f.
Galater 5,13

Gebet

Bitte Gott, dass er dir dabei hilft, ein Mensch zu werden, der von Herzen anderen dient. Die folgenden Anregungen sollen dir dabei helfen. Bringe die angesprochenen Punkte immer wieder im Gebet vor Gott!

- Bitte Gott darum, dir zu zeigen, ob es Bereiche in deinem Leben gibt, in denen dir ein dienstbereites Herz fehlt. Bitte ihn darum, dass er dich darauf aufmerksam macht, wann und wo du es versäumt hast, anderen zu dienen – und es möglicherweise nicht einmal gemerkt hast.
- Bitte Gott, dir zu zeigen, wo Nöte sind, bevor sie ausgesprochen werden, und wie du diesen nach seinem Willen begegnen kannst.
- Bete für ein klareres Verständnis deiner eigenen Identität in Christus. Bitte ihn, dass er dir dabei hilft, ein dienender Mensch zu werden, der leitet – und nicht ein leitender, der dient.
- Gibt es einen Bereich in deinem Leben, in dem du anderen nicht treu gedient hast? Welche Zusagen und Versprechungen hast du in letzter Zeit gemacht? Welche Verpflichtungen bist du eingegangen? Hast du alles gegeben und bist deiner Berufung gerecht geworden, wenn es um das Thema Dienen ging?
- Überdenke im Gebet deine innere Motivation. Warum bist du in deiner Leitungsposition? Gibt es noch irgendwelche selbstsüchtigen Beweggründe in deinem Herzen? Bitte Gott, dir deine wahren Motive offenzulegen.
- Hat momentan jemand in deiner Umgebung mit einem Problem zu kämpfen? Hast du die Möglichkeiten, Mittel und Befugnisse, der betreffenden Person zu helfen? Bitte Gott, dir zu zeigen, ob, wie und wann du das tun sollst.
- Gibt es Menschen, die du fördern und/oder unterstützend »unter deine Fittiche nehmen« könntest? Bitte Gott, dass er dir solche Menschen zeigt und dir klarmacht, was du als Leitungskraft für sie tun kannst.

Tipps für die Praxis

1. Bitte deine Mitarbeitenden um ehrliches Feedback zum Thema dienende Leiterschaft. Lass sie wissen, dass du dich im Bereich des Dienens weiterentwickeln möchtest und dabei auf ihre Hilfe angewiesen bist. Führe konkret aus, wie Dienstbereitschaft im Rahmen von Leiterschaft aussehen könnte, und bitte um Rückmeldung. Überlege, das Feedback anonym oder über eine dritte Person einzuholen, damit die Leute sich frei fühlen, ehrlich zu sein. Die Tatsache, dass eine Führungsperson in diesem Bereich wachsen möchte, wird auf jeden Fall inspirierend und motivierend wirken.

2. Denke, wenn du das nächste Mal an einer Tagung oder Konferenz teilnimmst, darüber nach, auf welch Art und Weise du den anderen Teilnehmenden praktisch dienen kannst. Überlege, was sie brauchen, und versuche, ihre Bedürfnisse vorausschauend zu erfüllen.

3. Wenn du verheiratet bist, frage deine/n Ehepartner/in (und deine Kinder, wenn ihr welche habt), was du tun kannst, um ihm/ihr/ihnen zu dienen. Vielleicht musst du noch ein Versprechen erfüllen oder ihr habt euch als Familie etwas vorgenommen, aber nie getan. Vielleicht kommt euch ein geplanter Ausflug, ein Urlaub oder sonst etwas, was ihr immer schon einmal unternehmen wolltet, in den Sinn.
Handle zeitnah, nachdem die Bedürfnisse geäußert sind.

4. Bringe dich ehrenamtlich in die Arbeit deiner Kirche oder Gemeinde ein. Es gibt wohl kaum eine, die nicht noch irgendwo helfende Hände bräuchte. Stell dich zur Verfügung und halte dich gewissenhaft an deine Zusagen.

5. Gibt es jemanden in deinem Team, der unter einer Vorschrift oder Richtlinie leidet und deshalb eine Ausnahme von der Regel bräuchte? Wie kannst du dieser Person dienen und ihr helfen, mit dem Problem zurechtzukommen?

6. Hat Gott dir eine Person innerhalb der Organisation in dein Leben gestellt, die du fördern könntest? Gibt es jemanden, den du momentan coachst? Falls nicht, halte Ausschau nach einer angehenden Lei-

tungsperson und hilf ihr dabei, zu wachsen und sich weiterzuentwickeln. Ergreif die Initiative und biete dieser Person ein Mentoring an.

7. Gibt es jemanden, der innerhalb der Organisation deinen Schutz braucht? Leite konkrete Schritte ein, um diese Person vorm »organizational raindown« zu schützen, und zeige ihr, wie sie mit Überforderungsgefühlen und mangelndem Selbstvertrauen umgehen kann.

8. Gibt es Menschen, die dir in letzter Zeit gedient haben und bei denen du versäumt hast, dich zu bedanken? Wäre ein schriftliches oder telefonisches Dankeschön angebracht, um deine Wertschätzung für die Dienste anderer auszudrücken, die dir bei der Bewältigung deiner Aufgaben geholfen haben?

9. Versuche in der kommenden Woche jeden Tag, unaufgefordert jemandem zu dienen. Es muss gar keine große Sache sein und es muss auch nicht unbedingt jemand bemerken. Vielleicht parkst du deinen Wagen mal etwas weiter entfernt vom Haupteingang zum Büro, sodass jemand, der nach dir kommt sich über die Lücke freut. Oder du hebst den Müll auf und entsorgst ihn, statt dich nur darüber zu ärgern. Du wirst bald zahlreiche Möglichkeiten sehen, anderen jeden Tag zu dienen.

10. Kennst du Kranke, alte Menschen, junge Mütter und/oder Alleinerziehende, die Hilfe gebrauchen könnten? Biete ihnen deine Unterstützung an und investiere zum Beispiel einen halben Tag deiner Zeit für sie.

Zweiter Teil

Ergänzende Charaktereigenschaften

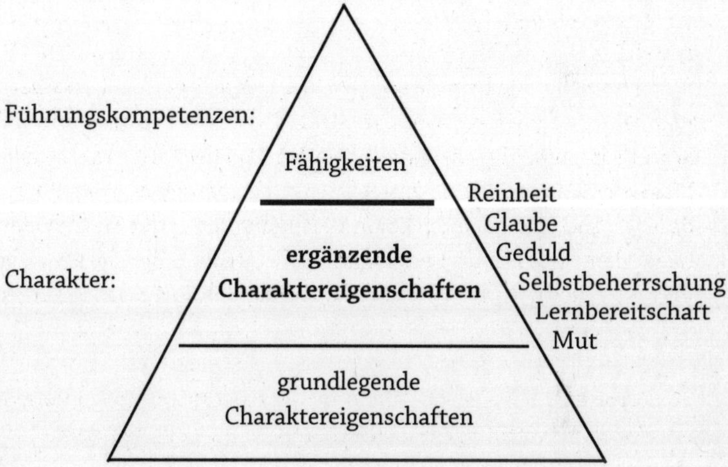

Kapitel 5

Reinheit – Wenn ein Nein nicht ausreicht

Du bist in etwa so heilig, wie du sein möchtest.
A.W. Tozer

Du kannst nicht verhindern, dass die Vögel über dein Haus fliegen. Aber du kannst sehr wohl verhindern, dass sie ein Nest in deinem Haar bauen.
Martin Luther

Es gibt nichts, was von außen in den Menschen hineingeht, das ihn unrein machen könnte; sondern was aus dem Menschen herauskommt, das ist's, was den Menschen unrein macht.
Markus 7,15

Hippomenes, eine Gestalt aus der griechischen Mythologie, war ein junger Mann, der sich in die schöne Atlanta verliebt hatte. Atlanta war nicht nur von bezauberndem Liebreiz; sie war auch eine hervorragende Läuferin. Leider hatte sie einen bösartigen, geradezu sadistischen Charakter. Schon viele junge Männer waren von ihrer Schönheit betört worden und hatten sich gewünscht, diese Frau zu heiraten. Sie alle wurden von Atlanta zu einem Wettlauf herausgefordert. Die Einsätze: Wenn ein Mann den Lauf gewann, durfte er die schöne Atlanta heiraten. Verlor er jedoch, musste er seine Niederlage mit dem Leben bezahlen. Schon viele hatten versucht, den Wettlauf zu gewinnen, doch bislang hatten alle Männer verloren und sterben müssen.

Auch Hippomenes war fasziniert von der Schönheit Atlantas und auch er beschloss, zum Wettlauf anzutreten. Bereits kurz nach dem Start lag er zurück. Er griff in die Tasche seiner Tunika, holte einen goldenen Apfel heraus und warf diesen Atlanta direkt vor die Füße. Der Glanz der goldenen Frucht lockte sie und sie bückte sich, um den Apfel aufzuheben, während Hippomenes an ihr vorbeilief. Doch kurz darauf holte Atlanta wieder auf und setzte sich erneut an die Spitze. Wieder holte Hippomenes einen goldenen Apfel aus seiner Tunika und warf ihn Atlanta vor die Füße. Und wieder bückte sich Atlanta, um den Apfel aufzuheben. Als Hippomenes sie überholte, wurde Atlanta klar, dass der Wettlauf bald vorüber sein würde. Sie erhob sich, zog erneut an Hippomenes vorbei und lag schon bald wieder ein gutes Stück vorn.

Nun holte Hippomenes den dritten und letzten goldenen Apfel aus seiner Tunika und warf ihn in hohem Bogen vor Atlantas Füße, die nur noch wenige Meter von der Zielmarke entfernt war. Atlanta befand sich in einer Zwickmühle. Sollte sie sich die goldene Frucht schnappen oder lieber sicherstellen, dass sie als Erste durch die Ziellinie lief? Sie dachte bei sich, dass sie sicherlich beides könne. Und so bückte sie sich, hob den goldenen Apfel auf und ließ ihn in ihre Tasche gleiten, nur um kurz darauf zu sehen, wie Hippomenes an ihr vorbei auf die Zielmarke zujagte. Atlanta konnte zwar noch ein wenig aufholen, aber es gelang ihr auf so eine kurze Distanz nicht mehr, ihn zu besiegen. Hippomenes hatte gewonnen!

Diese Geschichte ist kein Beispiel dafür, wie man die Partnerin oder den Partner fürs Leben gewinnt! Vielmehr stellen wir fest, dass uns manchmal »goldene Äpfel« vor die Füße geworfen werden, wenn wir als geistliche Leitungspersonen durchs Leben »laufen«. Sie heißen Täuschung, Kompromiss und sexuelle Versuchung. Schon viele Leitende haben sich gebückt, um sie aufzuheben, weil sie davon überzeugt waren, dass sie beides haben könnten: die Frucht und den Sieg. Das traurige Ergebnis ist, dass viele es nicht geschafft haben, die Zielmarke zu erreichen und den Wettkampf zu gewinnen. Sie gaben der Sünde nach und verloren dadurch ihre Befähigung zur Leiterschaft. Während Führungskräfte, die in die Entwicklung der grundlegenden Eigenschaften – Liebe, Integrität, Demut und Dienstbereitschaft – investierten, sicherlich einen enormen Vorteil haben, meistern trotzdem nicht alle von ihnen den Lauf gut, obwohl viele am Anfang durchgestartet sind.

Auch den wesentlichen ergänzenden Charaktereigenschaften

muss ausreichend Aufmerksamkeit gewidmet werden – die erste und wichtigste von ihnen: die Reinheit.

Das Thema persönliche Reinheit ist für alle Gläubigen ein Paradox. Von unserem »geistlichen Stand« her gesehen sind wir heilig und unsträflich in Christus (vgl. Psalm 103,12; 1. Petrus 2,9). Unsere praktische Erfahrung zeigt jedoch, dass wir weiter mit Sünde zu kämpfen haben. Einerseits sind wir ein »auserwähltes Geschlecht«, ein »königliches Priestertum«, andererseits werden wir aufgefordert, täglich den alten Menschen aus- und den neuen anzuziehen (vgl. Epheser 4,20-24) und uns von allem zu reinigen, was Körper und Geist beschmutzt (vgl. 2. Korinther 7,1). Wir sollen uns von allem trennen, was unseren geistlichen Lauf behindert, und die Sünde ablegen, die uns »täglich umstrickt« (Hebräer 12,1). Solange wir leben, werden wir mit Versuchung und Sünde zu kämpfen haben.

Selbstbeherrschung beginnt im Kopf

Eine alte Weisheit lautet: »Säe einen Gedanken und du erntest eine Tat. Säe eine Tat und du erntest eine Gewohnheit. Säe eine Gewohnheit und du erntest einen Charakter.«

Die wichtigste Erkenntnis daraus ist wohl die, dass jede Tat ihren Ursprung in einem Gedanken hat.

In den Sprüchen Salomos heißt es: »Behüte dein Herz mit allem Fleiß, denn daraus quillt das Leben« (Sprüche 4,23). Es geht immer zuerst um unsere Gedanken, um das, was wir im Herzen bewegen. Der Feind versucht, genau an dieser Stelle einen Fuß in die Tür zu bekommen, denn er weiß, dass darauf Taten und Charakter folgen. Wie viele Leitungskräfte tragen sündige Gedanken mit sich herum, die sie gefangen nehmen!

In den geheimen Gedanken eines Menschen tobt der Kampf um Reinheit. Hier, tief in ihrem Inneren, wo kein Mensch zuschaut, kämpfen christliche Leitungskräfte darum, »nach dem zu trachten, was droben ist, und nicht nach dem, was auf Erden ist« (vgl. Kolosser 3,2).

Was an Sinneseindrücken unser Herz erreicht, beeinflusst das, was wir denken. Optische und akustische Eindrücke sind besonders stark. Jesus erinnert uns: »Dein Auge ist das Licht des Leibes. Wenn dein

Auge lauter ist, so ist dein ganzer Leib licht; wenn es aber böse ist, so ist auch dein Leib finster« (Lukas 11,34). Wenn die Reinheit der Gedanken unser Ziel ist, müssen wir also alles daransetzen, das unter Kontrolle zu bekommen, was wir sehen und hören.

Wir leben heute in einer Zeit, die uns fast ununterbrochen mit sinnlichen Reizen überflutet. Filme, Videos, das Fernsehen und das Internet, aber auch Printmedien füttern uns mit Bildern, die in unserem Kopf »mentale Dateien« anlegen, die nur schwer wieder zu löschen sind. Die Zahl derer, die pornosüchtig sind, ist besorgniserregend hoch. Wer Christus nachfolgen will, sieht sich mit den sich verstärkenden Werten der Selbstbestimmung und des Lustprinzips konfrontiert. Als Leitende werden wir hier in besonderer Weise »angeschossen«, denn das Böse will gute Leiterschaft unterbinden. Haben vorher die Menschen zu einer Führungsperson als Vorbild aufgeblickt, wenden sie sich nach einer Verfehlung von ihr ab. Der Feind hat sehr viel Erfahrung in diesem Bereich und sein Vorgehen ist ebenso trickreich wie strategisch.

Ich plädiere nicht dafür, die »böse Welt« zu räumen. Manche Gläubige haben das versucht. Sie dachten, »nicht von der Welt« zu sein (vgl. 1. Johannes 2,14f.) bedeute, sich vollständig von ihr zu isolieren. Das Ergebnis war ein »heiliger Haufen« mit wenig positivem Einfluss für Christus in der Welt.

In der Welt zu bleiben und doch nicht von ihren Schattenseiten vereinnahmt zu werden, ist eine große Herausforderung, insbesondere, wenn es um unsere Gedanken geht. Es erfordert, dass wir unsere Schwächen erkennen, dass wir sorgfältig darauf achten, was unseren Verstand und unser Herz beeinflusst, und dass wir lernen, jene Situationen zu vermeiden, die uns am meisten zur Sünde verleiten. Wir müssen weise sein in dem, was wir durch die Tür unserer Sinnesorgane, besonders unserer Augen und Ohren, hereinlassen.

Wer eine persönliche Überzeugung in diesem Bereich entwickelt hat, darf diese allerdings nicht zum Maßstab oder Gesetz für andere Gläubige machen. Gott hat uns sehr viel Freiheit gegeben und die Grenzen dessen, was uns guttut, sind nicht für alle dieselben. So schrieb Paulus: »Wovon du persönlich überzeugt bist, das ist eine Sache zwischen dir und Gott. Glücklich schätzen kann sich, wer so handelt, wie es seiner Überzeugung entspricht, und sich nicht selbst verurteilen muss« (Römer 14,22; HfA). Andere schauen zu uns als Leitenden auf und werden uns nachahmen. Insofern kann es auch eine weise Entscheidung sein, als Leitungskraft aus Rücksicht auf andere auf etwas zu verzichten. Nicht alle haben dieselbe Freiheit im Herrn. Wir leben nicht, um uns selbst zu gefallen, sondern suchen das Wohl der anderen. Und in allem, was wir tun, wollen wir Mitarbeitende am Reich Gottes sein.

Der Kampf um sexuelle Reinheit

Die Herausforderung, in der heutigen Welt sexuell rein zu bleiben, ist groß. Unsere Welt ist unglaublich sexualisiert – von der Werbung bis zur Internetpornografie. Unsere Augen und Ohren werden mit explizit sexuellen Botschaften geradezu überflutet. Besonders Männer haben damit zu kämpfen, da sie anfälliger für erotische Sinneseindrücke sind als Frauen. Vorfälle von Vergewaltigungen und anderen Sexualstraftaten nehmen in einem enormen Ausmaß zu.

Unser Sexualtrieb hat eine bestimmte Schwelle, unterhalb derer wir unser Handeln kontrollieren können und oberhalb derer wir keine Kontrolle haben und unseren biologischen und emotionalen Impulsen folgen. Sexuelle Stimulation neigt dazu, uns von unserem grundlegenden oder normalen Niveau des Sexualtriebs nach oben zu bewegen. Je mehr Stimulation, desto mehr bewegen wir uns auf diese Schwelle zu. Wenn die sexuelle Erregung unsere Schwelle überschreitet, gibt unser Wille nach und wir folgen unseren Impulsen. Der Heilige Geist hilft uns, innerhalb der von Gott gegebenen Grenzen sexuell moralisch zu leben, indem er uns dahingehend unterstützt, unsere sexuellen Triebe zu kontrollieren, anstatt einfach von unseren natürlichen Impulsen kontrolliert zu *werden*.

Deshalb riet Paulus den Gläubigen in Thessaloniki:

> *Denn das ist der Wille Gottes, eure Heiligung, dass ihr meidet die Unzucht und ein jeder von euch verstehe, sein eigenes Gefäß in Heiligkeit und Ehre zu halten, nicht in gieriger Lust wie die Heiden, die von Gott nichts wissen. Niemand gehe zu weit und übervorteile seinen Bruder im Handel. Denn der Herr straft dies alles, wie wir euch schon früher*

gesagt und bezeugt haben. Denn Gott hat uns nicht berufen zur Unreinheit, sondern zur Heiligung. Wer das nun verachtet, der verachtet nicht Menschen, sondern Gott, der seinen Heiligen Geist in euch gibt (1. Thessalonicher 4,3-8).

Ein weise Leitungsperson meidet Umstände, die sie in sexuelle Versuchung bringen könnten. Manch anfangs harmlose Situation kann zu Versuchungen führen, die nur schwer zurückzuweisen sind. Sei weise, wenn es um ausgedehnte Treffen mit einzelnen Personen des anderen Geschlechts geht, besonders in privateren Situationen. Viele Seelsorgegespräche beginnen unschuldig, überschreiten dann aber die Grenzen. Wenn die Emotionen im Spiel sind, bleibt die Moral oft außen vor.

Lange Dating-Beziehungen können ebenfalls herausfordernd sein, weil die Liebe füreinander wächst. »Ihr seid verlobt und werdet heiraten. Warum noch warten?« – dieser Gedanke kann sich sehr beharrlich aufdrängen. Aber die Erfahrung zeigt, dass junge Menschen, die der Versuchung nachgeben, dies später in der Ehe bitter bereuen. Sie zweifeln an der Treue und Loyalität des anderen und denken: »Wenn er/sie damals der Versuchung nachgegeben hat, kann es auch ein zweites Mal geschehen, nur diesmal mit jemand anderem.« Und schon kommt es zu Eifersucht und das Vertrauen zwischen den Ehepartnern ist erschüttert.

Ich selbst bin gegenüber den jungen Leuten, für die ich als Leiter Verantwortung trage (und dies schließt meine eigenen Kinder ein), in dieser Hinsicht ganz offen. Ich lasse keinen Zweifel daran, dass mir viel daran liegt, sie zu unterstützen, wenn es um ihre moralische Reinheit geht. Ich bete für sie und erkundige mich danach, wie sie mit diesem Thema umgehen, ob zwischen ihnen Dinge vorgefallen sind, wegen denen sich ihr Gewissen zu Wort gemeldet hat, und wie weit sie körperlich gegangen sind. Dabei frage ich mit Absicht nach dem Gewissen, weil ich davon ausgehe, dass es bei einem gläubigen Menschen hellhörig ist für die Stimme des Heiligen Geistes. Er wird sich melden, wenn etwas nicht seinem Willen entsprechend geschieht.

Wenn wir als Leitende gegenüber den jungen Menschen auf diese Weise laufend Verantwortung übernehmen, können wir ihnen dabei helfen, den Anfechtungen des Feindes in diesem Bereich zu widerstehen. Natürlich ist das Nachfragen keine Garantie dafür, dass die jungen Menschen weise, moralische Entscheidungen treffen. Aber es ist besser, solche Fragen zum Thema zu machen, als gar nichts zu tun.

Versuchungen versprechen immer einen Lustgewinn, wobei die sexuelle Versuchung in diesem Bereich die größte Lust verspricht. Aber wie alle Versuchungen, endet auch diese mit einem bitteren Ergebnis.

Im Folgenden sind die Stufen aufgeführt, wie es häufig zum moralischen Zusammenbruch im Bereich der sexuellen Sünde kommt:

Männer[15]

1. Der (verheiratete) Mann genießt die Gesellschaft einer Frau.
2. Er findet sie körperlich attraktiv.
3. Gedanken der Lust und sexuellen Begierde stellen sich ein.
4. Er fühlt sich emotional zu der Frau hingezogen.
5. Er veranlasst zufällige Begegnungen.
6. Die Sache beruht auf Gegenseitigkeit; auch die Frau willigt ein, sich öfter zu treffen.
7. Erste lustvolle Berührungen finden statt.
8. Die eigene Ehefrau (falls verheiratet) wird bewusst getäuscht.
9. Es stellt sich Intimität ohne Sex ein.
10. Geschlechtsverkehr findet statt.

Frauen[16]

1. Die (verheiratete) Frau bewundert die Persönlichkeit eines Mannes.
2. Sie findet seinen beruflichen Status attraktiv (er ist bekannt und/oder in leitender Position) und findet sein Aussehen attraktiv.
3. Die Frau gibt sich Mühe, für den Mann ebenfalls attraktiv zu wirken (immer auf subtile Weise, sodass man es so und so interpretieren kann).
4. Sie fühlt sich geschmeichelt, dass er ihr Interesse erwidert.
5. Die Fantasie fängt an zu arbeiten; die Frau fühlt sich emotional zu dem Mann hingezogen.

6. Sie sucht nach Gelegenheiten, ihn »unverbindlich« zu treffen, wobei sie Wert darauflegt, so geschminkt und attraktiv gekleidet wie möglich zu sein.
7. Starke romantische Gedanken stellen sich ein (wobei sie noch auf Berührungen verzichtet, die Stimmung reicht völlig aus).
8. Der eigene Ehemann (falls verheiratet) wird bewusst getäuscht.
9. Es stellt sich Intimität ohne Sex ein.
10. Geschlechtsverkehr findet statt.

Dein Leib – Gottes Wohnung

In unserer heutigen Zeit und Welt dreht sich nicht nur alles um Sex, sondern auch um Attraktivität. Das Aussehen zählt. Jung zu sein und auszusehen, ist besser, als alt zu sein und auszusehen. Weniger Gewicht ist besser als mehr. Schöne, glatte Haut ist begehrenswert, Falten müssen bekämpft werden. Wie viele Milliarden werden jedes Jahr ausgegeben für Nahrungsergänzungsmittel, Diätprodukte, Fitnessgeräte und Anti-Aging-Produkte! Das Äußere wird für weit wichtiger erachtet als die charakterliche Reife eines Menschen.

Manche Führungskräfte lassen sich unbewusst von diesem Wertesystem beeinflussen und stehen in der Gefahr, zu sehr auf ihr Äußeres zu achten. Sie glauben, dass es Vertrauen in ihre Fähigkeit zu leiten weckt. Sie glauben, dass gut gebräunt zu sein, wohldefinierte Muskeln und einen flachen Bauch zu haben, irgendwie zu mehr Autorität und Einfluss führt.

In 1. Samuel 16,7 erinnert Gott Samuel an die Qualifikationen für die Auswahl eines Leitenden, während er nach einem Nachfolger für Saul sucht. Wir lesen dort: »Sieh nicht an sein Aussehen und seinen hohen Wuchs; ich habe ihn verworfen. Denn es ist nicht so, wie ein Mensch es sieht: Der Mensch sieht, was vor Augen ist; der Herr aber sieht das Herz an.«

Zwei wichtige Wahrheiten können wir dieser Stelle entnehmen:

1.) Die Menschen achten auf das Äußere.

2.) Wenn Gott eine Führungskraft auswählt, schaut er auf ihr Herz. Weil es nun einmal eine Tatsache ist, dass die Menschen unser Äußeres sehen und beachten, wäre es töricht, wenn wir es völlig vernachlässigen würden. Wir sollen und dürfen den Körper, den Gott uns gegeben hat, verwalten. Zum einen müssen wir uns um unsere Körper kümmern, damit sie uns gut dienen, egal wie viel Zeit der Herr uns gibt. Zum anderen wollen wir auch nicht, dass unser Äußeres die Menschen von Gott ablenkt und dem guten Einfluss im Wege steht, den wir nach seinem Willen haben sollen. Der Apostel Paulus drückt diese Zusammenhänge folgendermaßen aus:

> *Den Juden bin ich wie ein Jude geworden, damit ich die Juden gewinne. Denen unter dem Gesetz bin ich wie einer unter dem Gesetz geworden – obwohl ich selbst nicht unter dem Gesetz bin –, damit ich die unter dem Gesetz gewinne. Denen ohne Gesetz bin ich wie einer ohne Gesetz geworden – obwohl ich doch nicht ohne Gesetz bin vor Gott, sondern bin im Gesetz vor Christus –, damit ich die ohne Gesetz gewinne. Den Schwachen bin ich ein Schwacher geworden, damit ich die Schwachen gewinne. Ich bin allen alles geworden, damit ich auf alle Weise etliche rette* (1. Korinther 9,20-22).

Paulus war also willens, sich äußerlich anzupassen, wenn dies dazu beitrug, Gott besser zu dienen.

Doch wir sollen uns nicht auf die äußere Erscheinung konzentrieren und ihr eine hohe Priorität in unserem Leben einräumen. Unsere Körper werden altern und verfallen und schließlich werden wir sie zurücklassen für neue, perfekte Körper, die sich nicht verändern. In Anbetracht dessen sollte unser Fokus auf die innere Person gerichtet sein, nicht auf die äußere Erscheinung. Es heißt deshalb im ersten Petrusbrief: »Euer Schmuck soll nicht äußerlich sein – mit Haarflechten, goldenen Ketten oder prächtigen Kleidern –, sondern der verborgene Mensch des Herzens, unvergänglich, mit sanftem und stillem Geist: Das ist köstlich vor Gott« (1. Petrus 3,3f.). Autorität und Einfluss einer Führungskraft ergeben sich nicht aus gut gestylten Haaren, weißen Zähnen, antrainierten Muskeln oder Designerklamotten.

Gute Haushalterschaft mit Blick auf unseren Körper bedeutet, dass wir für genügend Erholung und Bewegung sorgen. Viele Leitende ziehen ihre Kraft aus der Begegnung mit anderen Menschen und dem Erreichen ihrer gesteckten Ziele. Sie fühlen sich dann schuldig, wenn sie eine Pause einlegen, einen Mittagsschlaf halten oder morgens länger im Bett bleiben, wenn es am Vorabend spät geworden ist. Urlaub und Hobbys, die Spaß machen und den Geist erfrischen, werden leicht als zweitrangig angesehen. Eine solche Denkweise ist falsch. Selbst Jesus hielt gelegentlich ein Nickerchen (vgl. Markus 4,38) und er riet seinen Jüngern nach einer intensiven Arbeitszeit: »Geht ihr allein an eine einsame Stätte und ruht ein wenig« (Markus 6,31).

Auch eine ausgewogene Ernährung ist wichtig. Wir sollten essen, was gesund ist, nicht nur, was uns schmeckt. Und wir sollten darauf achten, dass wir keine Gewohnheiten entwickeln, die einer guten »Pflege und Verwaltung« unseres Körpers im Weg stehen. Das Genießen leckerer Mahlzeiten ist eine herrliche Gabe Gottes. Aber wie alle Gaben bedürfen sie gewisser Einschränkungen und Grenzen. Diese Grenzen sind zu unserem Schutz und nicht zur Einschränkung des Genusses. Paulus hat gesagt: »Alles ist mir erlaubt, aber nicht alles dient zum Guten. Alles ist mir erlaubt, aber nichts soll Macht haben über mich. Die Speise dem Bauch und der Bauch der Speise; aber Gott wird das eine wie das andere zunichtemachen. Der Leib aber nicht der Hurerei, sondern dem Herrn, und der Herr dem Leibe« (1. Korinther 6,12f.). Das heißt, die Kontrolle über unsere Körper gehört Christus. »Denn ihr seid teuer erkauft; darum preist Gott mit eurem Leibe« (1. Korinther 6,19f.).

Vom Umgang mit Versuchungen

Viele Christen sind entmutigt, weil sie feststellen, dass sie immer wieder mit Versuchungen zu kämpfen haben, besonders im Bereich der moralischen Reinheit. Aufgrund der häufigen Versuchungen fühlen sie sich schuldig. Sie denken: »Wäre ich geistlich reifer, würden diese Versuchungen aufhören.« Doch wir dürfen niemals Versuchung und Sünde miteinander verwechseln.

Versuchung ist einfach die Verlockung oder der Reiz zur Sünde. Erst wenn wir der Verlockung nachgeben, wird sie zur Sünde. Schuldgefühle, die der Anfechtung und Versuchung folgen, sind falsche Schuldgefühle und kommen vom Teufel, der uns ständig anklagt. Geben wir der Versuchung jedoch nach und fühlen uns dann schuldig, so ist dieses Schuldgefühl berechtigt und vom Heiligen Geist bewirkt und wir müssen uns damit auseinandersetzen.

Die folgenden Punkte sind ein paar Tipps zum Umgang mit Versuchungen:

1. **Entscheide dich, ein Leben im Sinne Gottes zu führen.** Wenn wir erst warten, bis wir mitten in der Versuchung stecken, ist die Schlacht meist schon verloren. Wir müssen vorher in unserem Herzen beschließen, dass wir mit Gottes Gnade und Hilfe ein Leben führen wollen, das ihm wohlgefällt.
2. **Bete für die Abwesenheit von Schlechtem in dein Leben!** Zu beten, dass man vor Versuchung bewahrt wird, ist Teil des Gebets, das Jesus uns gelehrt hat (vgl. Lukas 11,4). Wir sollten es zu einem Teil unseres täglichen Betens machen.
3. **Lerne passende Bibelstellen auswendig.** Der Psalmist wusste, dass das Bewahren des Wortes Gottes im Herzen unser Denken rein hält und Schutz vor der Sünde bietet (Psalm 119,9.11). Der Heilige Geist kann uns dann in Situationen, in denen wir in Versuchung sind, an die gelernten Verse erinnern und uns auf diese Weise vor Fehltritten bewahren.
4. **Geh Situationen aus dem Weg, die dich in Versuchung bringen.** Versuche nicht zu kämpfen – flieh! Meide Situationen, die dich in Versuchung bringen könnten, von vornherein.
5. **Wenn die Versuchung da ist, widerstehe ihr in der Autorität Christi.** Wir sind nicht länger Sklavinnen und Sklaven der Sünde (vgl. Römer 6,6). Sünde hat keine Herrschaftsgewalt mehr über uns, denn wir sind Gottes Kinder (vgl. Römer 6,14.18). Wir müssen Versuchungen nicht nachgeben, weil wir durch die Kraft Christi von der Sklaverei der Sünde befreit sind. Seine Kraft befähigt uns, »Nein« zu Versuchungen zu sagen.
6. **Bitte Jesus um Hilfe, wenn die Versuchung kommt.** Genau wie Petrus mit einem einfachen »Herr, rette mich!« (Matthäus 14,30) um Hilfe rief, können auch wir um Hilfe und die Befreiung von Versuchungen bitten.

Was tun, wenn du der Versuchung erliegst?

Solltest du in deinem Kampf mit der Versuchung einmal scheitern und der Sünde nachgeben, können die folgenden Punkte helfen, mit deinem Versagen umzugehen:

1. **Bekenne jede Sünde sofort!** Bekennen heißt, dass wir mit Gott in Bezug auf das, was wir getan haben, übereinstimmen. Wir erkennen an, dass es falsch war und dass wir gegen ihn rebelliert haben. Der 1. Johannesbrief wendet sich an Menschen, denen es so ergangen ist: »Wenn wir aber unsere Sünden bekennen, so ist er treu und gerecht, dass er uns die Sünden vergibt und reinigt uns von aller Ungerechtigkeit« (1. Johannes 1,9).
2. **Glaube daran, dass dir vergeben ist.** Es ist eine alte und erprobte Taktik des Teufels, uns an vergangene Sünden zu erinnern. Er will, dass wir oft daran denken, unsere Selbstachtung verlieren und dann zu der Überzeugung gelangen, dass wir vor Gott wertlos sind, er uns nicht länger liebt und wir deshalb aus seinem Dienst entlassen werden. Wenn Gott sagt, dass er uns vergibt und dass er unsere Sünde von uns nimmt »so fern der Morgen ist vom Abend« (Psalm 103,12), dann sollten wir nicht an ihm zweifeln. Er hat uns vergeben und unserer Sünden wird er nicht mehr gedenken (vgl. Hebräer 8,12).
3. **Bereue deine Sünden.** Das Wort »bereuen« bedeutet eigentlich »umkehren«. Wir sind einst in eine Richtung gegangen und jetzt umgekehrt in eine neue, auf einen Weg, der Gott gefällt. Mit der Hilfe des Heiligen Geistes können wir die Richtung ändern – in Bezug auf Gedanken, Worte und Werke oder was sonst noch notwendig ist.

Ihr aber seid nicht fleischlich, sondern geistlich, da ja Gottes Geist in euch wohnt. Wer aber Christi Geist nicht hat, der ist nicht sein. Wenn aber Christus in euch ist, so ist der Leib zwar tot um der Sünde willen, aber der Geist ist Leben um der Gerechtigkeit willen. Wenn aber der Geist dessen, der Jesus von den Toten auferweckt hat, in euch wohnt, so wird er, der Christus von den Toten auferweckt hat, auch eure sterblichen Leiber lebendig machen durch seinen Geist, der in euch wohnt (Römer 8,9-11).

4. **Lass dein ganzes Leben vom Wort Gottes durchdrungen sein.** Gottes Wort hat eine reinigende Wirkung für unser Herz und unser Denken (vgl. Johannes 15,3). Lies die Bibel. Lerne Verse auswendig und erlaube Gottes Wort, dich durch den Heiligen Geist innerlich zu reinigen und schlechte Gedanken durch gute zu ersetzen.
5. **Suche dir eine Person oder Gemeinschaft zur moralischen Unterstützung.** Ich bin absolut vom Wert verbindlichen Miteinanders überzeugt. Der Feind möchte, dass wir in der Isolation bleiben. Aber wir brauchen einander. Scheue dich darum nicht, dir bei anderen Gläubigen Rat und Hilfe zu suchen.

Wenn christliche Leitungspersonen moralisch versagen

Es gibt zahlreiche Beispiele von geistlichen Leitenden, die aufgrund von moralischem Versagen ihren Einfluss und ihre Führungsposition verloren haben. Auch wenn es hier meistens um sexuelle Sünden geht, zeigt eine genauere Analyse, dass es sich oft um tiefer gehende Probleme handelt. Viele christliche Leitungspersonen, die moralisch versagt haben, waren schon eine ganze Weile auf einem schlechten Weg, bevor sie der Versuchung nachgegeben haben. Die Ursache liegt eigentlich immer in einer fehlenden liebevollen Gemeinschaft mit dem Herrn begründet. Der Mangel an geistlichem Wachstum führt zu Lauheit und innerer Leere, bis dann irgendwann das Herz hart wird und man der Versuchung nachgibt – mit all den furchtbaren Konsequenzen, die das hat.

Leitende, denen es so ergeht, haben große Angst davor, dass andere von ihrem Verhalten erfahren. Und so wenden sie viel Zeit und Energie auf, um ihr wahres Ich zu verstecken. Man gibt sich äußerlich als tadellos, ist aber innerlich voller Sünde. Moralische Überzeugungen werden kompromittiert. Die Frage ist nicht mehr: »Wie kann ich mich am besten vor der Sünde schützen?«, sondern: »Wie weit kann ich gehen, ohne zu weit zu gehen?« Zu diesem Thema heißt es in Sprüche 6,27: »Kann auch jemand ein Feuer unterm Gewand tragen, ohne dass seine Kleider brennen?«

Auch zeigt die Erfahrung merkwürdigerweise, dass geistliche Leitungskräfte, die ein Doppelleben führen, weiterhin einen gesegneten Dienst tun können – zumindest nach außen hin für eine Zeit lang. Da gibt jemand der Versuchung nach und es passiert – nichts! Zumindest nicht sofort und vor allem nicht in Form von Blitz und Donner oder einer sonstigen Strafe von oben. Daraus wird dann nicht selten der Schluss gezogen, dass es keine so große Sache war. Und man fällt tiefer und tiefer in die Sünde, ein wahrer Teufelskreis.

Die Wahrheit ist, dass jede Sünde katastrophale Folgen hat. Aber es gibt oft einen zeitlichen Abstand zwischen der Sünde und Gottes Konsequenz. So wie es eine Zeitspanne zwischen Säen und Ernten gibt, existiert auch eine Zeitspanne zwischen Sünde und Gericht. Wir sollten aber nicht so töricht sein anzunehmen, dass die Verzögerung ein Ausbleiben der Konsequenzen bedeutet. Vielmehr bedeutet sie eine Zeit der Gnade, in der Gott uns noch die Gelegenheit gibt, umzukehren und unsere Schuld einzugestehen. »Irret euch nicht. Gott lässt sich nicht spotten. Denn was ein Mensch sät, das wird er ernten« (Galater 6,7).

Wenn eine geistliche Leitungspersönlichkeit sündigt, sind die Folgen besonders schwer. Der Feind hat Zeit und er weiß, dass ein kleines Leck auf längere Sicht ein großes Schiff zum Sinken bringen kann. Leitende müssen deshalb auf der Hut sein und sich auch vor den kleinsten Kompromissen im Leben und Dienst schützen.

Charakterentwicklung konkret – Thema Reinheit

Bibelarbeit

1. Was sagen die folgenden Bibelstellen über die geistliche Verfassung der Gläubigen, die ihr Vertrauen auf Jesus Christus als ihren Retter gesetzt haben?:

Römer 6,2.6f.:

Römer 6,11-14:

1. Thessalonicher 4,7:

1. Petrus 1,22; 2,9:

2. Was sagen die folgenden Bibelstellen über die Verantwortung der Gläubigen in ihrem Streben nach Heiligung?:

Römer 12,1f.:

2. Korinther 7,1:

Hebräer 12,1f.:

Jakobus 1,27:

3. Die Seele umfasst Verstand, Willen und Gefühl. Was lässt sich aus den folgenden Stellen bezüglich des Kampfes um moralische Reinheit in diesen Bereichen erschließen?

Reinheit in den Gedanken

Römer 16,19:

2. Korinther 10,3-5:

Kolosser 3,1f.:

Reinheit in Wort und Tat

1. Korinther 6,12-17:

1. Korinther 6,19f.:

1. Korinther 15,33:

2. Korinther 6,14:

Epheser 4,29:

Epheser 5,3f.:

1. Thessalonicher 5,22:

2. Timotheus 2,19:

4. Welche weiteren allgemeinen Prinzipien hinsichtlich persönlicher Reinheit kannst du den folgenden Stellen entnehmen?:

Markus 7,14-23:

Römer 12,9:

1. Thessalonicher 4,1-8:

1. Timotheus 4,7:

1. Petrus 1,15f.:

1. Petrus 2,11:

Verse zum Auswendiglernen

2. Korinther 7,1
1. Thessalonicher 4,3f.
Hebräer 12,1f.
1. Petrus 1,15f.

Gebet

Bitte Gott, dass er dir dabei hilft, ein Mensch zu werden, der ein reines und geheiligtes Leben führt.

Die folgenden Anregungen sollen dir dabei helfen. Bringe die angesprochenen Punkte immer wieder im Gebet vor Gott!

- Bitte Gott darum, dir zu zeigen, ob es Bereiche in deinem Leben gibt, die von moralischer Unreinheit bestimmt sind. Bitte ihn darum, dass er dich sensibel macht für blinde Flecken in deinem Verhalten.
- Bitte Gott jeden Tag darum, dich vor Versuchungen zu bewahren.
- Solltest du immer wieder über vergangene Sünden, die du bereits bekannt und bereut hast, nachdenken, bitte den Herrn, dass er dir klarmacht, dass du in Christus Frieden und Vergebung hast.
- Bitte den Herrn, dass er dir Weisheit schenkt zu erkennen, wo deine Schwachstellen liegen und was dich immer wieder in Versuchung bringt. Die Taktik des Feindes zu durchschauen, kann auf dem Weg zum Sieg helfen.
- Bitte Gott, dass er die Augen deines Herzens und deines Verstandes öffnet, um die Konsequenzen zu verstehen, die sexuelle Sünde und sexuelle Abhängigkeit im Leben derer hat, die darin gefangen sind.
- Wenn du mit unreinen Bildern und Fantasien zu kämpfen hast, bitte Gott darum, dass er sie aus deinem Denken entfernt, und mache dir einen Plan, wie du es vermeiden kannst, deinen Geist mit neuen solcher Bilder zu füllen.
- Wenn du in den Spiegel schaust – gibt es etwas, was du gerne an deinem körperlichen Erscheinungsbild ändern würdest? Glaubst du, Gott hat einen Fehler gemacht, als er dich so geschaffen hat, wie du bist? Wie wichtig ist deine äußere Erscheinung für dein persönliches Glück? Danke Gott für jeden Teil deines Aussehens, ganz besonders für die Bereiche, die in deinen Augen nicht vollkommen sind. Gott macht keine Fehler! Er ist perfekt und alles, was er tut, ist gut!

Tipps für die Praxis

1. Gibt es eine Gewohnheit, die deinen Körper beherrscht? Falls ja, beginne heute damit, dich aus dieser Gebundenheit zu befreien. Bitte andere dabei um Hilfe, insbesondere Menschen, die auf die gleiche Weise gebunden waren und Befreiung erfahren haben.

2. Wenn du nicht vom Pornografiekonsum loskommst, such dir nach Möglichkeit eine Person oder Gruppe, mit der du in geschütztem Rahmen darüber sprechen kannst. Es gibt inzwischen verschiedene Programme, die pornografische Seiten blockieren oder einer Person deines Vertrauens sämtliche Internetseiten zeigen, auf die du zugreifst.

3. Bleib mit anderen im Gespräch über das Thema moralische Reinheit. Betet füreinander, stellt euch geradeheraus Fragen und antwortet ehrlich.

4. Lass noch einmal die letzten Wochen vor deinem inneren Auge Revue passieren. Hast du im letzten Monat genügend Schlaf und Erholung bekommen? Baust du in deinen Tagesplan genügend Pufferzonen ein, die es dir ermöglichen, das Leben außerhalb der Arbeit zu genießen? Wann hast du das letzte Mal richtig Urlaub gemacht (ohne dir etwas zum Erledigen aus dem Büro mitzunehmen)? Nimm dir noch diese Woche, spätestens diesen Monat, eine kleine Auszeit und vergiss nicht, jeden Tag etwas Extrazeit (für Unerwartetes) in deinen Kalender einzutragen.

5. Machst du dir derart viele Gedanken und Sorgen darum, dich durch äußere Einflüsse negativ zu verändern, dass du dich zu stark abgrenzt und dabei vergisst, dass wir Teil der Welt sind und bleiben sollen, um Salz und Licht für die Menschen zu sein? Versuche, mit den Nichtchristen Freundschaft zu schließen, die Gott in dein Leben gestellt hat. Baue Brücken zu Nachbarn und den Mitgliedern deines Teams auf der Arbeit. Tritt einem Verein bei. Sei offen für neue Kontakte!

6. Wenn du Single bist: Hast du dir Gedanken darüber gemacht, wie weit du in einer künftigen Beziehung körperlich gehen möchtest? Wenn du bereits in einer Beziehung (aber noch nicht verheiratet) bist:

Hast du zusammen mit deiner/m Partner/in Grenzen festgelegt, über die ihr nicht hinausgehen wollt? Sprecht miteinander darüber und bedenkt dabei: Liebe sucht nicht das Ihre, sie ist nie egoistisch. Sie will immer das, was für die andere Person am besten ist.

7. Bist du in einer dauerhaften Beziehung, aber noch nicht verheiratet? Wo steht ihr in eurem Bemühen um Reinheit? Sprecht darüber und betet zusammen. Erneuert ggf. euer Versprechen voreinander, bestimmte Grenzen nicht zu überschreiten. Sucht Beratung als Paar, wenn ihr offene Fragen habt oder euch auf dem Weg zur Ehe Begleitung wünscht.

8. Übe dich in Enthaltsamkeit und Selbstkontrolle, indem du mindestens eine Woche lang auf etwas verzichtest. Das kann sich auf Nahrung beziehen oder auf etwas, was du gern tust. Dabei geht es nicht um den Kampf gegen eine Sünde, sondern einfach nur darum, Selbstbeherrschung zu entwickeln. Dein Fasten soll nicht beeindrucken, sondern dazu dienen, eine innere Stärke zu entwickeln, »Nein« zu unguten Wünschen zu sagen und deinen Körper zu kontrollieren.

9. Nimm kritisch unter die Lupe, was du an Eindrücken über deine Augen und Ohren aufnimmst. Hast du manchmal Zweifel daran, ob etwas, was du tust, richtig ist? Hast du klare innere Überzeugungen, was du mitmachen kannst und was nicht? Hast du möglicherweise deine Maßstäbe bereits runtergeschraubt? Leite konkrete Schritte in die Wege, um einen Lebensstil zu pflegen, der Gott die Ehre gibt, aber mache dabei nicht deine persönlichen Überzeugungen zum Maßstab für andere Gläubige.

Kapitel 6

Glaube – Den Verheißungen Gottes vertrauen

Sicher ist es wichtig, dass wir uns bemühen, jeder einzelnen Verheißung der Bibel, die wir kennen, mit Glauben zu begegnen. Aber noch wichtiger ist es, dass wir insgesamt eine vertrauensvolle Haltung Gott gegenüber kultivieren, eine Haltung, die immer an ihn denkt, an seine Werke und seine Taten, voller Vertrauen und Hoffnung. Nur auf einem solchen Boden schlägt die einzelne göttliche Verheißung Wurzeln und wächst.

ANDREW MURRAY

Euer Herz erschrecke nicht! Glaubt an Gott und glaubt an mich!

JOHANNES 14,1

Was ist Glaube? Glaube ist kein Gefühl und keine Einbildung. Glaube bedeutet nicht, sich irgendwelche biblischen Glaubensaussagen einzureden, auch wenn man von ihrer Gültigkeit nicht überzeugt ist, wie bei einer Gehirnwäsche. Glaube ist das vertrauensvolle Annehmen dessen, was Gott in der Schrift gesagt und versprochen hat. Er ist die Annahme und das Vertrauen eines Kindes, ohne Wenn und Aber. Glaube sieht die Verheißung und denjenigen, der sie verheißt, und hofft erwartungsvoll. Glaube beinhaltet auch Tun. Wer glaubt, versucht, sein Leben in Übereinstimmung mit dem zu bringen, was Gott verheißen hat. Und wer glaubt, bemüht sich, die Bedingungen zu erfüllen, die Gott an seine Verheißungen geknüpft hat.

Das Leben eines Christen beginnt damit, einer Verheißung zu glauben, der Verheißung des ewigen Lebens, wenn wir unser Vertrauen auf Jesus als unseren Retter setzen. Johannes hat gesagt: »Und dies ist die

Verheißung, die er uns verheißen hat, das ewige Leben« (1. Johannes 2,25). Aber das ist erst der Anfang vom Rest unseres Lebens im Glauben. Glaube ist wie ein Muskel. Je mehr wir ihn betätigen, umso mehr wächst er. Wenn wir unseren Glauben »trainieren«, sehen wir immer mehr von Gottes Treue. Unser Vertrauen auf ihn und darauf, dass er hält, was er verheißen hat, wächst Tag für Tag. Wir sind wiederum in der Lage, ihm mehr zu vertrauen. J. O. Sanders sagte einmal: »Gott ermutigt uns, ihm in Bezug auf das Mögliche wie das Unmögliche zu vertrauen. Für ihn gibt es da keine Unterschiede, denn er ist größer als beide!«[17]

Die Intensität unseres Glaubens entscheidet nicht darüber, ob Gott unsere Gebete beantwortet. Gott selbst, das Objekt unseres Glaubens, bestimmt über die Erhörung unserer Gebete. Das Maß unseres Glaubens bestimmt lediglich das Maß dessen, worum wir Gott bitten. Kleiner Glaube führt zu kleinen Bitten, großer Glaube zu großen. Für Gott macht auch das keinen Unterschied, denn er ist größer als alles. Jesus lehrt uns: »Wenn ihr Glauben habt wie ein Senfkorn, so könnt ihr sagen zu diesem Berge: Heb dich dorthin!, so wird er sich heben; und euch wird nichts unmöglich sein« (Matthäus 17,20). Jesus will sich an dieser Stelle nicht über unseren Kleinglauben lustig machen. Er möchte uns vielmehr zeigen, dass die Größe unseres Glaubens nicht entscheidend ist, wenn wir für das Unmögliche beten. Nicht unser Glaube, sondern derjenige, um den er sich dreht, kann Berge versetzen. Auch ein kleiner Glaube reicht aus, um ihn darum zu bitten.

Die Prüfungen des Glaubens – Gottes Trainingsprogramm

Weil der Glaube für das Leben nach christlichen Werten so wichtig ist – und dies gilt in besonderer Weise für christliche Leitungskräfte –, konfrontiert uns Gott immer wieder mit Herausforderungen. Diese sollen uns dabei helfen, im Glauben an und Vertrauen in ihn zu wachsen. Paulus führt das in 2. Korinther 1,8-11 aus:

> *Denn wir wollen euch, Brüder und Schwestern, nicht verschweigen die Bedrängnis, die uns in der Provinz Asia widerfahren ist, da wir über die*

Maßen beschwert waren und über unsere Kraft, sodass wir auch am Leben verzagten; und wir dachten bei uns selbst, zum Tode verurteilt zu sein. Das geschah aber, damit wir unser Vertrauen nicht auf uns selbst setzten, sondern auf Gott, der die Toten auferweckt, der uns aus solcher Todesnot errettet hat und erretten wird. Auf ihn hoffen wir, er werde uns auch hinfort erretten. Dazu helft auch ihr durch eure Fürbitte für uns, damit von vielen auf vielfältige Weise um unsertwillen Dank dargebracht werde für die Gabe, die uns gegeben ist.

Aus dieser Bibelstelle lassen sich einige wichtige Prinzipien hinsichtlich des Lebens im Glauben entnehmen. Zunächst ist festzuhalten, dass Paulus und seine Mitarbeiter jede Menge Schwierigkeiten und Prüfungen erlebten. Wer Jesus nachfolgen will, sollte nicht darauf hoffen, ein sorgenfreies Leben führen zu können. Paulus spricht davon, dass er und sein Team »über die Maßen beschwert waren«. Die Anfechtungen überstiegen ihre menschliche Kraft, sodass sie kurz davor waren, die Hoffnung aufzugeben zu überleben. Gott lässt gelegentlich Anfechtungen und Bedrängnisse in unserem Leben zu, darunter auch solche, die unseren Glauben bis zum Äußersten strapazieren. So kommen wir vielleicht das eine oder andere Mal an einen Punkt, wo wir den Eindruck haben, dass uns nur noch das Nachgeben oder Aufgeben bleibt. Doch solche Zeiten sind ganz normale »Unterrichtseinheiten« in Gottes Trainingsplan für seine Kinder. In Hebräer 12,11 heißt es: »Jede Züchtigung aber, wenn sie da ist, scheint uns nicht Freude, sondern Schmerz zu sein; danach aber bringt sie als Frucht denen, die dadurch geübt sind, Frieden und Gerechtigkeit.« Der gegenwärtige Schmerz bringt einen ewigen Gewinn.

Zweitens lesen wir bei Paulus den Grund für die großen Bedrängnisse, die sie erlebten: Es sollte sie lehren, »[ihr] Vertrauen nicht auf [sich] selbst zu setzen, sondern auf Gott« (2. Korinther 1,9). Gott benutzte diese Erfahrungen, um den Glauben des Paulus und seiner Gefährten zu stärken. Sie sollten lernen, auf ihn zu hoffen, auf den allmächtigen Gott, der die Macht hat, die Toten wieder zum Leben zu erwecken. Wenn er Tote auferwecken kann, kann er auch unsere gegenwärtigen Umstände zum Guten wenden. Gott spricht: »Siehe, ich, der HERR, bin der Gott allen Fleisches, sollte mir etwas unmöglich sein?« (Jeremia 32,27).

Darüber hinaus bezeugt Paulus an dieser Stelle, was für ein Leben mit Gott gilt: dass er uns »errettet hat«, jetzt »erretten wird« und demzufolge »auch hinfort erretten« wird. Mit anderen Worten: So, wie sich Gott in der Vergangenheit als vertrauenswürdig erwiesen hatte, tut er es auch in der Gegenwart, woraus sich ergibt, dass wir ihm auch für die Zukunft vertrauen können. In Paulus' Fall wurden viele ermutigt und dankten Gott, weil sie sahen, dass er Gebete erhört und Paulus und seinen Gefährten wohlgesonnen war.

In der Schule spielte ich unter anderem in unserer *Football*-Mannschaft mit. Außerhalb der Saison trainierten wir im Fitnessstudio, wo wir Gewichte stemmten. Ich erinnere mich noch sehr gut an das, was mir mein Trainer damals einschärfte: »Es kommt nicht darauf an, dass du einmal ein möglichst schweres Gewicht stemmst. Es geht darum, ein leichteres Gewicht zu nehmen und das immer wieder zu stemmen, bis zum Punkt der Erschöpfung. Erst diese Wiederholungen bauen den Muskel auf und stärken ihn.« Hier komme ich wieder auf den Vergleich zurück: Unser Glaube ist wie ein Muskel. Je mehr und je öfter wir ihn benutzen, desto stärker wird er, bis er schließlich wirklich große Gewichte stemmen kann. Wir sollten uns also nicht entmutigen lassen, wenn wir oft durch anstrengende Zeiten gehen, denn durch diese Wiederholung gibt uns der Herr die Möglichkeit zu trainieren, damit unser Glaubensmuskel wächst.

Georg Müller, der in England ein Waisenhaus gründete, in dem viele Kinder ein Zuhause fanden, beschrieb sein Wachstum im Glauben folgendermaßen:

> *Beginnt klein, meine lieben Brüder und Schwestern. Auch ich hatte anfänglich nur den Glauben, dem Herrn für 10 Dollar zu vertrauen, später dann für 100 Dollar, für 1.000 Dollar und schließlich für 100.000 Dollar. Heute fällt es mir leicht, ihm für eine Million Dollar zu vertrauen, wenn es sich als nötig erweisen sollte. Doch vorher würde ich immer in aller Ruhe und mit großer Sorgfalt darüber nachdenken, ob das, worin ich dem Herrn vertraue, sich in Übereinstimmung mit den Verheißungen befindet, die er uns in seinem Wort gegeben hat. Wenn ich von einer solchen Übereinstimmung erst einmal überzeugt bin, wird mich keine Schwierigkeit auf der Welt davon abhalten, ihm in dieser Sache zu vertrauen.*[18]

Glaube und das Entwerfen einer Vision

Was für das Christsein des Einzelnen gilt, nämlich, dass er Fortschritte im Glauben machen muss, gilt gleichermaßen auch für eine Gemeinde oder Gruppe, die Gott dienen will. Das Leitbild einer Gemeinde oder einer Organisation beantwortet die Frage: Warum existieren wir? Es definiert unsere Berufung. Was ist der Sinn und Zweck unseres Daseins? Es kommt aber noch etwas Weiteres hinzu: Wir brauchen eine Vision, ein Bild von der Zukunft, das wir im Glauben vor uns sehen und mit unserer Missionsarbeit erreichen möchten. Unsere Vision sagt uns, wo wir in Zukunft hinwollen, was unser Ziel ist, und sie hilft uns dabei, dieses Ziel im Auge zu behalten. Die besten Missions- und Visionsleitbilder entstehen durch die Kreativität eines Leitungsteams innerhalb einer Organisation. Hat man sich erst einmal auf ein solches Leitbild geeinigt, ist es die Aufgabe der Teamleitung, es zu kommunizieren. Wir sprechen in diesem Zusammenhang von *vision casting*.

Gute Visionsleitbilder sind in ihren Grundzügen eindeutig umsetzbar. Aber sie beinhalten immer auch eine Glaubenskomponente. Wir wissen: Wenn Gott nicht seinen Segen auf unsere Arbeit legt, ist all unser Tun umsonst. Außerdem umfassen sie einen Zeithorizont. Meist bewegt sich dieser in einem Rahmen von etwa zehn Jahren. Alles, was darunter liegt, erfordert, was die Erreichbarkeit der gesteckten Ziele angeht, nicht allzu viel Glauben. Alles, was darüber liegt, lässt sich kaum planen und artet leicht in Wunschdenken aus.

Das Entwerfen, Kommunizieren und Realisieren der Vision kann für eine Führungskraft die unterschiedlichsten Formen annehmen. Persönliche Gespräche, Briefe, Artikel, Bücher, Referate, Predigten, Videos – all diese Medien können der Führungskraft dabei helfen, das Bild, wie die Zukunft in den Augen des Glaubens aussieht, so klar wie möglich zu kommunizieren. Je klarer es in den Köpfen aller ist, desto größer ist die Übereinstimmung der Ausrichtung innerhalb der Organisation. Wenn die Vision der Zukunft feststeht, wird das Planen einfacher. Wir fangen an, uns zu fragen: Welche Schritte müssen wir heute in die Wege leiten, um im Glauben das Ziel zu erreichen, das wir uns gesetzt haben?

Auf dem Weg zum Ziel wird es unerwartete Hindernisse und Herausforderungen geben. An dieser Stelle ist es die Aufgabe der Teamleitung, die Mitarbeitenden daran zu erinnern, dass Gott sehr wohl in der Lage ist, die gegenwärtigen Hürden zu überwinden. Probleme sind Möglichkeiten, Gott wirken zu sehen, wie er es versprochen hat. So auch die Einladung in den Psalmen: »Rufe mich an in der Not, so will ich dich erretten und du sollst mich preisen« (Psalm 50,15). Ein solches Verständnis von Leiterschaft – nämlich eins, das den Glauben an und das Vertrauen auf Gott in den Mittelpunkt stellt – inspiriert und motiviert die Mitarbeitenden. Es hilft ihnen dabei, in aller Demut zu erkennen, dass Gott mit ihnen ist, an jeder Wegkreuzung des großen Glaubensabenteuers.

Glaube, Moral und Leiterschaft

Der ehemalige amerikanische Präsident Dwight D. Eisenhower berichtete, dass er als General und Anführer der alliierten Truppen im Zweiten Weltkrieg vor allem eins gelernt habe: »Der wichtigste Faktor, der über Sieg oder Niederlage entscheidet, ist die Moral der Truppe.«[19]

Wenn man bedenkt, wie wichtig es ist, die Moral hochzuhalten, dann gibt es für Führungspersönlichkeiten nichts Wichtigeres, als Ermutigung und Bestätigung zu vermitteln und auch die kleinen Erfolge auf dem Weg hervorzuheben. Die täglichen Probleme und Niederlagen entmutigen uns alle. Insofern brauchen wir immer wieder jemanden, der uns aufrichtet und die Dinge ins rechte Licht rückt. Natürlich gibt es auf dem Schlachtfeld immer wieder kleine Rückschläge, aber die Richtung stimmt und am Ende sind wir siegreich. Wir machen Fortschritte und wir haben unsere Vision vor Augen.

Natürlich gibt es in jeder Organisation und jeder Gemeinde Schwarzseher. Sie betrachten einen Donut und sehen nur das Loch in seiner Mitte. Sie blicken auf die Herausforderung, erinnern sich dann daran, was schiefgehen könnte (weil es ja immer schiefgeht), und projizieren diese Negativhaltung auf die Zukunft. Eine gute Leitungskraft nimmt die gegenwärtigen Schwierigkeiten wahr, verweist aber inmitten dieser Umstände auf Gott und seine Macht, uns in herausfordernden Zeiten zu helfen. Menschen wollen keine Leitenden, die auf alles eine Antwort haben, denn sie wissen, dass niemand perfekt ist. Sie wollen keine perfekten Führungspersonen, sondern solche, die Gott folgen und ihm vertrauen. Diese Art von Leiterschaft, die von Gott abhängt, inspiriert und motiviert. Sie zieht diejenigen an, die die Probleme der Welt im Lichte ihres großen Gottes und dessen, was er tun kann, als klein ansehen.

Führungskräfte, die sich von Gott abhängig wissen, feiern auch jeden kleinen Teilerfolg. Mose und Miriam schrieben ein Lied, um Gottes Befreiung von der ägyptischen Armee am Roten Meer zu feiern (vgl. 2. Mose 15). Und als die Kinder Israels den Jordan überquert hatten, befahl Gott Josua, zwölf Steine aufzustellen, damit auch künftige Generationen daran erinnert würden, dass Gott sein Volk gesegnet hatte (vgl. Josua 4). Auch Esra und Nehemia setzten ein Zeichen. Als die Mauern Jerusalems vollständig wieder aufgebaut waren, riefen sie die Versammlung der Israeliten zusammen, feierten und beteten an (vgl. Nehemia 8). Solche Feste stärken unsere Moral. Sie erinnern uns daran, woher wir kommen und wohin wir – unter Gottes Schutz und Segen – auf dem Weg sind.

Opfer – Etwas für ein höheres Ziel aufgeben

Wer Großes für Gott erreichen will, muss Opfer bringen. Jesus machte dies deutlich, als er denen, die viel für ihn und die gute Botschaft aufgegeben hatten, einen Lohn versprach: »Wahrlich, ich sage euch: Es ist niemand, der Haus oder Brüder oder Schwestern oder Mutter oder Vater oder Kinder oder Äcker verlässt um meinetwillen und um des Evangeliums willen, der nicht hundertfach empfange: jetzt in dieser Zeit Häuser und Brüder und Schwestern und Mütter und Kinder und Äcker mitten unter Verfolgungen – und in der kommenden Welt das ewige Leben« (Markus 10,29f).

Geistliche Leiterschaft scheut sich nicht, von den Mitarbeitenden auch Opfer für den König der Könige zu verlangen. Leitende sind in dieser Hinsicht Vorbilder. Sie bringen selbst Opfer, denn sie möchten dem Ruf Gottes in ihrem Leben gehorchen. Wie der Apostel Paulus sagen sie zu anderen: »Folgt meinem Beispiel nach, wie ich dem Beispiel Christi« (1. Korinther 11,1).

Hier möchte ich noch einmal die bereits an anderer Stelle erwähnte Haltung Nehemias als Vorbild anführen, als er sich entschloss, auf die

Entlohnung, die ihm eigentlich als amtierender Statthalter zustand, aufgrund der Opfer der Menschen um ihn herum zu verzichten. Er hatte das Recht, nahm es aber nicht in Anspruch. Seine Leitungsphilosophie kommentierte er folgendermaßen:

> *Und von der Zeit an, da mir befohlen wurde, Statthalter zu sein im Lande Juda, nämlich vom zwanzigsten Jahr an bis in das zweiunddreißigste Jahr des Königs Artaxerxes, das sind zwölf Jahre, verzichtete ich für mich und meine Brüder auf meine Einkünfte als Statthalter. Denn die früheren Statthalter, die vor mir gewesen waren, hatten das Volk schwer belastet und hatten für Brot und Wein täglich vierzig Schekel Silber von ihnen genommen; auch ihre Leute waren gewaltsam verfahren mit dem Volk. Ich aber tat nicht so um der Furcht Gottes willen. Auch bei der Arbeit an der Mauer legte ich Hand an und wir kauften keinen Acker; und alle meine Leute mussten sich dort zur Arbeit versammeln. Dazu waren von den Juden und den Vorstehern hundertfünfzig Mann an meinem Tisch und die, die zu uns kamen aus den Völkern, die um uns her wohnten. Und man brauchte dafür täglich einen Ochsen und sechs auserlesene Schafe und Geflügel und je für zehn Tage allerlei Wein in Menge. Dennoch forderte ich nicht die Einkünfte eines Statthalters; denn der Dienst lag schwer auf diesem Volk. Gedenke, mein Gott, zu meinem Besten an alles, was ich für dies Volk getan habe!* (Nehemia 5,14-19).

Leitende, die ein Leben voller Glauben und Opferbereitschaft führen, nehmen Mitarbeitende sich gern zum Vorbild. Es gilt aber auch das Umgekehrte: Es gibt nur weniges, was Menschen mehr demoralisiert, als wenn Leitungspersonen zu Opfern aufrufen, diesem Ruf in ihrem eigenen Leben aber nicht entsprechen. Wo mit zweierlei Maß gemessen wird, reagieren die Mitarbeitenden mit Misstrauen und nachlassendem Eifer.

Gottes Verheißungen vertrauen

Was ein Leben im Vertrauen auf Gottes Zusagen bedeutet, wird durch eine Geschichte im Alten Testament sehr anschaulich verdeutlicht.

Das Königreich Juda hatte gegen Gott und seine Gebote rebelliert. Obwohl Propheten sie immer wieder warnten, verharrten die Menschen im Ungehorsam und hörten nicht auf die Stimme Gottes. Schließlich kündigte der Prophet Jeremia das Strafgericht über Juda an:

> *Darum, so spricht der HERR Zebaoth: Weil ihr denn meine Worte nicht gehört habt, siehe, so will ich ausschicken und kommen lassen alle Völker des Nordens, spricht der HERR, auch meinen Knecht Nebukadnezar, den König von Babel, und will sie bringen über dies Land und über seine Bewohner und über alle diese Völker ringsum und will an ihnen den Bann vollstrecken und sie zum Entsetzen und zum Spott und zur ewigen Wüste machen und will wegnehmen allen fröhlichen Gesang, die Stimme des Bräutigams und der Braut, das Geräusch der Mühle und das Licht der Lampe. Dies ganze Land soll wüst und zerstört liegen und diese Völker sollen dem König von Babel dienen siebzig Jahre. Wenn aber die siebzig Jahre um sind, will ich heimsuchen den König von Babel und jenes Volk, spricht der HERR, um ihrer Missetat willen, dazu das Land der Chaldäer und will es zur ewigen Wüste machen.* (Jeremia 25,8-12)

Gottes Gericht und seine Verheißung werden an späterer Stelle wieder aufgegriffen:

> *Denn so spricht der HERR: Wenn für Babel siebzig Jahre voll sind, so will ich euch heimsuchen und will mein gnädiges Wort an euch erfüllen, dass ich euch wieder an diesen Ort bringe. Denn ich weiß wohl, was ich für Gedanken über euch habe, spricht der HERR: Gedanken des Friedens und nicht des Leides, dass ich euch gebe Zukunft und Hoffnung.*
> *(...)*
> *Und (ich) will eure Gefangenschaft wenden und euch sammeln aus allen Völkern und von allen Orten, wohin ich euch verstoßen habe, spricht der HERR, und will euch wieder an diesen Ort bringen, von wo ich euch habe wegführen lassen* (Jeremia 29,10-11.14).

Gott begrenzt also Israels Strafe und das Exil auf einen Zeitraum von 70 Jahren.

Daniel musste in jungen Jahren die Eroberung Judas miterleben und wurde mit vielen anderen Juden zusammen ins Exil geführt. Nach fast 50 Jahren babylonischer Gefangenschaft las er die Stelle im Buch Jeremia, wo es hieß, dass das Exil einen Zeitraum von 70 Jahren nicht überschreiten würde (vgl. Daniel 9,1-19). Diese Bibelstelle zeigt uns am Beispiel Daniels, wie die Verheißungen der Schrift im Gebet zu erbitten sind. Zunächst heißt es, dass Daniel in Sack und Asche Buße tat und fastete. Er nahm eine Haltung völliger Demut ein, als er zum Herrn rief. Für die Erfüllung der Verheißungen Gottes sollte man immer in einer solchen Demut beten. Gott muss nicht »liefern«, denn er ist unser Schöpfer und Herr. Wir kommen zu ihm in heiliger Ehrfurcht und doch voller Hoffnung und Zuversicht, denn er erlaubt es seinen Kindern, vor seinen königlichen Thron zu treten und ihn zu bitten, um was sie wollen.

Zunächst sehen wir in den Versen 4-6, dass Daniel sein Gebet mit einem Bekenntnis seiner eigenen Schuld sowie der Schuld und der Rebellion seines Volkes beginnt. Er lässt keinen Zweifel daran, dass er die Verbannung ins babylonische Exil für eine gerechte Strafe Gottes hält. Auch wir sollten, wenn wir eine Verheißung Gottes im Gebet beanspruchen wollen, zunächst vor Gott unsere Sündhaftigkeit eingestehen und jede Sünde, die uns der Heilige Geist ins Gedächtnis bringt, bekennen. Wir dürfen uns nicht vormachen, dass der Herr unsere Bitten erhören wird, wenn es in unserem Leben nicht bekannte Sünde gibt und wir nicht nach seinem Willen leben, wie er in der Bibel offenbart ist.

Zweitens bespricht Daniel in den Versen 7-14 mit Gott die Situation, in der er sich zusammen mit den anderen Juden in der Verbannung gerade befindet. Daniel bringt seine Situation vor Gott und erinnert ihn an seinen Charakter, seine Gnade und Vergebung, seine Gerechtigkeit und sein Richten. Wir sollten es im Gebet genauso halten. Wir dürfen unsere gegenwärtige Lage vor Gott ausbreiten und ihm erzählen, was uns Sorgen macht. Es geht dabei nicht darum, dass wir dem allwissenden Gott die nötigen Informationen liefern, sondern darum, dass wir unsere eigenen Gedanken ordnen und unsere gegenwärtige Situation im Licht Gottes sehen. Gleichzeitig dürfen wir bestimmte Eigenschaften ansprechen, die Gott hat und die uns in dieser Situation helfen können. Dabei sollten wir darum beten, dass er seine Wesenszüge in uns hineinlegt, sodass wir ihm ähnlicher werden.

Drittens bringt Daniel seine Bitten auf der Grundlage dessen vor, was Gott in den Versen 15 bis 19 versprochen hat. Er bittet ganz konkret dafür, dass Gott seinen Zorn abwendet (Vers 16) und erneut sein Angesicht über dem zerstörten Heiligtum leuchten lässt (Verse 16f.). Daniel schreibt Gott nicht vor, wie er dieses Gebet beantworten soll, sondern er fleht zum Herrn, weil dieser selbst versprochen hat, das Volk wiederherzustellen, und weil er barmherzig ist. Wir sollten unsere Bitten ebenfalls konkret, situationsbezogen und verheißungsorientiert formulieren. Konkret bitten heißt dabei nicht, Gott Vorschriften machen zu wollen. Er antwortet auf seine Weise und zu seiner Zeit. Er weiß, was wann am besten für uns ist. Wer Gott den Zeitplan und die Details einer Gebetserhörung vorschreiben will, zeigt damit seine geistliche Unreife. Jemand sagte mir einmal: »Gott hat es nie eilig, aber er ist immer pünktlich.« So war es auch im Falle Daniels: Gott erhörte das Gebet, wie er es versprochen hatte, aber zu seiner Zeit.

Weitere Beispiele von Menschen, die die Verheißungen Gottes in ihr Gebet einschlossen, sind David (vgl. 2. Samuel 7), Mose (vgl. 2. Mose 32) und Jakob (vgl. 1. Mose 32). Jakob bereitete sich nach vielen Jahren der Trennung darauf vor, Esau zu treffen. Er wusste nicht, ob dieser ihm mit Hass oder Liebe begegnen würde. In der Bibel heißt es, dass er sich fürchtete und ihm bange war (Vers 8), als er sein Anliegen im Gebet vor den Herrn brachte (Vers 10). Jakob bekannte seine eigene Unwürdigkeit und breitete die gegenwärtige Situation vor Gott aus (Vers 10f.). Er erinnerte den Herrn an seine Zusagen, ihm wohlzutun und seine Nachkommen zu mehren wie den Sand am Meer. Dann bat er ihn darum, ihn aus der Hand seines Bruders zu befreien (Vers 12).

Norval Hadley von den *International Intercessors* riet bei einem Vortrag: »Unterstreiche dir die Verse 7-12 und schreibe darüber ›Wie man Verheißungen in Anspruch nimmt‹. Jakob erinnerte Gott daran, dass er verheißen hatte: ›Ich will dich segnen!‹ Ist dir einmal aufgefallen, wie oft die biblischen Beter zu Gott sagen: ›Du musst mein Gebet beantworten. Du hast es ja versprochen! Halte dich an deine Versprechen, alles andere schadet deinem Ruf. Wenn du aber tust, was du versprochen hast, wird dein Ruf verherrlicht.‹ Ich weiß, das klingt etwas gewagt, aber heißt es nicht in Hebräer 4,16, dass wir kühn und mit Freimut zum Thron der Gnade kommen dürfen?«[20]

Wie man Fehler bei der Inanspruchnahme einer göttlichen Verheißung vermeiden kann, zeigt Warren Myers auf, ein ehemaliger Mitarbeiter der Navigatoren und Autor mehrerer Bücher zum Thema Gebet:[21]

1. Achte auf eine korrekte Auslegung der Stelle. Beachte dabei den historischen Kontext: An wen sind die Verse ursprünglich gerichtet worden? Warum wurden sie geschrieben? Und was war die konkrete Erfüllung der Verheißung oder was wird sie sein (soweit wir es beurteilen können)?
2. Prüfe den Text auf grundlegende biblische Aussagen oder nutze ihn, um dir damit bereits bekannte biblische Aussagen oder Prinzipien neu zu erschließen. Welche geistlichen, moralischen oder theologischen Aussagen (Prinzipien) sind in dieser Stelle auf den ersten Blick erkennbar? Überlege, ob sich deine »Anwendung« in Übereinstimmung mit dem Rest der Schrift, insbesondere des Neuen Testaments, befindet.
3. Wende das Gelernte so in deinem Leben an, dass es mit Gottes Willen für dein Leben übereinstimmt. Wenn du nicht weißt, was Gott in einer bestimmten Situation von dir verlangt, bitte ihn darum, es dir zu zeigen (vgl. Jakobus 1,5).

a) Betrachte die Verse, die dir persönlich wichtig geworden sind, als Führung Gottes, der alle Umstände lenkt. Nimm sie dir als Reden des Geistes Gottes zu Herzen, aber hüte dich vor vorschnellen Schlussfolgerungen und Verallgemeinerungen.
b) Prüfe die Verheißung anhand anderer Faktoren, um Gottes Willen herauszufinden. Zum Beispiel:

(1) Wird sie durch den Rat erfahrener Mitchristen bestätigt? Diese Frage ist vor allem bei wichtigen Entscheidungen von großer Bedeutung. Suche dir immer jemanden, mit dem du aus einer reifen christlichen Perspektive die Vor- und Nachteile einer Entscheidung objektiv besprechen kannst.

(2) Hält sie dem Test der Zeit und des Gebets stand? Gibt Gott weiterhin Frieden und Glauben, die Erfüllung der Verheißung zu erflehen – die innere Gewissheit, dass es sich um Gottes Willen handelt und dass er sie erfüllen wird? Oder wird die Verheißung im Laufe der Zeit immer blasser? Macht der Heilige Geist dich unruhig darüber, sie weiter einzufordern?

Wie das Einfordern einer Verheißung konkret aussieht, zeigt Myers[22] anhand eines Beispiels aus Jesaja 45,1-3:

> *So spricht der HERR zu seinem Gesalbten, zu Kyrus, den ich bei seiner rechten Hand ergriff, dass ich Völker vor ihm unterwerfe und Königen das Schwert abgürte, damit vor ihm Türen geöffnet werden und Tore nicht verschlossen bleiben: Ich will vor dir hergehen und das Bergland eben machen, ich will die ehernen Türen zerschlagen und die eisernen Riegel zerbrechen und will dir heimliche Schätze geben und verborgene Kleinode, damit du erkennst, dass ich der HERR bin, der dich beim Namen ruft, der Gott Israels.*

1. Auslegung: Die Verheißung erging an Kyrus und bezieht sich auf eine militärische Eroberung. Kyrus wurde von Gott gebraucht, um das Volk Israel nach der Gefangenschaft zurück in seine Heimat zu führen.
2. Biblische Prinzipien: Die Verse zeigen, dass Gott fähig und bereit ist, mit und für seine auserwählten Werkzeuge (im Englischen: »chosen vessels«; vgl. auch Apg. 9,15) zu arbeiten, Feinde und Hindernisse zu beseitigen, um sein Ziel mit seinem Volk zu erreichen. Diese Aussage befindet sich in Übereinstimmung mit der Verheißung Jesu in Markus 11,22-24.
3. Heute ruft Gott uns nicht dazu auf, andere Länder, sondern Menschen für ihn zu erobern. Der Feind ist nicht mehr ein König, sondern das Böse, das sich manche Menschen unterwirft. Hindernisse sind meistens innere Einstellungen, Gedanken, Werte oder Situationen, die seine verändernde Berührung brauchen.
4. Anwendung der Erkenntnisse: So wie Gott diese Dinge für Kyrus getan hat, glaube ich, dass er sie auch für meine Familie und Arbeit tun möchte. Ich glaube, dass er dies im Leben von ____________ tun wird, der/die noch nicht zu ihm gefunden hat, und in meiner (Missions-)Arbeit, besonders hinsichtlich ____________, tun wird.

Es ist sehr hilfreich, die Verse, die wir im Gebet für uns persönlich in Anspruch nehmen, auswendig zu lernen. So kannst du darüber meditieren, während du deiner täglichen Routine nachgehst. Und wenn du dir Sorgen um die Erfüllung machst, kannst du die Verheißungen noch mal im Geiste beten und den Herrn darum bitten, das zu tun, was er versprochen hat. Ich selbst habe es mir zur Gewohnheit gemacht, schriftlich festzuhalten, auf welche Verheißungen ich mich beim Beten bezogen habe und wie Gott sie erhört hat. Ich sehe mir diese Einträge regelmäßig an und sie dienen mir zur Ermutigung, wenn ich einer neuen Herausforderung im Glauben gegenüberstehe.

Charles Spurgeon schrieb ein Buch mit dem Titel *Faith's Checkbook* (»Das Scheckbuch des Glaubens«), eine Sammlung göttlicher Verheißungen für den täglichen Gebrauch. Darin sagt er Folgendes darüber, wie man eine Verheißungserfüllung erbittet:

> *Jede biblische Verheißung ist ein Versprechen Gottes. Wir können uns dieses Versprechen wie einen Orderscheck vorstellen. Der Scheck wird dem Gläubigen zur »Auszahlung« von etwas Gutem übergeben. Er ist nicht dazu da, ihn in aller Ruhe zu betrachten, zu lesen und ihn dann beiseitezulegen. Vielmehr sollte man mit einer Verheißung genauso verfahren, wie man es mit einem Geldscheck auch tun würde: ihn entgegennehmen, den Empfang mit Unterschrift bestätigen und davon ausgehen, dass er gedeckt ist. Glaube besteht darin, den Scheck als gedeckt und auf den eigenen Namen ausgestellt zu betrachten. Der Scheck trägt das Siegel Gottes, des Wahrhaftigen, der zu seinen Verheißungen steht. Als gläubiger Mensch weiß man: Ein solcher Scheck ist genauso gut wie sein Gegenwert und deshalb quittiert man ihn auch geradeso, als hätte man den Gegenwert bereits erhalten. Danach geht man im Glauben mit dem Scheck zu Gott, so wie ein Bankkunde mit seinem Scheck zur Bank geht. Man pocht darauf, dass der Scheck eingelöst wird, und geht fest von dieser Einlösung aus. Wenn man zum richtigen Zeitpunkt zur himmlischen Bank kommt, wird der Scheck auf der Stelle eingelöst. Es kann aber auch sein, dass das Einlösedatum noch in der Zukunft liegt. Dann muss man sich in Geduld üben – ohne die Zuversicht zu verlieren, dass der Scheck gedeckt ist. Da ist die Gewissheit, dass man früher oder später erhalten wird, was einem dem Scheck nach zusteht.*
>
> *Es gibt zwei mögliche Fehler im Umgang mit Glaubensschecks: Manche weigern sich, den Empfang zu quittieren. Sie glauben nicht, dass der Geber ihn auf sie persönlich ausgestellt hat, und so bekommen sie keine »Auszahlung«. Andere quittieren den Empfang, behalten den Scheck, kommen aber nicht auf den Gedanken, damit zur »Bank« zu gehen.*

Auch sie bekommen nichts. Der Fehler liegt nicht in der Verheißung, sondern bei denen, die sich nicht an die üblichen, allgemein bekannten Regeln des »Bankgeschäfts« halten.[23]

Wir schließen dieses Thema mit einem Zitat von A. W. Tozer ab, der über das Leben im Glauben sagt:

Wir dürfen nie vergessen, dass Gott sich selbst treu bleibt. Zu keiner Zeit und an keinem Ort im gesamten Universum hat er je anders gehandelt. Sein Tun befindet sich immer in Übereinstimmung mit seinem Wesen und seiner unendlichen Weisheit und Vollkommenheit. Diese Tatsache sollte den Feinden Gottes als eine Warnung dienen – und seinen Freunden als ein kostbarer Trost. Auch wenn er in jenem geheimnisvollen Zentrum der Ewigkeit wohnt, wird niemand im Unsicheren darüber gelassen, wie der Herr in einer bestimmten Situation gemäß der von ihm gegebenen Verheißung handeln wird. Seine Verheißungen sind Versprechen, an denen niemand rütteln kann. Gott wird immer und ewig das tun, was er verheißen hat, vorausgesetzt, die Bedingungen für die Verheißung sind erfüllt. Den Gottlosen ruft er die Warnung zu, dass sie nicht bestehen im Gericht, »noch die Sünder in der Gemeinde der Gerechten« (Psalm 1,5). Angesichts dieser Tatsachen mutet es schon fast lächerlich an, Glauben »produzieren« zu wollen, indem man sich intellektuell anstrengt, den Verheißungen Gottes Glauben zu schenken. Ein Versprechen ist nur dann etwas wert, wenn wir dem, der es gegeben hat, vertrauen können. Aus diesem Wissen ergibt sich unsere Zuversicht. Wenn wir die Erkenntnis Gottes suchen und kultivieren, werden wir damit auch unseren Glauben kultivieren. Doch wir schauen dabei nicht auf unseren Glauben selbst, sondern immer auf Christus, den Anfänger und Vollender. Die Seele schaut nicht nach innen, sondern von sich weg und nach oben zu Gott. Nur so kann sie gesunden.[24]

Auch Führungskräfte können ohne Gott nichts tun

Leitungskräfte, die nicht »von sich weg und nach oben zu Gott« schauen, haben ein Problem: Ihrer Leiterschaft fehlt der Sinn für die Berührung Gottes. Sie planen, organisieren und erreichen vielleicht sogar Teilziele im Rahmen ihres anvisierten Leitbildes. Aber es fehlt etwas: Ein Gespür für den Segen Gottes und sein Eingreifen in die menschlichen Pläne. Es wird eigenverantwortlich geplant und nicht im Vertrauen auf ihn.

Führungskräfte, die nicht mit Gott rechnen, sind auf sich selbst zurückgeworfen. Wir leiten aus dem heraus, wer wir selbst sind. Wenn uns der Glaube in der geistlichen Leiterschaft fehlt, müssen wir uns fragen, ob wir wirklich in ihm leben. Falls nicht, müssen wir genau hier ansetzen.

Ob wir im Glauben leben, zeigt sich unter anderem darin, welche Bedeutung wir dem Gebet beimessen. Ist es nur wenig, ist das ein Zeichen dafür, dass wir davon ausgehen, die Dinge selbst meistern zu können, aus eigener Kraft und mit eigenen Mitteln. Und wenn ich vom Beten spreche, meine ich nicht, Gebete einfach aufzusagen, als ob sie wie Glücksbringer funktionieren würden, die Gottes Segen bewirken, sondern von einem existenziellen, von Herzen kommenden Gebet. In einem solchen Gebet schütten wir dem Herrn unser ganzes Herz aus und bittet ihn, die Umstände zu ändern, weil eins ganz klar ist: Ohne ihn können wir nichts tun. Diese Art des Betens trägt immer ein wenig Verzweiflung in sich, die weiß: Es hängt alles von Gott ab. Wenn er nicht seinen Segen gibt, haben wir ein Problem!

So sieht das Beten im Glauben aus und nur Leitungspersonen, die so beten, leben in positiver Abhängigkeit von den Verheißungen und der Macht Gottes. Denke also daran, wenn du nun die Bibelarbeit angehst, wie wichtig es ist, eine Leitungsperson zu sein, die andere anleitet, in allem auf Gott zu setzen. Glaube ist eine wichtige ergänzende Charaktereigenschaft. Ohne Glauben kann man Gott als Führungskraft nicht dienen und nicht ehren und somit auch der eigenen Berufung nicht gerecht werden.

Charakterentwicklung konkret – Thema Glaube

Bibelarbeit

1. Glaube erwächst aus dem Vertrauen auf das Wesen und die Handlungsmöglichkeiten Gottes. Betrachte die folgenden Bibelstellen und notiere dir, was sie über die Wesenszüge Gottes aussagen:

4. Mose 23,19:

Psalm 50,9-12:

Sprüche 15,3:

Jesaja 41,10:

Jeremia 32,27:

Nahum 1,7:

Maleachi 3,6:

Lukas 1,37:

Johannes 14,27:

Römer 8,32:

1. Johannes 4,8-10:

2. Im Wortlexikon wird eine Verheißung/ein Versprechen als »Zusicherung, dass jemand etwas genauer Bezeichnetes tun bzw. nicht tun wird«, definiert.[25] Ein Versprechen (eine Verheißung) ist nur dann etwas wert, wenn wir dem, der es gegeben hat, vertrauen können, sowohl was sein Wesen als auch was seine Handlungsmöglichkeiten betrifft. Betrachte die folgenden Bibelstellen und notiere, was Gott uns verheißen (= versprochen) hat:

Psalm 34,9f.:

Psalm 37,4:

Sprüche 3,5-6:

Sprüche 3,9f.:

Jeremia 33,3:

Maleachi 3,10:

Matthäus 6,25-33:

Matthäus 7,9-11:

Matthäus 28,20:

Lukas 6,38:

Johannes 6,47:

Philipper 4,19:

1. Johannes 2,25:

3. Lies die folgenden Verse und notiere, was sie über Gottvertrauen und das Leben im Glauben aussagen:

Psalm 50,15:

Hebräer 6,12:

Hebräer 11,1:

Hebräer 13,7:

Jakobus 1,5-8:

Jakobus 2,17-22:

1. Johannes 5,4:

Verse zum Auswendiglernen

Psalm 50,15
Matthäus 6,33f.
Lukas 1,37
Römer 4,20f.
Hebräer 11,8

Gebet

Bitte Gott, dass er dir dabei hilft, ein Mensch zu werden, der stark im Glauben ist. Die folgenden Anregungen sollen dir dabei helfen. Bringe die angesprochenen Punkte immer wieder im Gebet vor Gott!

- Bitte Gott darum, dir zu zeigen, ob es Bereiche in deinem Leben gibt, die von Glaubensschwäche gekennzeichnet sind, und darum, dass er dich darauf aufmerksam macht, wann und wo dir der Glaube gefehlt hat und du es möglicherweise nicht einmal gemerkt hast.
- Danke Gott für die Menschen, die deinen Glauben geprägt haben.
- Welche konkreten Bedürfnisse hast du diese Woche? Lies betend Philipper 4,19 und bitte Gott, deinen Mangel zu stillen. Denke aber daran, dass wir immer in demütiger und nie in fordernder Haltung beten sollen. Es geht darum, dass sein Wille geschieht, nicht unserer.
- Was wünscht sich dein Herz? Lies noch einmal Psalm 37,4 und bitte Gott darum, dass er dir in dieser Woche genau das gibt, was dein Herz sich wünscht. Denke auch hier daran, dass wir in demütiger Haltung um seinen Willen beten und nicht unseren eigenen durchsetzen wollen.
- Bitte Gott, dass er dir dabei hilft, deinen »Glaubensmuskel« zu trainieren. Sei darauf vorbereitet, dass er, wenn du beginnst, so zu beten, möglicherweise vermehrt Umstände und Herausforderungen in deinem Leben zulassen wird, die dieses Wachstum im Glauben herbeiführen!
- Welche Zukunftsängste hast du? Breite sie alle im Gebet vor Gott aus und bitte ihn, dich davon zu befreien. Vertraue darauf, dass er sich der Ursachen deiner Ängste annimmt, zu seiner Ehre und auf eine Weise, die gut für dich ist (denn *er* ist gut).

- Betest du schon seit Längerem für etwas und wirst langsam müde, weil Gott noch nicht geantwortet hat? Bekenne dies und bitte ihn, dir Geduld zu schenken und die Gewissheit, dass sein Zeitplan vollkommen ist. Sollte Gottes Antwort auf dein Gebet ein »Nein« sein, dann bitte ihn darum, dir das klarzumachen, damit du in dieser Sache nicht vergeblich weiterbetest.

Tipps für die Praxis

1. Welche Herausforderungen gibt es momentan in deinem Alltag als Leitungskraft? An welchem Punkt brauchst du Gottes Hilfe? Bitte ihn konkret darum und warte darauf, dass er etwas tut.

2. Notiere konkrete Gebetsanliegen in einer Liste, zusammen mit dem Datum, an dem du begonnen hast, für jedes einzelne zu beten. Bete täglich für alle Punkte, und wenn Gott einen davon beantwortet, schreibe das Datum der Antwort dazu und erzähle jemandem aus deinem Freundeskreis davon.

3. Wenn Ressourcen und Macht unbegrenzt wären (und bei Gott sind sie das), welche Liste von unmöglichen Dingen würdest du gerne innerhalb der nächsten sechs Monate in deinem Leben und durch dich von Gott verwirklicht sehen? Schreibe eine »unmögliche Liste« mit Lukas 1,37 als Überschrift und fange an, jeden Tag in den nächsten sechs Monaten dafür zu beten. Bete so konkret, wie es dein Glaube zulässt, damit du auch konkrete Antworten sehen kannst. Notiere dir die Antworten und erzähle anderen davon.

4. Möchtest du mutig Zeugnis geben, hast aber manchmal Angst, vor den Menschen von Jesus zu reden? Bitte Gott darum, dass er dir Mut macht, die Umstände lenkt und Menschen in dein Leben bringt, denen du von ihm erzählen kannst. Wenn sie dann auftauchen und Gott dich dazu auffordert, tu es!

5. Hast du den Eindruck, dass dir ein entsprechendes Mentoring dabei helfen könnte, in deiner Nachfolge oder deinem Leitungsalltag geistlich zu wachsen? Bitte Gott gegebenenfalls, eine Person in dein Leben

zu bringen, die dir helfen kann. Gehe dann auf diesen Menschen zu und frage, ob er bereit ist, dich in deinem Wunsch nach Wachstum zu unterstützen.

6. Stehst du vor einer wichtigen Entscheidung zu einem Ereignis in deinem Leben (z. B. Examen, Berufswechsel, Heirat, Umzug etc.) und brauchst Gottes Führung? Gönne dir eine Auszeit mit ihm, einen halben oder sogar ganzen Tag lang, an dem du unter Fasten und Gebet Gott um Entscheidungshilfe bittest. Nimm deine Bibel mit, vielleicht auch ein Gesang- und ein Notizbuch, in dem du festhältst, was Gott dir klarmacht. Lies betend immer wieder die hier erwähnten Verse zum Thema Glauben und das Buch der Sprüche. Bitte Gott darum, dir den richtigen Weg zu zeigen.

7. Gibt es bestimmte Verheißungen in der Bibel, über die du zurzeit betest und die du für deinen Leitungsalltag persönlich beanspruchen möchtest? Mache dir eine Liste mit biblischen Verheißungen. Lerne die entsprechenden Verse auswendig und bete regelmäßig darüber. Bitte Gott, diese Verheißungen in deinen persönlichen Lebensumständen zu erfüllen.

8. Lies einige Biografien von Glaubenspersönlichkeiten und bitte Gott, dass er dir dabei hilft, ihm so nachzufolgen, wie diese Menschen es getan haben. Bücher, die sich anbieten sind z. B. »Das geistliche Geheimnis Hudson Taylors«; etwas über J. O. Fraser; »Bis an die Enden der Erde: Missionsgeschichte in Biographien« von Ruth A. Tucker oder eine Biografie von Georg Müller.

9. Jesus sagt, dass wir das Reich Gottes annehmen sollen wie ein Kind (vgl. Matthäus 18,3f.). Kinder bitten ihre Eltern um alles, was ihnen in den Sinn kommt. Sie kämen nicht auf die Idee, ihre Anliegen erst einmal zu filtern, zu ordnen oder zu überlegen, ob es sich gehört, um so etwas zu bitten. Wie sieht es bei dir aus? Filterst du deine Bitten, bevor du sie im Gebet vor Gott bringst? Überlegst du, ob deine Anliegen auch »geistlich« genug und »nicht egoistisch« sind? Gott macht uns Mut, um alles zu bitten (vgl. Philipper 4,5f.). Er warnt uns aber, dass die Antwort Nein sein wird, falls wir aus falschen Motiven heraus

beten (vgl. Jakobus 4,3). Fang an, für alles zu bitten, egal ob groß oder klein, und achte darauf, wie Gott antwortet.

10. Wenn es noch unbekannte Sünden in deinem Leben gibt, werden diese dein Gebetsleben beeinträchtigen (vgl. Jesaja 59,2; 1. Petrus 3,7). Bitte Gott, dir alles zu zeigen, was dein Gebet behindert. Kümmere dich sofort darum und leite alle nötigen Schritte in die Wege (um Vergebung bitten, Vergebung gewähren, Dinge in Ordnung bringen, mit falschen Gewohnheiten brechen etc.), sodass du wieder ungehindert beten kannst.

Kapitel 7

Geduld – Wenn Gott einen anderen Zeitplan hat als du

Sofort ist zu langsam!
ALLGEMEINE EINSTELLUNG DER MENSCHEN IN AMERIKA

Er [= Jesus] sagte ihnen aber dies Gleichnis: Es hatte einer einen Feigenbaum, der war gepflanzt in seinem Weinberg, und er kam und suchte Frucht darauf und fand keine. Da sprach er zu dem Weingärtner: Siehe, drei Jahre komme ich und suche Frucht an diesem Feigenbaum und finde keine. So hau ihn ab! Was nimmt er dem Boden die Kraft? Er aber antwortete und sprach zu ihm: Herr, lass ihn noch dies Jahr, bis ich um ihn herum grabe und ihn dünge; vielleicht bringt er doch noch Frucht; wenn aber nicht, so hau ihn ab.
LUKAS 13,6-9

Gott gibt jedem Menschen einen ganz individuellen Lebenslauf zu laufen. Dieser Lauf ist kein Sprint, sondern ein Marathon. An der Ziellinie steht Jesus und feuert uns an, nicht aufzugeben und nicht nachzulassen – zusammen mit allen, die uns vorausgegangen sind und die Ziellinie schon durchlaufen haben. Deshalb gibt uns der Verfasser des Hebräerbriefes folgende Anweisungen, wie wir den Marathon unseres Lebens laufen sollen:

Darum auch wir: Weil wir eine solche Wolke von Zeugen um uns haben, lasst uns ablegen alles, was uns beschwert, und die Sünde, die uns umstrickt. Lasst uns laufen mit Geduld in dem Kampf, der uns bestimmt ist, und aufsehen zu Jesus, dem Anfänger und Vollender des Glaubens, der, obwohl er hätte Freude haben können, das Kreuz erduldete und die Schande gering achtete und sich gesetzt hat zur Rechten des Thrones Gottes. (Hebräer 12,1f.)

Der Lauf, den wir laufen, ist ein Dauerlauf mit jeder Menge Schwierigkeiten auf dem Weg. Durchhaltevermögen ist gefragt, wenn wir es bis zur Ziellinie schaffen wollen. Das griechische Wort hierfür ist *hypomone*, das im Neuen Testament meist mit »Geduld« oder »Ausdauer« übersetzt wird.[26] Es hat seine Wurzel in einem anderen Wort, das »(etw.) erdulden, aushalten« bedeutet. Geduldiges Aushalten ist eine ganz wichtige Eigenschaft für Leitende, die den Lauf vollenden wollen. Es gibt viele, die gut gestartet sind, aber nur wenige erreichen das Ziel. Einige straucheln durch Sünde, andere durch Ablenkung, wieder andere geben auf, weil sie müde geworden sind. Diejenigen aber, die geduldig weiterlaufen und bis zum Ziel ausharren, werden Jesu Worte hören: »Gut gemacht, du guter und treuer Diener!« (Matthäus 25,21).

Geduld mit Gottes Plan für unser Leben

Als ich 29 Jahre alt war, verheiratet und Vater von zwei Kindern (das dritte war unterwegs), entschloss ich mich, meinen Beruf als Tierarzt an den Nagel zu hängen, um dem Ruf Gottes in die weltweite Mission zu folgen. Ich war bestrebt, die nächste Stufe im Plan für unser Leben zu erklimmen, denn Gott hatte uns angewiesen, eine Gelegenheit anzunehmen, mit den Navigatoren in Indonesien zu arbeiten. Wir zogen von der Purdue University nach Chicago um, um uns in verschiedenen Gemeinden zu engagieren, während wir auf das Visum warteten, damit wir in unser Zielland ziehen konnten. Wir stellten uns auf eine Wartezeit von sechs Monaten ein und beschäftigten uns so lange mit Fundraising und den Vorbereitungen für die Abreise.

Drei Jahre später warteten wir immer noch! Die Leute, denen wir von unseren Plänen erzählt hatten, fragten uns: »Ihr seid immer noch hier? Seid ihr sicher, dass euch Gott wirklich in Indonesien haben möchte? Könnte es nicht sein, dass er eine Tür verschlossen hat, um euch eine andere zu öffnen, zum Beispiel hier in Amerika? Habt ihr darüber schon einmal nachgedacht?« Oh ja, das hatten wir. Wir hatten sogar schon viel weiter gedacht und alle Gedanken und Alternativen im Gebet vor Gott ausgebreitet. Aber jedes Mal, wenn wir beteten, verstärkte Gott die Gewissheit in unserem Herzen, dass er uns in Indonesien sah und zum richtigen Zeitpunkt für alles Nötige sorgen würde. Nach drei Jahren erhielten wir unser Visum und zogen nach Indonesien, wo wir 11 Jahre lang lebten, bis man uns die Verlängerung unseres Visums verweigerte und wir wieder nach Amerika zurückkehrten.

Während unserer Wartezeit gab es viele Tage der Ungewissheit und des Zweifels. Manchmal fragten wir uns, ob wir überhaupt jemals an unserem Ziel ankommen würden. Als die Jahre ins Land gingen, fürchteten wir, dass es uns mit zunehmendem Alter schwerer fallen würde, eine fremde Sprache zu lernen und uns auf eine fremde Kultur einzustellen. Aber während dieser Wartezeit war Gott nicht untätig. Er arbeitete an mir und brachte mir einige wichtige Dinge bei, von denen er wusste, dass ich sie brauchen würde, um ihm in Indonesien gut dienen zu können und auch später in meinem Leben. Ich litt zwar unter der Wartezeit, aber es war letztlich Gottes Gnade, die uns in Chicago hielt und dafür sorgte, dass wir nicht vorschnell nach Übersee ausreisten. Ich lernte eine wichtige Lektion, nämlich dass das, was Gott *in* uns tut, sehr viel wichtiger ist als das, was er *durch* uns tut. Gott kommt immer zu seinem Ziel, mit uns oder ohne uns.

Ist dir schon einmal aufgefallen, dass immer dann, wenn wir Gott eine Deadline für sein Handeln setzen, diese Deadline verstreicht, ohne dass irgendetwas geschieht? Mir haben Leute erzählt, dass sie Gott gesagt haben, sie wollten spätestens mit 25 Jahren heiraten, spätestens mit 28 Jahren eine Familie gründen oder im Alter von 35 Jahren finanziell unabhängig sein, um ihm aus dieser Position heraus bestmöglich zu dienen. Doch diese »Deadlines« kommen und gehen, ohne dass sich etwas tut. Warum wohl? Einer der Hauptgründe ist, dass Gott uns beibringen möchte, den Lauf zu laufen, den er für uns vorgesehen hat, und nicht den Kurs, den wir selbst bestimmen und für den wir dann um seinen Segen bitten. Er erinnert uns daran: »Denn meine Gedanken sind nicht eure Gedanken und eure Wege sind nicht meine Wege, spricht der HERR, sondern so viel der Himmel höher ist als die Erde, so sind auch meine Wege höher als eure Wege und meine Gedanken als eure Gedanken« (Jesaja 55,8f.). Abraham musste 25

Jahre lang warten, bis er die Erfüllung der Verheißung sah und sein Sohn Isaak geboren wurde. Und Noah musste 100 Jahre lang warten, bis es anfing zu regnen und die Sintflut die Erde bedeckte!

Gott ist unser Schöpfer und er hat einen Lauf für uns vorgesehen, der speziell auf uns zugeschnitten ist, auch wenn wir manchmal an diesem Plan verzweifeln und uns fragen mögen, warum andere einen anderen, anscheinend leichteren Weg haben. Jeremia stellte Gott ebenfalls solche Fragen. Er verstand nicht, warum er, dem es doch darum ging, seinem Herrn von Herzen zu dienen, so viel erleiden musste und warum es anderen Menschen so gut ging. Gott antwortete dem Propheten: »Wenn es dich müde macht, mit Fußgängern zu gehen, wie willst du mit Rossen wetteifern? Und wenn du nur im friedlichen Land sicher bist, was willst du tun im Dickicht des Jordans?« (Jeremia 12,5). In den widrigen Lebensumständen, in denen wir uns befinden, kann Gott »Unterrichtseinheiten« für uns bereithalten. Er will, dass wir sein Trainingsprogramm absolvieren, weil er die Eigenschaften in uns hineinlegen möchte, die wir brauchen, um die noch schwierigeren Herausforderungen der Zukunft zu meistern. Wir sollen deshalb mit Ausdauer den Lauf vollenden, den er für uns vorgesehen hat. Wir werden unterwegs viel lernen und wir können darauf vertrauen, dass er uns führt und jeden Schritt begleitet.

Leitungskräfte werden für gewöhnlich von zwei Kräften angetrieben: Die eine Antriebskraft ist die Kompetenz zu leiten, die einer Begabung und Erfahrung entspringt. Die zweite ist eine innere, oft aufgrund biblischer Verheißung und göttlicher Führung gewonnene Überzeugung, der richtige Mensch für diese Aufgabe zu sein. Das Zusammentreffen dieser beiden Kräfte in ihrem Leben bringt sie in Führungspositionen.[27] Leider wird dabei oft vergessen, dass Gott sich weigert, denjenigen Menschen Führungsaufgaben anzuvertrauen, die dafür charakterlich nicht vorbereitet sind. Aus diesem Grunde lässt er Situationen in unserem Leben zu, die wir für Umwege halten, die Gott aber benutzt, um unseren Charakter zu entwickeln, bis er dem von Jesus möglichst ähnlich ist, denn nur so können wir die Aufgaben gut erfüllen, die er uns anvertraut.

Manche haben diese Umwege als Zeiten der Isolation erlebt, wenn Gott eine Leitungsperson beiseitenimmt, um ein tieferes Werk in ihr zu tun.[28] Wenn Gott mit dieser »Behandlung« fertig ist, führt er solche

Menschen oft zurück in eine einflussreiche Position, in der sie – demütig, gestärkt und durch wichtige Lebenserfahrungen bereichert – anderen Menschen dienen können. So etwas braucht Zeit, oft sehr viel mehr Zeit, als uns lieb ist. Wir müssen deshalb in diesen uns auferlegten Ruhezeiten die nötige Geduld aufbringen, um Gott an unserem Charakter arbeiten zu lassen. Wir legen viel zu viel Wert auf das, was wir äußerlich für ihn tun können, wo ihm doch sehr viel mehr daran gelegen ist, uns innerlich zu verändern und so Christus ähnlicher werden zu lassen.

Geduld mit uns selbst

Haben wir erst einmal erkannt, dass es Gott darum geht, unseren Charakter so zu verändern, dass wir Jesus ähnlicher werden, unterstellen wir uns gerne seinem Willen und seinem Zeitplan für unser Leben. Wir sehen dann auch in Umwegen und Zwangspausen seine gute Führung, weil wir wissen, dass diese Zeiten unseren Einfluss als Leitende nicht dauerhaft beeinträchtigen werden. Gott ist allmächtig und nichts und niemand kann seinen Plan aufhalten oder zunichtemachen. Wir können uns entspannen und uns ihm und seinem guten Timing anvertrauen, weil wir wissen, dass er seine Absichten in und durch uns vollenden wird, ganz gleich, wie die scheinbaren Verzögerungen zurzeit auch aussehen mögen.

Einige unserer Charaktereigenschaften, die Veränderung brauchen, sind tief verwurzelt. Wir sehen einen Fortschritt und rutschen dann zurück in unsere alten Muster. Wir würden gerne denken, dass wir zwei Schritte vorwärts und einen zurück gehen, aber an manchen Tagen ist es schwer, überhaupt eine Vorwärtsbewegung zu sehen. Häufig flüstert uns zu allem Überfluss dann auch noch der Teufel zu: »Du wirst das niemals schaffen. Du wirst niemals eine Leitungskraft sein, die im Reich Gottes nützlich ist. Schau, wie schwach du bist!« Er klagt uns ständig an und erinnert uns an unsere charakterlichen Schwächen. Er versucht, uns zu beschämen oder in Verlegenheit zu bringen, damit wir aufgeben. Wir dürfen seine Lügen nicht glauben!

Gott weiß, dass wir schwach sind und dringend seine Hilfe brauchen. Aus diesem Grund hat er sich durch den Heiligen Geist Raum in uns geschaffen. Er möchte, dass wir geduldig mit ihm zusammenarbeiten, sodass er uns verändern und ihm gleich gestalten kann. Dies ist ein lebenslanger Prozess, der bis zum Zeitpunkt unseres irdischen Todes andauert. Wenn du also Zeiten der Schwäche erlebst, danke Gott dafür, dass er uns seinen Sohn gesandt hat. Danke ihm für den Heiligen Geist, der in dir wohnt und dir dabei hilft, Gott zur Ehre zu leben. Bitte ihn, dir dabei zu helfen, deine Schwächen zu überwinden. Danke ihm für jeden kleinen Fortschritt und denk daran: Gott will keine perfekten Leitenden, sondern solche, die sich weiterentwickeln und ihm von Herzen nachfolgen.

Geduld mit anderen

Mit unserer eigenen Charakterentwicklung geduldig zu sein, ist die Voraussetzung dafür, auch anderen gegenüber Geduld zu haben. Jesus erinnert uns: »Du sollst deinen Nächsten lieben wie dich selbst« (Matthäus 22,39). So wie wir geduldig mit uns selbst sein müssen, um Gott unseren Charakter entwickeln zu lassen, müssen wir ihm auch Zeit geben, den gleichen Charakter im Leben derjenigen, die wir leiten, zu entwickeln. Wenn wir uns unserer eigenen Schwächen bewusst sind, sind wir besser darauf vorbereitet, andere um uns herum zu leiten und ihnen zu dienen. Jesus ermahnt uns in Matthäus 7,3-5:

> *Was siehst du aber den Splitter in deines Bruders Auge und nimmst nicht wahr den Balken in deinem Auge? Oder wie kannst du sagen zu deinem Bruder: Halt, ich will dir den Splitter aus deinem Auge ziehen! – und siehe, ein Balken ist in deinem Auge? Du Heuchler, zieh zuerst den Balken aus deinem Auge; danach kannst du sehen und den Splitter aus deines Bruders Auge ziehen.*

Dem Apostel Petrus dämmerte es anscheinend, dass charakterliche Veränderungen nicht von heute auf morgen zu sehen sind. »Es muss doch eine Grenze geben«, mag Petrus gedacht haben, »wenn es um meine Geduld mit der Charakterentwicklung anderer geht.« Deshalb stellt er Jesus die Frage: »Wie oft muss ich denn meinem Bruder, der an mir sündigt, vergeben? Ist's genug siebenmal? Jesus sprach zu ihm:

Ich sage dir, nicht siebenmal, sondern siebzig mal siebenmal« (Matthäus 19,21f). Jesus antwortete in Form einer Hyperbel. Er wollte damit sagen, dass unsere Vergebung keine Grenzen kennen darf. So wie Gottes Vergebung keine Grenzen kennt, sollen auch wir anderen großzügig vergeben. Und wie Gott Geduld hat mit unserer charakterlichen Weiterentwicklung, sollen auch wir geduldig mit anderen sein, während Gott in und an ihnen arbeitet.

Wir wissen, dass wir uns alle in einem Prozess befinden und kein Mensch perfekt ist. Bedeutet das aber, wir sollten den Charakter ignorieren, wenn wir Menschen in verantwortungsvolle Positionen bringen? Natürlich nicht! Wir haben bereits festgehalten, dass wir mehr aus dem heraus leiten, wie wir sind, als aus dem, was wir wissen. Wir sollten aber niemals unsere Maßstäbe so hoch ansetzen, dass sich die Leute erst einmal jahrelang entwickeln müssen, bevor wir ihnen Verantwortung übertragen. Es braucht sehr viel Weisheit zu entscheiden, wen wir in Führungspositionen einsetzen und wie viel Einfluss wir diesen Menschen geben. Gott schenkt uns dieses Urteilsvermögen und benutzt auch diese Gelegenheiten der Einflussnahme, um unseren Charakter weiterzuentwickeln.

Veränderung braucht immer mehr Zeit, als wir denken

Führungskräfte sind in der Regel Menschen, die Veränderungen initiieren wollen. Sie leiten ihr Team aus der Gegenwart in die Zukunft, vom Status quo zur gemeinsam erarbeiteten Vision. Dafür setzen sie sich mit ganzer Kraft und all ihren Möglichkeiten ein. Viele Leitende empfinden die Veränderung zunehmend als so langsam, dass sie nach einer Weile entmutigt sind. Das Ziel verschwindet aus den Augen, die Vision liegt irgendwo im ungewissen Nebel der Zukunft und der Weg dorthin ist steinig und schwer – und braucht vor allem Zeit. Aber es ist nun einmal so: Veränderungen geschehen nicht unvermittelt. Und je mehr Mitarbeitende an dem Veränderungsprozess beteiligt sind, desto mehr Energie kostet es und umso länger dauert es. In großen Organisationen braucht Veränderung oft mehr Zeit, als viele Leitende annehmen, wenn sie mit dem Veränderungsprozess beginnen. Veränderungen bedeuten immer auch Unsicherheiten sowie Ungewissheit, was die Zukunft bringt, und das mögen wir Menschen nicht. Oft würden wir vielleicht lieber mit den aktuellen vertrauten Problemen leben, als das Risiko einer unbekannten zukunftsorientierten Lösung einzugehen. Da es anderen genauso geht, erfordert es Ausdauer, sie zu motivieren, dauerhafte Veränderungen anzunehmen und umzusetzen, vor allem, wenn viele Menschen involviert sind und es eine Geschichte gibt, die aufgearbeitet werden muss. Es braucht nun einmal viel länger, ein Kreuzfahrtschiff zu wenden als eine Segeljolle! Werde daher nicht ungeduldig und rechne von vornherein damit, dass du Widerstand erfahren wirst, egal wie unbefriedigend die aktuelle Situation ist. Lass dich nicht entmutigen, wenn es nur sehr kleinschrittig in Richtung der Zukunftsvision vorangeht. Vor allen Dingen: Gib nicht auf! Wie jemand einmal sagte: »Don't doubt in the dark what God has shown you in the light!« (»Zweifle nicht in der Nacht daran, was Gott dir am Tag gezeigt hat!«).

Herausforderungen begegnen – mit der Weisheit Salomos und der Geduld Hiobs

Führungskräfte sind Problemlösungsprofis. Denn während sie den Veränderungsprozess vorantreiben, bleiben Probleme nicht aus. Mit manchen davon war zu rechnen, mit anderen nicht. Eine Führungskraft sucht nach Lösungen, indem sie Entscheidungen trifft oder auf Mittel zugreift, die Abhilfe schaffen, sodass der nötige Veränderungsprozess nicht aufgehalten wird. Manchmal sind die Probleme allerdings alles andere, als leicht zu lösen.

Jüngere Führungskräfte stehen in der Gefahr, Probleme und Problemlösungen stark zu vereinfachen. Sie denken schwarz-weiß und merken viel zu spät, dass es auch Graustufen in allen Schattierungen gibt. Komplexe Herausforderungen erfordern komplexe Herangehensweisen. In vielen Fällen werden die einfachen Probleme bereits gelöst, bevor sie auf dem Schreibtisch der Leitung ankommen. Nur die Probleme, für die es keine simplen Antworten gibt oder deren Lösung große Ressourcen erfordern, werden weitergereicht und bekommen schließlich die Aufmerksamkeit einer Führungskraft.

Wenn es noch an Erfahrung mangelt, machen Leitende oft den Fehler, Entscheidungen übers Knie zu brechen, anstatt die Probleme gründlich zu analysieren und dann zu entscheiden. Sie glauben, dass schnelle Reaktionen von ihnen erwartet werden und der Veränderungsprozess nur voranschreiten kann, wenn keine Zeit verloren geht. Leider führen Impulsivität, schlechtes Timing und wenig durchdachte Entscheidungen jedoch dazu, dass neue Probleme entstehen und alte nicht gelöst werden. Jemand sagte einmal: »Today's problems are yesterday's solutions« (»Die Lösungen von gestern haben zu den Problemen von heute geführt«). Und schon der Verfasser der Sprüche wusste: »Wo man nicht mit Vernunft handelt, da geht es nicht gut zu; und wer hastig läuft, der tritt fehl« (Sprüche 19,2).

Ich war in meiner Funktion als Leiter schon oft mit Problemen konfrontiert, für die ich keinen Ausweg sah. Manchmal fehlte mir die Erfahrung, weil es sich um eine Situation handelte, die so noch nie da gewesen war. Manchmal waren finanzielle oder personelle Mittel nötig, die unsere Möglichkeiten bei Weitem überstiegen. Was tun? Ich habe gelernt, in diesen scheinbar unlösbaren Situationen ein Prinzip anzuwenden, das Paulus in seiner Leiterschaft angewandt hat. Als er einmal in einer »unmöglichen Situation« steckte, betete er zu Gott, der ihm klarmachte: »Lass dir an meiner Gnade genügen; denn meine Kraft ist in den Schwachen mächtig« (2. Korinther 12,9). Paulus konnte sich aus dieser Perspektive heraus sogar seiner Schwachheit rühmen, denn er wusste: Wenn ich schwach bin, kann sich Gottes Kraft umso wirksamer erweisen.

Wenn wir also als Führungskraft einmal nicht weiterwissen, weil die Problematik zu komplex ist, und wir noch nicht einmal eine Ahnung haben, wo wir mit der Lösung überhaupt anfangen sollen, sollten wir dies zugeben. In unserer Unfähigkeit, diese Probleme zu lösen, rühmen wir uns unserer eigenen Schwäche, anstatt eine Entscheidung zu überstürzen, nur weil sie von uns erwartet wird. Das erfordert Demut. Manche Führungskräfte sind davon überzeugt, dass Schwachheit zuzugeben ihre Autorität untergraben wird, aber das stimmt ganz und gar nicht. Diese Art von Transparenz wirkt vielmehr inspirierend und authentisch auf alle Mitarbeitenden. Sie werden herausgefordert, bei der Suche nach einer Lösung zu helfen. Sollte es trotzdem noch nicht gelingen, einen Ansatz zu entwickeln, wendet man sich gemeinsam an Gott und bittet ihn, sich des Problems anzunehmen. Leitende führen ihr Team ins Gebet und üben sich in Geduld, wenn es darum geht, auf diese Hilfe zu warten. Wenn Gott dann antwortet, gebührt ihm der Ruhm und die Ehre. Sein Handeln zeigt: Er ist mit der Leitung und hat sie gesegnet.

Ein sehr wichtiger Faktor bei der Entscheidung darüber, ob ein Problem umgehend behandelt werden muss oder aufgeschoben werden kann, ist die Konsequenz, das heißt die Frage, was geschehen würde, wenn man jetzt nichts tut. Wird das Problem dann größer und das Boot, in dem wir sitzen, wahrscheinlich untergehen? Falls ja, ist selbstverständlich umgehendes Handeln erforderlich. Wir stellen uns dem Problem und suchen nach Lösungen, wobei wir Gott um seine Unterstützung bitten. Aber wenn es sich nicht um ein Problem handelt, das das Schiff zum Sinken bringt, warten wir mit dem Handeln ab und bitten Gott um Weisheit in Bezug auf die Frage, wie mit der Situation umzugehen ist.

Wir müssen aufpassen, die Beschäftigung mit einem Problem nicht aufzuschieben, nur weil sie schwierig oder unangenehm ist. Gott wird uns helfen, jedem Problem zu begegnen, das er in unserem Leben zulässt. Wir können dem Problem mit Zuversicht entgegentreten, auch wenn wir noch keinen Ausweg sehen. Gott will und wird uns helfen, wenn wir auf ihn warten. Wir lesen im Jakobusbrief: »Erachtet es für lauter Freude, wenn ihr in mancherlei Anfechtung fallt, und wisst, dass euer Glaube, wenn er bewährt ist, Geduld wirkt. Die Geduld aber soll zu einem vollkommenen Werk führen, damit ihr vollkommen und unversehrt seid und keinen Mangel habt« (Jakobus 1,2-4).

Keine Eile bei der Ernte

In Florida, wo ich aufgewachsen bin, war es immer etwas Besonderes, im Frühling durch die Orangenplantagen zu spazieren. Die Bäume standen in voller Blüte und verströmten ein süßes Aroma, das die Sinne fast überwältigte. Ich konnte das Summen Tausender hungriger Bienen hören, die den Nektar unzähliger Blüten genossen, während ich zwischen den Baumreihen spazieren ging. Wenn ich im Herbst dann wieder dorthin kam, sah ich Bäume, die so viele Früchte trugen, dass sich die Äste bogen und teilweise schon abgestützt werden mussten. Die Bienen hatten mal wieder ganze Arbeit geleistet mit dem Bestäuben.

Zwischen der Baumblüte und der reichen Ernte der Früchte liegen jedoch viele Monate. Es braucht Zeit, bis Frucht entsteht und reifen kann. Es würde wenig nützen, wenn man ab dem Frühling tagein tagaus durch die Orangenhaine geht und nachsieht, ob die Früchte schon reif sind. Wir können den Prozess nicht beschleunigen. So verhält es sich auch mit den Früchten unserer Leiterschaft.

Natürlich wird Zeit ins Land gehen, bevor wir die Ergebnisse unserer Anstrengungen sehen. Gerade junge Führungskräfte beginnen ihre Aufgabe oft mit großem Elan und sprühen über vor Ideen. Sie haben sich viele Gedanken gemacht und meinen genau zu wissen, wie ihre Arbeit zum Segen werden kann. Doch oft genug (und häufig schon nach kurzer Zeit) müssen sie erkennen, dass alles sehr viel länger dauert als gedacht. Es erfordert Geduld, die Zeit zwischen Saat und Ernte abzuwarten. Denken wir an die Ermahnung von Lukas, der uns berichtet, was Jesus über die Geduld beim Beten sagte. Im Gleichnis vom ungerechten Richter heißt es: »Er sagte ihnen aber ein Gleichnis davon, dass man allezeit beten und nicht nachlassen sollte« (Lukas 18,1). Die unermüdliche Ausdauer der Witwe beim Aufsuchen des Richters wurde belohnt.

Auch in Lukas 11 ist zu lesen, wie Jesus den Jüngern diese Geduld beim Thema Beten nahebrachte. Er versprach: »Bittet, so wird euch gegeben; suchet, so werdet ihr finden; klopfet an, so wird euch aufgetan. Denn wer da bittet, der empfängt; und wer da sucht, der findet, und wer da anklopft, dem wird aufgetan« (Lukas 11,9f.). Die meisten Übersetzungen bringen die Bedeutung nicht genau zum Ausdruck. Die Verben *bitten, suchen* und *anklopfen* stehen nämlich im Griechischen ausnahmslos in der Gegenwartsform. Es geht also um ein wiederholtes Tun. Wer bittet und immer wieder bittet, sucht und immer wieder sucht, anklopft und immer wieder anklopft, der wird empfangen, finden und dem wird aufgetan werden.

Wenn wir uns in Geduld und Beharrlichkeit im Gebet für unsere Leitungsverantwortung üben, werden wir zu Gottes Zeit die Ernte der Früchte erleben. William Carey, der Vater der modernen Mission, arbeitete sieben Jahre in Indien, bis er die erste Bekehrung unter den

Hindus erlebte. Und auch der erste amerikanische Missionar, Adoniram Judson, arbeitete schon sieben Jahre in Burma, bevor dort ein Mensch zum Glauben kam. Er schrieb: »Meine Bitte an unsere Gemeinden ist eine Bitte um Geduld. Es könnte hier irgendein Schiff anlegen und mir anbieten, mich mitzunehmen an irgendeinen Ort der Welt. Aber ich würde mein Missionsfeld niemals verlassen. Sagt meinen Brüdern, dass die Frucht unserer Mission so sicher ist, wie es die Verheißung eines ewig treuen Gottes nur sein kann.«[29]

Deine Ungeduld zeigt sich

Führungskräfte, denen es an Geduld mangelt, erkennt man sehr schnell. Man braucht sich nur die Menschen anzusehen, die mit ihnen zusammenarbeiten müssen. Diese Leute scheinen die ganze Zeit nervös zu sein, weil ihre Leitung sie immer zu mehr Leistung drängt – und zwar sofort! Diese Führungskräfte sind intolerant gegenüber Verzögerungen, egal aus welchem Grund. Sie setzen sich selbst und andere zu sehr unter Druck, was die Produktivität in Wahrheit einschränkt.

Zudem neigen ungeduldige Führungskräfte zu Reizbarkeit und Wutausbrüchen, vor allem, wenn sie den Eindruck haben, das Team arbeite zu langsam. Sie wollen Ergebnisse sehen, nicht in ein paar Wochen, nicht in ein paar Tagen, sondern jetzt. Diejenigen, die nicht den gleichen Drang nach sofortigen Ergebnissen zeigen, werden oft bestraft, in Verlegenheit gebracht und manchmal sogar gefeuert. In einer solchen Umgebung zu arbeiten, ist absolut nicht lustig – und führt nicht selten dazu, dass man, anstatt tatsächlich zu arbeiten, nach außen hin beschäftigt tut, um dem Zorn der Vorgesetzten zu entgehen.

Versteh mich nicht falsch: Auch ich halte nichts von Faulheit oder davon, sich auf dem Status quo auszuruhen. Aber hektische Aktivität und Geschäftigkeit, die dem Wunsch nach sofortigen (oder zumindest kurzfristigen) Ergebnissen entspringen, sind nicht weise und wirken sich negativ auf die Zusammenarbeit aus. Unter Druck von oben entstehen geschönte Arbeitsberichte, was dazu führt, dass die Leitungsebene ein schiefes Bild der Realität bekommt. Es ist besser, eine langfristige Perspektive zu haben – eine Eiche braucht nun einmal mehr

Zeit zum Wachsen als ein Pilz – und dann angenehm überrascht zu werden, dass ein Ergebnis schneller kam als erwartet. Wir sprachen bereits vom *vision casting*, dem gemeinsamen Erarbeiten und Weiterverfolgen einer Vision für die gemeinsame Arbeit. Langfristiges Denken gehört dazu. Eine gute Führungskraft erinnert ihr Team an diese Vision und hilft ihm, den Schwerpunkt der Arbeit nicht aus den Augen zu verlieren.

Weise Führungskräfte wissen genau, dass schnelle Entscheidungen selten gute Entscheidungen sind, da sie oft ohne das Einholen wichtiger Informationen oder das Durchdenken der mittel- und langfristigen Folgen getroffen werden.

Leitungskräfte legen in dieser Beziehung Geduld und Selbstbeherrschung an den Tag, wenn sie sagen: »Wir arbeiten an der Entscheidung, aber wir brauchen weitere Informationen. Vielleicht brauchen wir den Rat anderer, um die richtige treffen zu können.« Zu lernen, wann man schnelle Entscheidungen treffen und wann man zusätzlichen Input einholen sollte, ist Teil des Prozesses, eine weise und geduldige Führungskraft zu werden.

Im Galaterbrief wird die Geduld als eine Frucht des Geistes bezeichnet (Galater 5,22f.). Das heißt, wir werden als Führungskräfte in dem Maß Geduld lernen, wie wir bereit sind, uns von Gottes Geist ausfüllen und beherrschen zu lassen. Nutze die folgenden Anregungen und die Bibelarbeit zum Thema Geduld, um dich von Gottes Geist und Weisheit inspirieren zu lassen und dann erste Schritte in die Wege zu leiten, die dich zu einer geduldigeren Leitungskraft werden lassen.

Charakterentwicklung konkret – Thema Geduld

Bibelarbeit

1. Nimm die folgenden Bibelverse unter die Lupe und notiere dir, was sie zum Thema Geduld, Ausdauer und Durchhaltevermögen aussagen und welche Folgen sie im Leben der jeweiligen Menschen hatten:

5. Mose 7,22:

Psalm 27,14:

Sprüche 19,11:

Sprüche 25,15:

Prediger 7,8:

Lukas 8,15:

Lukas 18,1:

Römer 5,1-5:

Römer 15,4f.:

1. Korinther 4,11-13:

2. Korinther 1,6f.:

2. Korinther 1,8f.:

2. Korinther 6,3-6:

Galater 5,22f.:

Galater 6,9f.:

Kolosser 1,10-14:

Kolosser 3,12-14:

1. Thessalonicher 1,3:

2. Thessalonicher 3,5:

1. Timotheus 6,11:

2. Timotheus 2,3:

2. Timotheus 2,10:

2. Timotheus 4,2:

Hebräer 6,12:

Hebräer 10,36:

Hebräer 12,1f.:

Hebräer 12,7:

Jakobus 1,2-4:

Jakobus 5,7-11:

2. Studiere den Lebenslauf Abrahams, so wie er in den folgenden Versen beschrieben wird. Bedenke dabei, welch eine Geduld Abraham zeigte, als er jahrelang darauf warten musste, dass sich die Verheißung der Geburt eines Sohnes erfüllte. Führe dir vor Augen, wie lange der Prozess dauerte, bis Abraham und Sara schließlich die vollständige Erfüllung der Verheißung Gottes erlebten.

1. Mose 12,1-3:

1. Mose 15,1:

1. Mose 21,5:

1. Mose 25,7f.:

1. Mose 25,26:

1. Mose 26,3f.:

1. Mose, Kapitel 29 und 30:

2. Mose 12,37.41:

Nach dem Auszug aus Ägypten lebten in Israel fast *zwei Millionen* Männer, Frauen und Kinder! Zwischen der Zeit, als die Verheißung in 1. Mose 12 gegeben wurde, und ihrer Erfüllung im 2. Buch Mose lagen 621 Jahre (430 plus 191 Jahre).

Verse zum Auswendiglernen

Psalm 27,14
Hebräer 10,36
Hebräer 12,1f.
Jakobus 1,2f.

Gebet

Bitte Gott darum, dich zu einem geduldigen Menschen zu machen. Es folgen ein paar Anregungen für deine Gebetszeit. Bringe die einzelnen Punkte regelmäßig im Gebet vor Gott:

- Bitte Gott darum, dir zu zeigen, ob es Bereiche in deinem Leben gibt, in denen du ungeduldig reagierst. Bitte ihn darum, dass er dir zeigt, an welchen Punkten du dich an Hektik und Ungeduld gewöhnt und es vielleicht noch nicht einmal gemerkt hast. Hinweis: Beklemmung und Sorgen sind oft ein Zeichen von Ungeduld.
- Hast du Gott schon einmal eine Deadline für die Erfüllung einer Verheißung gesetzt? Tritt im Gebet in Demut vor ihn und sag ihm, dass du von nun an mit seiner Zeitplanung einverstanden bist und ihm vertraust, dass er auch in deinem Leben alles richtig machen wird.
- Machst du dir Sorgen darüber, wie sich deine Leitungsqualitäten in Zukunft entwickeln werden? Wirf diese Sorgen auf Gott und vertraue ihm, dass er einen guten (Zeit)Plan für dein Leben hat.
- Bist du ungeduldig mit den Menschen um dich herum, weil sie sich deinem Empfinden nach nicht schnell genug bewegen und die von dir initiierten Veränderungsprozesse blockieren? Bitte Gott um Vergebung für deine Ungeduld und lege dein Team regelmäßig im Gebet in seine Hände. Bitte darum, dass er dir und deinen Mitarbeitenden das richtige Tempo vorgibt.
- Vor welchen aktuellen Entscheidungen stehst du, die umgehenden Handlungsbedarf erfordern? Bitte Gott um Weisheit, ob du wirklich schnell handeln musst oder Zeit hast, um weitere Informationen zu sammeln, mit denen du dann eine wohlüberlegte Entscheidung treffen kannst.
- Hast du dich in deinem Dienst für Gott nach Früchten gesehnt, aber siehst bislang keine? Ist dir vielleicht sogar danach zumute aufzugeben? Sprich mit dem Herrn über deine Gefühle, insbesondere über deine Entmutigung, und bitte ihn, dich mit neuer Hoffnung zu erfüllen und der Gewissheit, dass die Ernte genau zur rechten Zeit eingefahren werden kann. Bring dazu die biblische Verheißung aus Jesaja 42,3 vor ihn.
- Hast du in der Vergangenheit für irgendeine Sache gebetet, dann aber damit aufgehört? Überlege genau, warum du nicht weitergebetet hast. Bist du müde geworden, weil du kein Ergebnis gesehen hast? Nimm – wenn Gott dir in dieser Sache Frieden schenkt – den Gebetsfaden wieder auf und bete beharrlich, bis dein Gebet erhört wird.

Tipps für die Praxis

1. Bitte deine Mitarbeitenden um ehrliches Feedback in diesem Bereich. Lass sie wissen, dass du geduldiger werden möchtest und dazu ihre Hilfe brauchst. Führe aus, wie geduldiges Leiten konkret aussehen könnte, und bitte um Rückmeldung. Falls (noch) keine Offenheit besteht, über diese Dinge zu reden, könntest du deinem Team die Möglichkeit geben, sich anonym oder über eine dritte Person zu äußern. Die Tatsache, dass eine Führungsperson es an diesem Punkt ernst meint, wird auf jeden Fall inspirieren und motivieren.

2. Wenn du in den nächsten zwei Wochen in einen Stau gerätst und bemerkst, dass du zunehmend hibbeliger wirst, denk daran, dass Gott auch in dieser Situation anwesend ist und sie zu deinem Besten dienen lässt. Bleib ganz ruhig, atme dreimal tief durch und entspanne die Muskeln im Schulter- und Nackenbereich. Danke Gott für diese Gelegenheit, dich in Geduld zu üben. Vielleicht bewahrt er dich gerade jetzt davor, in einen Unfall zu geraten!

3. Gibt es in deinem Leben einen bestimmten Menschen (Vorgesetzten) oder einen bestimmten Umstand, der dem Plan Gottes für dich im Weg zu stehen scheint? Mach dir klar, dass Gott es niemals zulassen wird, dass irgendetwas oder irgendjemand seinen vollkommenen Plan für dein Leben durchkreuzt. Er wird, wo nötig, alle Hindernisse zu seiner Zeit aus dem Weg räumen. Wie kannst du diese Woche sinnvoll mit den »Mauern« in deinem Leben umgehen, statt ständig mit dem Kopf dagegen anzurennen und frustriert und wütend zu sein?

4. Wenn du im Supermarkt an der Kasse anstehst – spürst du dann Ungeduld in dir hochsteigen, wenn es in der anderen Schlange schneller geht? Warum bist du so in Eile? Bemüh dich darum, Hektik aus deinem Leben zu verbannen. Denk bei deiner zukünftigen Zeitplanung daran, Puffer einzubauen, damit du nicht von einem Termin zum anderen hetzen musst oder Treffen mit Menschen nur als Unterbrechungen, statt segensbringende Begegnungen siehst.

5. Gibt es Menschen in deinem Team, bei denen du mit dem Gedanken spielst, sie zu entlassen? Warum? Hat es eventuell damit zu tun, dass

sie nicht so »fix« sind, wie du es gerne hättest? Tun diese Menschen sich schwer mit Veränderungen oder bringen sie nicht die Leistung, die du von ihnen erwartest? Was kannst du tun, um ihnen zu helfen, ihre Fähigkeiten besser einzubringen? Welche Mittel und Möglichkeiten hast du, damit sich diese Menschen weiterentwickeln können? Grundsätzlich gefragt: Ist eine Entlassung eher die Schuld der Leitung oder des Teammitglieds?

6. Wenn du verheiratet bist, frage deine Frau bzw. deinen Mann (und eure Kinder, sofern ihr welche habt), in welchen Bereichen du zu Hause hektisch und ungeduldig bist. Frag, wie sich das vielleicht ändern ließe. Und dann ändere dein Verhalten so schnell wie möglich!

7. Hast du zurzeit irgendeine Deadline, die du unbedingt einhalten musst? Ist dieser Termin von außen oder von dir selbst vorgegeben? Bist du im Besitz aller notwendigen Informationen, um eine gute Entscheidung treffen zu können? Könnte es sein, dass es sinnvoll wäre, erst einmal abzuwarten? Würde das Warten zu einer besseren Entscheidung führen oder die Probleme verstärken? Lässt sich der Termin eventuell nach hinten verschieben, falls das notwendig ist? Bemühe dich diesen Monat besonders darum, in deinen Entscheidungsprozessen informiert und vernunftgesteuert zu handeln statt hektisch.

8. Wenn du für irgendein Meeting verantwortlich bist oder mit anderen zusammen an einem Projekt arbeitest, stehst du dann in der Gefahr, ungeduldig, frustriert oder sogar wütend zu werden? Warum? Könnte es sein, dass du andere nur deshalb abwertest oder kritisierst, weil sie anders sind (und arbeiten) als du selbst? Wenn dem so ist, bekenne dies vor Gott.

Reibst du dich an anderen, weil ihre Persönlichkeit anders »gestrickt« ist als deine? Studiere die unterschiedlichen Typen und Temperamente unter deinen Mitarbeitenden und bemühe dich, ihre jeweiligen Stärken anzuerkennen und wertzuschätzen.

9. Gibt es in deinem Leben etwas, was du irgendwann einmal begonnen, aber nie vollendet hast? Liegt vielleicht ein Projekt seit Jahren auf Eis und du hast den Faden nie wieder aufgenommen? Ist es des-

halb so gekommen, weil dir klar geworden ist, dass das Ganze sehr viel länger dauert als ursprünglich geplant? Überleg dir, ob du nicht die Arbeit wieder aufnehmen und erst dann aufhören solltest, wenn sie getan ist.

10. Bist du innerlich schon so weit in der Zukunft, dass du es versäumst, das Heute zu genießen? Wir alle stehen in der Gefahr, immer an morgen zu denken und darüber die wunderbaren Möglichkeiten zu vergessen, die uns der heutige Tag bietet. Versuche darum, jeden Tag deines Lebens zu genießen. Was kannst du konkret unternehmen, um dir diese Einstellung anzueignen und immer daran zu denken, dass es nicht lohnt, sich den Kopf über das, was kommt, zu zerbrechen, weil jeder Tag seine eigenen Belastungen hat (vgl. Matthäus 6,34)?

Kapitel 8

Selbstbeherrschung – Das Leben ist keine Selbstbedienungstheke

Kein Kampf ist schwerer als der, sich selbst zu beherrschen.
THOMAS VON KEMPEN

Da sprach Jesus zu ihm: Stecke dein Schwert an seinen Ort! Denn wer das Schwert nimmt, der wird durchs Schwert umkommen. Oder meinst du, ich könnte meinen Vater nicht bitten und er würde mir sogleich mehr als zwölf Legionen Engel schicken? Wie würde dann aber die Schrift erfüllt, dass es so geschehen muss?
MATTHÄUS 26,52-54

Zwei Personen sitzen vor ihren Bildschirmen und surfen im Internet. Plötzlich, ohne Ankündigung, öffnet sich eine pornografische Seite im Browser. Nach dem ersten Schreck und einer gewissen Faszination über das, was sie da sehen, entscheiden sich beide, den Tab zu schließen. Äußerlich betrachtet haben beide dasselbe getan, nämlich der Versuchung widerstanden, ihre Herzen und Köpfe mit sexueller Lust zu füllen. Doch das Motiv des einen war Selbstdisziplin, das des anderen Selbstbeherrschung. Wo liegt der Unterschied?

Selbstdisziplin konzentriert sich auf unser äußeres Verhalten und unsere Handlungen. Ein Mensch mit Selbstdisziplin hat einen starken Willen und strebt danach, Gewohnheiten der Ordnung und Präzision zu entwickeln. Selbstdisziplin baut auf unsere eigenen Fähigkeiten oder Willenskraft und arbeitet hart daran, Verhaltensmuster zu entwickeln, die als vorteilhaft angesehen werden. Selbstdisziplin kann im Leben nützlich sein, da sie uns hilft, unvernünftige Entscheidungen mit all ihren Konsequenzen zu vermeiden.

Selbstdisziplin sollte niemals mit Selbstbeherrschung verwechselt werden. Selbstbeherrschung ist eine Frucht des Geistes und somit ein Teil des christusähnlichen Charakters, den Gott in uns entwickeln möchte (vgl. Galater 5,22f.). Selbstbeherrschung richtet sich auf unsere innersten Wünsche und Neigungen. Anstatt uns auf uns selbst zu verlassen, verlassen wir uns stattdessen auf Christus, der in uns lebt, um den Sieg über die Versuchung zu erringen und sein Wesen in unserem Verhalten zum Ausdruck zu bringen. Paulus schreibt in Galater 2,20: »Ich lebe, doch nun nicht ich, sondern Christus lebt in mir. Denn was ich jetzt lebe im Fleisch, das lebe ich im Glauben an den Sohn Gottes, der mich geliebt hat und sich selbst für mich dahingegeben.« Durch die in uns wohnende Kraft des Heiligen Geistes können wir konsequent Nein sagen, wenn Versuchungen auf uns einprasseln. »Denn es ist erschienen die heilsame Gnade Gottes allen Menschen und erzieht uns, dass wir absagen dem gottlosen Wesen und den weltlichen Begierden und besonnen, gerecht und fromm in dieser Welt leben« (Titus 2,11f.).

Selbstbeherrschung bedeutet eigentlich, mit dem Heiligen Geist erfüllt und von ihm geleitet zu werden. Sie ist unverzichtbar, wenn wir Gott mit unserem Leben ehren und nach seinen Geboten leben wollen. Selbstbeherrschung stellt nicht den zwanghaften Versuch dar, etwas nicht zu tun, was man eigentlich gern tun würde. Vielmehr, weil wir wissen, dass es falsch ist, und der Heilige Geist uns den Wunsch gegeben hat, für Jesus zu leben, indem wir ihn in allem, was wir tun, sagen und denken, ehren, entscheiden wir uns, es nicht zu tun. Wir tragen neue Werte und neue Maßstäbe im Herzen und wir haben die Kraft, danach zu leben, weil der Heilige Geist sie uns gibt. Paulus schreibt zu diesem Thema: »Ihr aber seid nicht fleischlich, sondern geistlich, da ja Gottes Geist in euch wohnt. Wer aber Christi Geist nicht hat, der ist nicht sein. Wenn aber Christus in euch ist, so ist der Leib zwar tot um der Sünde willen, der Geist aber ist Leben um der Gerechtigkeit willen« (Römer 8,9f.).

Da Selbstbeherrschung eine Frucht des Geistes ist, steht sie allen Gläubigen zur Verfügung. Wie jede Pflanze braucht auch diese Frucht Nahrung und Pflege. Petrus ermahnt die Gläubigen, in diesem Bereich weiter zu wachsen: »Deshalb setzt alles daran, dass euer Glaube sich in einem vorbildlichen Leben auswirkt. Ein solches Leben wird dazu führen, dass ihr Gott immer besser kennenlernt. Daraus entsteht immer größere Selbstbeherrschung, die zu wachsender Ausdauer führt, und aus der wiederum erwächst wahre Liebe zu Gott. Wer Gott liebt, wird auch seine Brüder und Schwestern lieben, und schließlich werden alle Menschen diese Liebe zu spüren bekommen« (2. Petrus 1,5-7; HfA). Je mehr wir uns der verändernden Kraft des Heiligen Geistes ausliefern, desto mehr wird Jesus Christus in unseren Worten und Taten sichtbar.

Selbstbeherrschung ist eine ganz wichtige charakterliche Voraussetzung für geistliche Leiterschaft. Leitende müssen sich vom Heiligen Geist führen lassen, damit ihre Leitung Gott ehrt und verherrlicht.

Macht nutzen oder Macht missbrauchen?

Eine der größten Herausforderungen im Bereich Selbstbeherrschung ist für Führungskräfte der Umgang mit Macht. Je größer die Macht, desto größer ist die Versuchung, sie zu missbrauchen.

Es heißt nicht umsonst: »Macht verdirbt den Charakter.« Und man möchte hinzufügen: »Mehr Macht verdirbt den Charakter noch mehr.« Aufstrebende Führungskräfte können sich in die neu gewonnene Macht verlieben und sie auf eine Weise ausüben, die für sie selbst und andere verletzend ist. Machtmissbrauch hat dabei nicht selten weitere Führungsprobleme in der Zukunft zur Folge.

Jesus zeigte große Selbstbeherrschung und Zurückhaltung im Gebrauch seiner Macht, als er festgenommen wurde. Umgeben von einer Meute, die ihm nach dem Leben trachtete, wählte er den Weg des Machtverzichts und unterstellte sich dem Willen seines Vaters. Jesus war bereit, den Tod am Kreuz auf sich zu nehmen und nicht zu kämpfen (vgl. Matthäus 26,47-56). Er machte deutlich, dass »zwölf Legionen Engel« zum Kampf bereitstanden und ihn verteidigt hätten, aber er verzichtete auf ihren Einsatz.

David war ein angehender Leiter, der zuvor unter der Herrschaft des ihm vorgesetzten Königs Saul stand. Dieser sah den jungen David als eine Bedrohung an und versuchte mehrere Male, seinen Konkurrenten umzubringen. Einmal kam Saul David so nahe, dass der ihn ohne Schwierigkeiten hätte töten und für immer aus dem Weg schaffen können. Davids Begleiter forderten ihn dazu auf, ja, sie sahen in dieser Begebenheit sogar einen Wink Gottes, eine günstige Gelegenheit, die er ihm offensichtlich verschafft hatte. Aber David widerstand der Versuchung, Saul mit seinen eigenen Händen umzubringen, denn er wusste, dass Gott Saul als König über ihn gestellt hatte. Und David wusste noch zwei weitere wichtige Dinge: Zum einen, dass es Gott ein Leichtes war, ihn vor den Angriffen Sauls zu beschützen, und zum anderen, dass Gott jederzeit in der Lage war, Saul aus dem Amt zu heben, wenn die Zeit dafür gekommen war. Und so schnitt David nur einen Zipfel von Sauls Mantel ab – und hatte selbst bei dieser Tat noch Bedenken, dem König zu nahe gekommen zu sein. David zeigte ein großes Maß an Selbstbeherrschung im Ausüben seiner Macht, weil er Gottes Macht und seinem Plan für sein Leben vertraute (vgl. 1. Samuel 24).

Viele junge Führungskräfte, die anfangen, die Macht auszuüben, die ihre Position mit sich bringt, geben sich ihr zu sehr hin. Sie wollen viele, wenn nicht gar alle Entscheidungen schnell selbst treffen und denken nicht daran, andere in den Entscheidungsfindungsprozess mit einzubinden. Solche Führungskräfte verwechseln Leiterschaft mit bloßer Entscheidungsfindung und wahre Entschlusskraft mit Schnelligkeit. Wir haben diese Zusammenhänge im vorigen Kapitel bereits genauer betrachtet. Infolgedessen gehen sie zu einem autokratischen Führungsstil über, in dem keine Verantwortung delegiert wird und der den Mitarbeitenden Motivation, Eigenverantwortung und Befähigung nimmt.

Autokratische Führungspersönlichkeiten sind ständig beschäftigt, reißen kleine wie große Entscheidungen an sich und sind davon überzeugt, dass dies Kennzeichen guter Leitung wären. Gelegentlich stöhnen sie über die Arbeit, unter der sie fast zusammenbrechen, aber insgeheim sind sie stolz darauf und tragen ihren Stress wie einen Orden vor sich her. Viel zu selten halten sie einmal inne, um ihre eigene Arbeit auszuwerten und sich zu fragen, ob ihr Fokus auf den wirklich wichtigen Dingen liegt. Sie sind zufrieden, wenn sie ihre vollen Terminkalender und zahlreichen Entscheidungen sehen, ohne dabei die Effektivität ihrer Leitung zu reflektieren.

Im Grunde genommen blockiert ein solcher Führungsstil das Wachstum, weil alles über den Schreibtisch der Leitung laufen muss.

Die jüngeren Teammitglieder erkennen bald, dass es in einer solchen Umgebung keine Möglichkeiten der persönlichen Weiterentwicklung gibt, was ihre eigenen Qualifikationen betrifft, und kündigen innerlich oder gehen tatsächlich, vor allem in Freiwilligenorganisationen. Allzu oft wird ihnen aus der Führungsetage dann noch hinterhergerufen, dass sie keine »Teamplayer« gewesen wären, sich nicht eingefügt oder aus rein egoistischen Gründen gekündigt hätten. Wer bleibt, gilt andererseits als Marionette der Leitung, als Rad im Getriebe. Die gegangenen »Selbstdenker« werfen den gebliebenen »Ja-Sagern« vor, sich von jedweder Kreativität, vor allem aber von dem Ideal einer wirklichen Führungspersönlichkeit endgültig verabschiedet zu haben.

Führungskräfte sollten sich regelmäßig folgende zwei Fragen stellen:

Auf welche Dinge muss ich mich konzentrieren, weil sie ausschließlich in meinen Bereich fallen?

Zweitens: Was kann ich an andere delegieren, um mehr Kapazitäten für das frei zu haben, was nur ich tun kann?

Gute Führungskräfte üben Selbstbeherrschung im Umgang mit ihrer Macht aus, indem sie andere miteinbeziehen. Damit ermöglichen sie den Mitarbeitenden, selbst Verantwortung zu übernehmen und Entscheidungen zu treffen, was wiederum zu einer Zunahme an Eigenverantwortung führt und das Gefühl einer gemeinsamen Vision stärkt. Für die Führungskraft bewirkt die Fähigkeit zum Delegieren noch etwas anderes: Sie setzt Kapazitäten frei. Denn nun kann sie sich auf das konzentrieren, was nur sie kann. Ihre Macht wird eingesetzt, um Veränderungen in Gang zu setzen und diejenigen Probleme zu lösen, die niemand anders lösen kann. Die Führungskraft leitet nun dienend, zum Segen und zum Nutzen aller.

Verantwortung für die Ressourcen von Führungskräften

Führungskräften stehen besondere Mittel zur Verfügung, die für die Umsetzung ihrer Aufgaben notwendig sind. Je größer ihre Verantwortung ist, desto mehr Ressourcen haben sie. Die meisten Firmen und Organisationen haben Richtlinien, wie diese Ressourcen genutzt werden dürfen, sei es durch schriftliche Vorgaben des Vorstands oder durch regelmäßige Kontrollen seitens unabhängiger Stellen. Doch gerade aufstrebende Führungskräfte sind hinsichtlich der Verwendung von Geld- und anderen Mitteln nur sehr begrenzt rechenschaftspflichtig. Es kann für solche Führungskräfte verlockend sein, die Ressourcen zu ihrem eigenen Vorteil zu nutzen, da sie wissen, dass die Wahrscheinlichkeit, Fragen dazu gestellt zu bekommen, gering ist.

Wenn wir nicht aufpassen, kann es schnell passieren, dass wir Dinge, die vor unserer Zeit als Führungskraft reiner Luxus waren, nun als »unser gutes Recht« betrachten. Vielleicht geht das irgendwann so weit, dass wir uns aus den Beständen der Organisation bedienen und dies innerlich damit rechtfertigen, dass uns dieses kleine Extra für unseren Einsatz ja wohl zustehe. Außerdem machen das andere Führungskräfte auch so.

Das Nutzen von Büromaterial für eigene Zwecke (bspw. private Ausdrucke/Kopien oder Telefonate auf Kosten des Betriebs) oder das Einspannen von Personal für persönliche Besorgungen können Symptome für einen Mangel an Selbstkontrolle in diesem Bereich sein. Erinnere dich an das Prinzip der Treue in den kleinen Dingen im Reich Gottes, das Jesus lehrte: »Wer im Geringsten treu ist, der ist auch im Großen treu; und wer im Geringsten ungerecht ist, der ist auch im Großen ungerecht« (Lukas 16,10). Ein »bisschen« Ungehorsam oder Sünde gibt es bei Gott nicht. Gerade in den Kleinigkeiten zeigt sich unser wahres Herz. Umgekehrt gilt: Wer im Kleinen treu ist, wer ehrlich und selbstbeherrscht führt, wird von Gott mit größerer Verantwortung in seinem Reich belohnt werden.

Wähle deine Worte sorgfältig

Leitungspersonen genießen meist hohen Respekt und ihre Meinung wird aufgrund ihrer Position besonders geschätzt.

Lorne Sanny, der ehemalige Leiter der Navigatoren, sagte einmal zu mir: »Mir wurde klar, dass die Leute sich inzwischen weniger für meine Meinung interessierten als für meine Meinung über sie und das, was sie sagten und dachten.«

Das Wort einer Leitungsperson hat Gewicht. Eines Tages habe ich als Leiter mit Entsetzen festgestellt, dass sich die Leute daran erinnerten, was ich gesagt hatte. Ich wurde sogar zitiert, manchmal noch nach vielen Jahren. Mit der Zeit musste ich lernen, dass ich mir sehr genau überlegen muss, was ich sage. Nicht nur, wenn ich einen Vortrag hielt, sondern auch, wenn es um seelsorgerliche Belange ging oder ich einfach meine Ansichten zum Besten gab. Vor meiner Zeit als Leiter war meine Meinung einfach nur meine Meinung gewesen, nicht mehr und nicht weniger. Aber nun galt sie als die Meinung eines Leiters und wurde von anderen völlig anders wahrgenommen.

Weil die Worte einer Leitungsperson so stark beachtet werden, sollte man sich als solche sehr genau überlegen, wie man sich wem gegenüber zu welchem Thema äußert und welche Ratschläge man gibt. Gerade Christen, die noch nicht so fest im Glauben stehen, geraten leicht in die Gefahr, die Meinung einer Leitungskraft für die Stimme Gottes zu halten. Leichtfertige Meinungsäußerungen, und das gilt auch für missglückte Versuche von Humor, können eine verheerende Wirkung haben. Wenn mir das erst einmal bewusst ist, werde ich als Führungskraft genau darauf achten, ob meine Worte weise sind und sich in Übereinstimmung mit der Bibel befinden, bevor ich einen Rat gebe. Gegebenenfalls ist manchmal ein Hinweis nötig, dass es sich nur um meine persönliche Meinung handelt und man die Dinge auch anders sehen kann.

Als geistliche Leitende geben wir das Recht ab, eine öffentliche Meinung zu einigen besonders kontroversen Themen zu haben, bei denen es auch unter Christen legitime Meinungsverschiedenheiten gibt. Natürlich sollten wir nicht jeder Streitfrage aus dem Weg gehen, und wenn eine Kontroverse uns oder unseren Leitungsstil direkt betrifft, müssen wir selbstverständlich dazu Stellung beziehen. Aber Meinungsäußerungen zu allgemeinen Themen, vor allem solchen, die mit unserem Aufgabenbereich und unserem Dienst nichts zu tun haben, sollten wir besser unterlassen. Sie sind für unsere Führungsaufgaben eher hinderlich, als dass sie sie fördern. Wir müssen klug entscheiden, in welche Diskussionen wir uns verwickeln lassen wollen, und dabei sorgfältig über die Auswirkungen für unser Leiten nachdenken. Paulus riet Timotheus: »Wer in den Krieg zieht, verwickelt sich nicht in Geschäfte des täglichen Lebens, damit er dem gefalle, der ihn angeworben hat« (2. Timotheus 2,4). Und in den Sprüchen Salomos heißt es: »Ein Tor hat nicht Gefallen an Einsicht, sondern will kundtun, was in seinem Herzen steckt« (Sprüche 18,2).

Aufstrebende Führungskräfte können zudem versucht sein, ihre Vorgesetzten zu kritisieren. Sie stellen deren Entscheidungen und damit verbundene Leitungskompetenz infrage. Was jüngere Leitende in diesem Zusammenhang gerne vergessen, ist die Tatsache, dass ihnen das Wissen über die Fakten fehlt, die zu dieser Entscheidung geführt haben. Sie sehen die Dinge nur aus ihrer eigenen Perspektive und neigen zum Schwarz-Weiß-Denken. Doch es gibt auf der Führungsebene viele Grauzonen – Entscheidungen mit vielfältigen Faktoren, die alle berücksichtigt werden müssen. Selten liegen die Dinge so einfach, wie sie auf den ersten Blick erscheinen. Eine weise Leitungsperson hält sich darum mit Kritik an anderen Leitenden, die nicht in ihren Verantwortungsbereich fallen, zurück. Jede Sorge, die wir um andere haben, sollte uns dazu bringen, für sie zu beten. Falls nötig, können wir direkt auf sie zugehen und versuchen, ihre Entscheidung zu verstehen. Kritische Kommentare über das, was wir bei ihnen als schlechte Leiterschaft wahrnehmen, gehören sich unter gar keinen Umständen. Die Menschen um uns herum werden sich an unsere Meinung zu anderen Führungskräften erinnern, im Positiven wie im Negativen. Wir können in ihren Köpfen dauerhafte, schädliche Bilder von anderen erzeugen, die deren Image für viele Jahre prägen können.

In Gesprächen ist es am besten, hauptsächlich zu moderieren und das Wissen und die Ideen aus unseren Mitarbeitenden herauszulocken. Dies ist viel effektiver, als ständig selbst zu reden. Versuche jemand zu sein, der gute Fragen stellt. Lass deine Leute erst einmal reden, denn wenn es ihnen erlaubt ist, »laut zu denken«, formen sich gute Gedanken während des Sprechens. Natürlich dürfen wir nicht alles unkritisch stehen lassen. Fehleinschätzungen und Missverständnisse müssen korrigiert werden. Dennoch sollten wir uns aufs Zuhören konzentrieren, ganz nach den Worten von Jakobus: »Ihr sollt wissen: Ein jeder Mensch sei schnell zum Hören, langsam zum Reden« (Jakobus 1,19).

In diesem Zusammenhang lohnt es sich, sich die folgenden Worte eines älteren Beters zu Herzen zu nehmen:

Herr, du weißt es besser, als ich es mir selbst eingestehe: Ich werde älter und eines Tages werde ich alt sein. Bewahre mich davor, ständig zu reden oder zu denken, ich müsste zu jedem Thema und bei jeder Gelegenheit meine Meinung äußern. Bewahre mich davor, mich in die Angelegenheiten anderer einzumischen, als ob ich ihre Probleme lösen könnte. Verleihe mir stattdessen die Gnade, den Menschen zuzuhören, besonders wenn sie klagen. Ich weiß, dass ich dafür besondere Geduld brauche und vor allem deine Hilfe. Bewahre mich davor, andere mit meinen Klagen und Wehwehchen zu langweilen, auch wenn sie mit den Jahren zunehmen, so wie mein Bedürfnis zu klagen zunehmen wird. Und wenn ich mich selbst für weise halte, bewahre mich davor, anderen mit meinen Weisheiten auf die Nerven zu gehen. Schließlich möchte ich auch im Alter noch ein paar Freunde haben.[30]

Selbstbeherrschung beim Umgang mit Emotionen

Das Flüstern einer Leitungskraft wird wie ein Schreien wahrgenommen. Wenn wir also starke Gefühle bezüglich jemandem oder etwas äußern, werden wir gehört und es wird sicherlich in Erinnerung behalten. Wenn wir negative Gefühle gegenüber einer Person empfinden, müssen wir unbedingt darauf achten, unsere Worte mit Bedacht zu wählen und nicht einfach unserer aufgestauten Frustration freien Lauf zu lassen.

Es kommt vor, dass Aufgaben, die von der Führungsebene delegiert wurden, nicht gut erledigt werden. Haben wir die Aufgaben klar umrissen und unsere Zielvorstellung deutlich kommuniziert, so haben wir selbstverständlich das Recht, uns über schlechte Leistungen zu beschweren (immer vorausgesetzt natürlich, es kam nicht zu unvorhergesehenen Problemen und es standen angemessene Ressourcen zur Verfügung). Wir können frustriert und wütend werden, wenn Mitarbeitende versprechen, etwas zu tun, und das Versprechen dann nicht einhalten.

Wenn die Leistung eines Mitarbeitenden den Erwartungen nicht entspricht, müssen wir der betreffenden Person Feedback geben und ihr spiegeln, dass ihre Arbeit inakzeptabel war. Weil wir aber immer »laut gehört« werden, müssen wir bei dieser Art von Gespräch unbedingt Selbstbeherrschung praktizieren. Sorge deshalb dafür, dass du unter vier Augen mit dem Teammitglied sprichst. Kritisiere unter gar keinen Umständen jemanden vor anderen. Loben kann man öffentlich, kritisieren darf man nur im geschützten Rahmen. Wir sollten nicht einfach unserem Ärger Luft machen, weil die Person unsere Erwartungen nicht erfüllt hat. Eine solche Art von Feedback kann langfristige Schäden verursachen und die künftige berufliche wie private Entwicklung eines Menschen beeinträchtigen.

Als Leitende sind wir dafür verantwortlich, dass die uns anvertrauten Mitarbeitenden ihr Potenzial voll entfalten können. Wenn sie unter ihren Möglichkeiten bleiben, müssen wir ihnen mitteilen, dass sie es besser können, und ihnen am besten auch gleich zeigen, wie.

Jedes Feedback besteht im Grunde aus zwei Punkten: Erstens dem, der Person zu sagen, was sie gut macht, und zweitens dem, sie wissen zu lassen, was sie wie verbessern kann.

Wenn wir als Führungskraft davon überzeugt sind, dass Fehler innerhalb des Teams oft auf Fehler der Leitung zurückzuführen sind, hilft uns dies dabei, die Möglichkeiten unseres Teams voll auszuschöpfen. Fragen wir unsere Mitarbeitenden: »Wie kann ich dir dabei helfen, besser zu werden und das gemeinsam vereinbarte Ziel zu erreichen?« So werden sie merken, dass wir nur Gutes im Sinn haben.

Zorn ist, wie alle Emotionen, moralisch neutral. Gott selbst verspürt Zorn und bleibt doch ohne Sünde. Erst der Zorn, der sich auf falsche Weise äußert, wird zur Sünde. Paulus ermahnt die Epheser: »Zürnt ihr, so sündiget nicht; lasst die Sonne nicht über eurem Zorn untergehen und gebt nicht Raum dem Teufel« (Epheser 4,26f.). Wir dürfen also zürnen (Wut verspüren), aber wir dürfen nicht sündigen, indem wir den Zorn falsch herauslassen. Wer sich gehen lässt, seine Emotionen nicht beherrscht und Mitarbeitenden gegenüber ausfallend wird (besonders vor anderen), schlägt Wunden, die nur sehr schwer wieder heilen. Wenn wir unseren Ärger unkontrolliert herauslassen, öffnen wir damit dem Teufel Tür und Tor. Zumindest erlauben wir es ihm, einen Fuß in die Tür unseres Herzens zu setzen. General Ulysses Grant sagte zu diesem Thema einmal: »Besonders das Fluchen schadet. Nach meiner Erfahrung verstärkt es den Ärger und die Wut. Wer sich verbal gehen lässt, wird dem gegenüber, der sich in seiner Wortwahl beherrschen kann, immer verlieren.«[31]

Wir müssen es lernen, unsere Frustration so zu äußern, dass sie letztlich dem Adressaten hilft. Wie gesagt, es ist nicht falsch, frustriert oder ärgerlich zu sein. Das Verdrängen von Wut und Ärger ist mit Sicherheit keine Lösung. Wer seine negativen Gefühle herunterschluckt, wird feststellen, dass sie zu einem späteren Zeitpunkt wieder hochkommen, nicht selten explosionsartig. Je länger die negativen Gefühle bis dahin geschlummert haben, desto verheerender wird die Explosion. Wir begraben Gefühle immer lebendig, nicht tot!

Ein selbstbeherrschtes Ausdrücken von Gefühlen, besonders von Wut, muss nicht negativ oder schädlich sein. Wenn wir für andere das Beste wollen, können wir unsere Enttäuschung, Frustration oder Wut über ihr Versagen ausdrücken, aber es gleichzeitig in etwas Gutes verwandeln, indem wir ihnen helfen, es in Zukunft besser zu machen. Auch unsere Stimme und Tonlage dürfen sich dabei verändern, sodass unserem Gegenüber der Ernst der Situation nicht verborgen bleibt. In all dem bleiben wir aber selbstbeherrscht. Wir halten uns an Epheser 4,29, wo es heißt: »Lasst kein faules Geschwätz aus eurem Mund gehen, sondern redet, was gut ist, was erbaut und was notwendig ist, damit es Gnade bringe denen, die es hören.«

Außer Kontrolle geratene Führungskräfte

Macht kann berauschen. Sie schmeichelt dem Ego der Führungskraft, die sie ausübt. Führungskräfte ohne Selbstbeherrschung verzichten gern darauf, sich mit anderen zu beraten, und genießen insgeheim die Tatsache, im Alleingang entscheiden zu dürfen. Sie delegieren selten, und wenn sie es tun, sorgen sie durch Mikromanagement dafür, dass das Ergebnis genauso aussieht, als wären sie doch selbst am Werk gewesen. Die Kontrolle zu behalten, ist Führungskräften, die Macht lieben oder in ihrer Leiterschaft unsicher sind, äußerst wichtig. Wer ihre Meinung oder ihre Entscheidungen hinterfragt, gar kritisiert, wird als illoyal angesehen und sein Einfluss wird begrenzt.

Gute Leitungskräfte sollten sich auch um Selbstbeherrschung bemühen, wenn es um den Umgang mit Lob und Komplimenten geht, die ihnen vonseiten der Mitarbeitenden entgegengebracht werden. Führungspersönlichkeiten sind Menschen, die gerne um Rat gefragt werden. Mitarbeitende suchen sie auf, um Lösungen für ein Problem oder Hilfe bei einer Entscheidungsfindung zu bekommen. Haben wir als Leitungsperson dann unser Bestes gegeben und jemandem tatsächlich geholfen, überschüttet uns dieser Mensch vielleicht mit übermäßigem Dank oder überreicht uns vielleicht sogar ein Geschenk. Die erste Reaktion unseres natürlichen Menschen (des »Fleisches«) ist wahrscheinlich Stolz. Wir merken, wir sind wichtig. Wir Menschen haben instinktiv ein Gespür dafür, wer ein aufgeblasenes Ego hat und für Schmeicheleien anfällig ist. Es ist schwer, das zu verstecken. Doch Menschen mit aufgeblasenem Ego sind unbeliebt. Die Mitarbeitenden gehen ihnen lieber aus dem Weg, denn sie wissen, dass jeder, der nicht nach ihrer Pfeife tanzt oder es gar wagen würde, ihnen zu widersprechen, früher oder später Probleme bekommen wird.

Genauso verliert eine Leitungsperson, die die Bestände der Firma zur persönlichen Bereicherung verwendet, den Respekt unter denjenigen, die es bemerken. Dabei können sie auch die fatale Einstellung fördern: *Wenn der das darf, darf ich das auch!* Auf diese Weise werden Menschen zu Nehmenden anstatt zu Gebenden und schaden damit oft anderen in der Organisation. Am schlimmsten ist es, wenn eine solche Mentalität den Wunsch auslöst, selbst in die Chefetage aufzusteigen – nach der Devise: *Dann sitze ich endlich an der Quelle!*

Leitungskräfte ohne Selbstbeherrschung sehen ihre Führungsaufgabe darin, ihren Gedanken, Einschätzungen und Beurteilungen freien Lauf zu lassen. Die Aufgabe der Mitarbeitenden, so denken sie, besteht darin, wie gebannt an ihren Lippen zu hängen. Doch wer als Vorgesetzter immer nur redet und nicht zuhört, lebt an der Wirklichkeit vorbei. Bestenfalls langweilen sich die Zuhörenden. Schlimmstenfalls fühlen sie sich nicht ernst genommen und haben den Eindruck, dass sie wie Kinder behandelt werden, die nie gefragt, sondern nur belehrt werden.

Es macht keinen Spaß, in der Nähe von Leitenden zu sein, die ihren Gefühlen unkontrolliert freien Lauf lassen, besonders wenn es um Wut geht. Sie hinterlassen verletzte Seelen. Wer einmal von einer solchen Führungskraft verletzt wurde, geht ihr aus dem Weg und mag nicht länger mit ihr zusammenarbeiten. Ihre Mitarbeitenden sind nervös und warten insgeheim auf das nächste Explodieren. Dabei vermitteln Wutausbrüche den Eindruck, dass man es eher mit einem

Gegner zu tun hat als mit einer Leitungsperson. Niemand möchte auf die Dauer mit jemandem zu tun haben, der ständig »auf Krawall gebürstet« ist.

Glücklicherweise lassen sich all diese Probleme für Leitende in Christus vermeiden, denn Selbstbeherrschung ist eine Frucht des Geistes. Dennoch ist es wichtig, dass wir darin wachsen und uns weiterentwickeln. Es handelt sich um eine Wahl, die wir treffen können, indem wir uns entscheiden, in verschiedenen Bereichen unseres Lebens Selbstbeherrschung zu üben. Aber die Kraft, das auch umzusetzen, entspringt nicht unserer eigenen Willenskraft, sondern kommt vom Heiligen Geist in uns. Er hilft nicht nur bei der Wahl, sondern auch beim Tun. Paulus erinnert uns: »Denn Gott ist es, der in euch beides wirkt, das Wollen und das Vollbringen, nach seinem Wohlgefallen« (Philipper 2,13).

Selbstbeherrschung wird Wirklichkeit, wenn wir uns vom Heiligen Geist erfüllen und beherrschen lassen. Wir wachsen in Selbstbeherrschung, wenn wir uns jeden Tag neu von ihm leiten lassen und nicht von unserem Willen. Er hat das Sagen, nicht wir selbst. Petrus schreibt: »Darum setzt alles daran, dass zu eurem Glauben Charakterfestigkeit hinzukommt und zur Charakterfestigkeit geistliche Erkenntnis und zur Erkenntnis Selbstbeherrschung« (2. Petrus 1,5f., NGÜ). Während Gott dir hilft, nach dieser entscheidenden ergänzenden Charaktereigenschaft zu streben, investiere genügend Zeit, um die folgenden praktischen Vorschläge zu beherzigen, und vor allem, um die Bibelstellen zum Thema zu betrachten.

Charakterentwicklung konkret – Thema Selbstbeherrschung

Bibelarbeit

1. Lies die folgenden Bibelverse. Achte dabei darauf, was sie über Selbstbeherrschung aussagen und welche Folgen diese Charaktereigenschaft im Leben der jeweiligen Menschen hatte:

Sprüche 16,32:

Sprüche 17,27:

Sprüche 23,1-3:

Sprüche 25,28:

Römer 8,9-11:

1. Korinther 7,3-5:

Galater 5,16-18:

Galater 5,22f.:

Epheser 4,26f.:

Epheser 5,17f.:

1. Timotheus 3,1f.:

2. Timotheus 3,1-5:

Titus 1,7-9:

Titus 2,1-7:

Titus 2,11f.:

Jakobus 3,3-9:

2.Petrus 1,5-9:

Gute und schlechte Beispiele für Selbstbeherrschung

2. Lies die folgenden Bibelverse. Notiere dir die Auswirkungen der Selbstbeherrschung bzw. des Mangels daran im Leben dieser Menschen:

Jesus (Matthäus 26,47-54):

Moses (2. Mose 32,15-29; 4. Mose 20,1-13; Hebräer 11,24-26):

Joseph (1. Mose 39,6-12; Kap. 43,24-31; Kap. 45,1-8; Kap. 50,15-21):

David (1. Samuel 24,1-7; 26,6-12; 2. Samuel 11,1-5; Kap. 16,5-14; Kap. 19,15-23):

Joseph (Matthäus 1,18-25):

Achan (Josua 7,19-26):

Hananias und Saphira (Apostelgeschichte 5,1-11):

Verse zum Auswendiglernen

Sprüche 25,28
Römer 8,9-11
Galater 5,22f.
Epheser 4,26.29

Gebet

Bitte Gott darum, dich zu einem Menschen mit Selbstbeherrschung werden zu lassen. Es folgen ein paar Anregungen zum Gebet. Wichtig ist, dass du die einzelnen Punkte regelmäßig vor Gott bringst:

- Bitte Gott darum, dir zu zeigen, ob es Bereiche in deinem Leben gibt, in denen dir die nötige Selbstbeherrschung fehlt – an welchen Punkten du unbeherrscht gehandelt und es vielleicht noch nicht einmal gemerkt hast.
- Neigst du vielleicht dazu, Selbstdisziplin und Selbstbeherrschung miteinander zu verwechseln? Bitte Gott jeden Tag neu darum, dass er dich mit seinem Heiligen Geist erfüllt. Bitte ihn, dass er dir dabei hilft, deine Gedanken, Worte und Taten der starken Kraft seines Geistes in dir zu unterstellen.

- Besonders unsere Ernährung scheint ein kritischer Bereich zu sein, wenn es um Selbstbeherrschung geht. Bitte Gott, dir dabei zu helfen, selbstbeherrscht zu essen und zu trinken.
- Übst du dich in Selbstbeherrschung, wenn es um deine Autorität und Verantwortung als Führungskraft geht? Bete, dass du damit anderen zum Segen und zur Hilfe wirst.
- Bitte um Sensibilität und Weisheit, wie du die Mittel und Möglichkeiten, die dir als Führungskraft zur Verfügung stehen, sinnvoll einsetzen kannst. Überdenke im Gebet, ob du der Versuchung erlegen bist, diese Ressourcen zu benutzen, um dich selbst zu bereichern.
- Bitte um Kraft für die Beherrschung deines Zorns. Bete darum, dass Gott dir zeigt, warum du gereizt reagierst, d. h. was die wirkliche Ursache für deine Zornausbrüche ist (besonders, wenn es sich um ein immer wiederkehrendes Problem handelt). Wenn du keine Fortschritte im »Zorn-Management« siehst, solltest du dir überlegen, professionelle Hilfe in Anspruch zu nehmen.
- Bitte Gott darum, dass deine Worte anderen zum Segen, zur Ermutigung und zur Erbauung dienen.

Tipps für die Praxis

1. Bitte deine Mitarbeitenden um ehrliches Feedback zum Thema Selbstbeherrschung. Lass sie wissen, dass du dich in diesem Bereich weiterentwickeln möchtest und auf ihre Hilfe angewiesen bist. Zeige anhand von Beispielen, wie Selbstbeherrschung auf der Leitungsebene konkret aussehen könnte, und bitte dein Team um Feedback. Falls (noch) keine Offenheit besteht, über diese Dinge zu reden, könntest du eine Möglichkeit schaffen, sich anonym oder über eine dritte Person zu äußern. Allein die Tatsache, dass du als Führungskraft den Bereich der eigenen Selbstbeherrschung ernst nimmst, wird das Team motivieren.

2. »Wer du wirklich bist, zeigt sich, wenn du allein bist« – in der Tat zeigt sich unser Wesen am deutlichsten, wenn wir uns unbeobachtet fühlen. Achte in der nächsten Woche darauf, selbstbeherrscht zu handeln, wenn dich keiner sieht (z. B. auf Dienstreisen, beim Recherchieren und Surfen im Internet usw.).

3. Bist du als Leitungskraft ein »Kontrollfreak«? Das heißt, delegierst du Verantwortung und überwachst dann jedes Detail dessen, was du vermeintlich abgegeben hast? Praktizierst du gerne Mikromanagement? Versuche diese Woche mehr Punkte von deiner To-do-Liste zu delegieren und sie nicht wieder an dich zu reißen.

4. Wem könntest du diese Woche eine Extraportion Ermutigung zukommen lassen? Vereinbare ein persönliches Treffen, greife zum Telefon oder schreibe eine kurze Mitteilung, in der du der Person sagst, wie sehr du sie schätzt und wie wichtig ihr Beitrag für die Organisation ist. Achte in den nächsten zwei Wochen darauf, jeweils einen Menschen pro Tag zu ermutigen.

5. Hast du es dir im Laufe der Zeit angewöhnt, gewisse Vorrechte oder Vergünstigungen, die dir als Führungskraft zustehen, als dein »gutes Recht« zu betrachten? Unterziehe deinen Lebensstil einer kritischen Analyse und überlege, ob es in dieser Hinsicht Gewohnheiten gibt, auf die du verzichten kannst. Bitte Gott, dir zu zeigen, was sein muss und was nicht. Verzichte bei diesen Überlegungen darauf, dich mit anderen Führungskräften und ihren Sonderrechten zu vergleichen.

6. Kannst du gut zuhören? Achte in den Gesprächen und Unterhaltungen der nächsten Tage darauf, weniger zu sprechen und mehr zuzuhören. Bemühe dich darum, gute Fragen zu stellen. Zapfe das Wissen deiner Teammitglieder an, anstatt dich mit deiner eigenen Sicht der Dinge in den Vordergrund zu drängen. Warte ab, bis man dich gezielt danach fragt. Wenn jemand ein Problem anspricht, frage nach: »Wie könnte mein Beitrag zur Lösung aussehen? Wie kann ich konkret helfen?«

7. Wann warst du das letzte Mal wütend auf jemanden bei der Arbeit? Warum warst du verärgert? Hast du deinen Ärger adäquat (d. h. selbstbeherrscht) zum Ausdruck gebracht? Oder hast du ihm freien Lauf gelassen oder ihn hinuntergeschluckt? Gibt es jemanden, den du um Verzeihung bitten solltest, weil du die Kontrolle über deine Worte verloren hast? Falls ja, gehe so bald wie möglich zu der Person hin und entschuldige dich.

8. Gibt es Mitarbeitende, mit deren Leistung du unzufrieden bist? Hast du mit diesen Menschen schon einmal unter vier Augen über diese Problematik gesprochen, d. h. ihre Leistungsschwäche oder -verweigerung thematisiert, Ziele und Erwartungen klargestellt und angeboten, bei der Erreichung dieser Ziele, soweit es dir möglich ist, behilflich zu sein? Falls nicht, suche das Gespräch so bald wie möglich.

9. Wie sieht es in deinem Inneren auf mentaler Ebene mit deiner Selbstbeherrschung aus? Welche Gedanken gehen dir durch den Kopf? Was ist noch nicht dem Heiligen Geist unterstellt? Forsche in der Bibel dazu und lerne ein paar wichtige Verse zu diesem Thema auswendig. Fülle dein Herz und deinen Verstand mit Gottes Wort und bitte ihn, dir in kritischen Situationen genau die Verse ins Gedächtnis zu rufen, die du in diesen Momenten brauchst.

10. Viele Führungskräfte schaffen es nicht, Selbstbeherrschung zu üben, wenn es um die Zeiteinteilung geht. Sagst du zu schnell Ja und vergisst dabei, dass Ja-Sagen immer auch Nein-Sagen zu anderen, womöglich wichtigeren Dingen bedeutet? Trägst du in deinen Kalender auch persönliche Termine ein und reservierst Zeit für Familie, körperliche Erholung, Hobbys, Weiterbildung und siehst einen Puffer für den Fall vor, dass einmal etwas Ungeplantes dazwischenkommt? Versuch, deinen Zeitplan im kommenden Monat so anzupassen, dass die richtigen Prioritäten gesetzt sind und auch Raum für unerwarteten Segen bleibt!

Kapitel 9

Lernbereitschaft – Warum lebenslanges Lernen so wichtig ist

Ich bin immer bereit, Neues zu lernen,
mag aber nicht immer belehrt werden.
WINSTON CHURCHILL

Nehmt auf euch mein Joch und lernt von mir, denn ich bin sanftmütig und von Herzen demütig, so werdet ihr Ruhe finden für eure Seelen.
Denn mein Joch ist sanft und meine Last ist leicht.
MATTHÄUS 11,29f.

John Wesley predigte in einem Zeitraum von 54 Jahren jeden Tag drei Mal. Die Gesamtzahl seiner Predigten wird auf über 44.000 geschätzt. Er reiste über 300.000 Kilometer, entweder auf dem Rücken seines Pferdes oder in einer Kutsche, was einem Durchschnitt von fast 8.000 Kilometern pro Jahr entspricht.

Wesley veröffentlichte einen vierbändigen Bibelkommentar, ein Wörterbuch der englischen Sprache, ein fünfbändiges naturphilosophisches Werk, vier Bände über Kirchengeschichte, historische Abhandlungen über England und das alte Rom, eine hebräische, lateinische, griechische, französische und englische Grammatik, drei medizinische Werke, sechs Bände über Kirchenmusik und sieben Bände mit Predigten und Streitschriften. Darüber hinaus war er der Hauptherausgeber des fünfzigbändigen Werks *The Christian Library*.

Wesley stand jeden Morgen um vier Uhr auf und arbeitete mehr oder weniger ununterbrochen bis zehn Uhr abends. Für die Mahlzeiten nahm er sich nur wenig Zeit. Mitten in all dieser Arbeit erklärte er: »Ich habe mehr Möglichkeiten der Ruhe und des Rückzugs als die meisten anderen in England.«

Im Alter von 83 Jahren stellte Wesley zu seinem Ungemach fest, dass er nur noch 15 Stunden am Tag schreiben konnte, danach begannen seine Augen zu schmerzen. Und als er 86 Jahre alt war, wurmte es ihn, dass er nur noch zwei Mal pro Tag predigen konnte. In seinem 86. Lebensjahr hatte dieser Mann in fast jeder Grafschaft in England und Wales gepredigt und zwischen 40 und 60 Kilometer pro Tag im Sattel verbracht.[32]

John Wesley praktizierte das Prinzip des lebenslangen Lernens. Sein Leben war von bedingungsloser Hingabe an Christus geprägt, was sich auch in seinem Dienst an anderen widerspiegelte. Letztlich war es die stete Lernbereitschaft dieses Mannes, die es ihm ermöglichte, zu predigen, zu schreiben, zu leiten, zu trösten und zu ermahnen und auf eine Vielzahl von Menschen einen positiven Einfluss auszuüben, indem er ihnen das weitergab, was er selbst gelernt hatte.

Dr. Howard Hendricks erzählte einmal von einem ähnlich lernbereiten Menschen, einem Professor, der jeden Morgen in aller Frühe aufstand, um zu studieren. Als dieser gefragt wurde, warum er so viel Wissen in sich aufsauge, sagte er: »Meine Studierenden sollen stets aus einer frischen Quelle trinken und nicht aus einem stehenden Gewässer.«[33]

Das griechische Wort *mathetes,* das im Neuen Testament mit »Jünger« übersetzt wird, bedeutet »Schüler« oder wörtlicher: »ein Lernender«. Jünger sind Menschen, die einem Lehrer oder Rabbi folgen und von ihm lernen wollen. Aber Jünger im Reich Gottes sind mehr als Studierende – sie gehören zu seiner Anhängerschaft. So wird von den Jüngern im Reich Gottes von Nachahmenden ihres Lehrers gesprochen.[34] Sie setzen das in die Praxis um, was von ihrem Lehrer (Mentor) gelehrt und vorgelebt wird.

Für Jünger von Jesus ist es unerlässlich, dass sie ein Leben lang Lernende bleiben. Sie sind wissenshungrig und immer bereit, sich Neues anzueignen. Besonders für Menschen in Leitungsämtern ist es wichtig, diese Charaktereigenschaft für diejenigen, die sie leiten, abzubilden. Weil Leitende wissen, dass sie Vorbilder sind, achten sie auf ihr persönliches Wachstum und nehmen jede Gelegenheit wahr, besser zu werden. Leitende sind Lernende!

Was Lernende auszeichnet

Es gibt verschiedene Voraussetzungen für geistliches Wachstum und effektive Leiterschaft. Die wichtigste von ihnen ist Lernbereitschaft. Man sollte eigentlich meinen, dass alle Christen, die geistlich wachsen wollen, auch lernbereit wären. Aber dem ist nicht so. Manche wollen zwar lernen, sich aber von niemandem etwas sagen lassen. Andere sind in ihrer Bereitschaft hinzuzulernen äußerst selektiv. In einigen Bereichen lernen sie bereitwillig dazu, um andere machen sie einen weiten Bogen. Doch Leitungskräfte, die ihr volles Potenzial entfalten wollen, müssen bereit sein, auf *allen* Gebieten zu lernen. Sie sind offen für den Input anderer. Sie bitten um Hilfe und sie freuen sich, wenn Gott sie durch Umstände korrigiert. »Selektives Lernen« schränkt die Entwicklung einer Führungskraft ein.

Eine zweite Voraussetzung für das Lernen ist eine von Demut geprägte innere Einstellung. Ein demütiger Mensch gibt zu, dass er auf viele Fragen keine Antwort hat, dass er andere Menschen braucht und dass es Bereiche gibt, wo er noch ganz am Anfang steht. Junge Führungskräfte, die von Demut geprägt sind, vertrauen sich bereitwillig dem Coaching oder Mentoring anderer an. Sie geben bereitwillig zu, dass sie Fehler machen, und bemühen sich, aus ihnen zu lernen.

Eine wichtige Voraussetzung für lebenslanges Lernen ist die Bereitschaft, Initiative zu ergreifen – beim Lernen selbst und in der persönlichen Entwicklung. Viele angehende Leitende sitzen passiv da und warten darauf, dass andere sie fördern, anstatt selbst Verantwortung für die eigene Weiterentwicklung zu übernehmen. Sie sehen es als Aufgabe der Organisation an, dafür zu sorgen, dass sie ihr Potenzial entfalten, nicht als ihre eigene. Zwar stimmt es, dass jede Leitungsperson und Organisation für das Wachstum ihrer Mitarbeitenden die Verantwortung trägt; aber kein Teammitglied sollte dies als Entschuldigung dafür benutzen, in der persönlichen Weiterentwicklung zurückzubleiben. Wir sollten alle nach Möglichkeiten suchen, in unserer Leiterschaft zu wachsen und uns weiterzuentwickeln. Die Unterstützung unserer Organisation sollten wir dabei als ergänzend und nicht als rudimentär betrachten. Schließlich hat niemand ein größeres Interesse an unserer persönlichen Weiterentwicklung als wir selbst!

Und noch etwas ist wichtig: Wir müssen bereit sein, uns zu verändern, wenn wir als Führungskräfte Wachstum und Reifung sehen wollen. Es ist schon erstaunlich, wie viele in dieser Hinsicht auf der Stelle treten. Wir können uns an den Status quo und das Wissen gewöhnen, dass wir ein bestimmtes Niveau erreicht haben, aber in Wirklichkeit sind wir weit von dem Punkt entfernt, an dem wir sein könnten, wenn wir unser Potenzial voll ausschöpfen würden. Wir wissen, dass bestimmte Dinge funktionieren; wir haben gesehen, dass sie funktionieren, warum also jetzt etwas ändern? Aber durch diese Haltung entgeht uns, dass sich unser Leitungsumfeld ständig verändert. Dieser ständige Wandel zwingt uns dazu, unsere Systeme und Methoden regelmäßig neu zu überprüfen, sonst werden wir schnell ins Abseits geraten und irrelevant sein. Dieses Wachstum sollte uns dazu bringen, persönlich zu evaluieren, welche Art von Leitung angesichts der sich verändernden Situation aktuell erforderlich ist.

Prinzipien des Lernens

Wenn wir uns beim Lernen mehr auf Prinzipien und weniger auf Methoden konzentrieren, werden wir uns besser an Veränderungen anpassen können. Beispielsweise in meiner Kultur wird die Methodik allerdings sehr stark betont. Wir Amerikaner sind nun einmal Pragmatiker. Wir wollen Prinzipien umgesetzt sehen. Sieh dir nur einmal die neuesten Buchtitel zum Thema Management und Leitung an. Die meisten tragen die Worte *How to* ... im Titel (»Wie man ...«). Die wenigsten von ihnen befassen sich mit den theoretischen Prinzipien, die der Praxis zugrunde liegen. Wenn wir unser Lernen auf Methoden ausrichten, werden wir einen gewissen Erfolg und Zufriedenheit erleben. Das Problem dabei besteht nur darin, dass diese Herangehensweisen lediglich für eine begrenzte Zeit und in einer bestimmten Situation funktionieren. Sobald sich die Zeiten oder die Situation ändern, werden wir feststellen, dass uns die alten Methoden nichts mehr nützen.

Prinzipienorientiertes Lernen befasst sich nicht nur mit den gängigen Methoden, sondern versucht, die Grundsätze dahinter zu verstehen. Die Frage ist: Warum ist diese Methode so effektiv? Welches grundlegende Prinzip kommt in ihr zum Ausdruck? Diese Art von Lernen ist besonders für Leitende hilfreich, die kulturübergreifend arbeiten. Methoden, die sich bei uns zu Hause bewährt haben, sind in einer anderen Kultur oft wenig hilfreich. Wenn wir jedoch das Grundsätzliche, die Prinzipien hinter den Methoden, verstanden haben, können wir die Methoden auch einer fremden Kultur anpassen.

Schauen wir uns an, was Mose Gott bat, ihn zu lehren:

> *Und Mose sprach zu dem HERRN: Siehe, du sprichst zu mir: Führe dies Volk hinauf!, und lässt mich nicht wissen, wen du mit mir senden willst, wo du doch gesagt hast: Ich kenne dich mit Namen und du hast Gnade vor meinen Augen gefunden. Hab ich denn Gnade vor deinen Augen gefunden, so lass mich deinen Weg wissen, damit ich dich erkenne und Gnade vor deinen Augen finde. Und sieh doch, dass dies dein Volk ist. Er sprach: Mein Angesicht soll vorangehen; ich will dich zur Ruhe leiten* (2. Mose 33,12-14).

Mose bat Gott darum, ihn seine Wege zu lehren. Er wusste nur zu gut, dass er Gottes Hilfe brauchte, wenn er das Volk Israel führen wollte. »Gottes Wege« sind Gottes Prinzipien, die auf seinem Charakter beruhen und in seinen Handlungen zum Ausdruck kommen. Gott versprach Mose, in seiner Leitungsverantwortung bei ihm zu sein, was einschließt, dass er ihn in seiner Leiterschaft führen und leiten würde. Auch wir können als Leitende Gott um Hilfe bitten und uns darauf verlassen, dass er mit uns geht, uns Weisheit schenkt und uns hilft, einen guten Einfluss auszuüben.

Viele junge Leitungskräfte wissen nur zu gut um ihre eigenen Schwächen und konzentrieren sich daher beim Lernen vor allem darauf, sie zu überwinden. Aber dies ist der falsche Ansatz. Natürlich müssen wir alle lernen, als Leitungspersonen ein bestimmtes Niveau an grundlegenden Leitungskompetenzen und -fähigkeiten zu erreichen, aber es ist ein großer Fehler, wenn wir uns dabei nur auf die Beseitigung unserer Schwächen konzentrieren. Damit wir unseren Einfluss ausweiten können, sollten wir uns als Leitende lieber auf die Entwicklung unserer Stärken konzentrieren. Wenn wir eine unübersehbare Schwäche, einen »verhängnisvollen Fehler« haben, der einer guten Leiterschaft im Weg steht, müssen wir uns selbstverständlich um diesen Fehler kümmern und versuchen, in diesem Bereich zu wachsen. Aber niemand kann in sämtlichen Punkten großartig sein. Keine Führungskraft besitzt hundert Prozent der Gaben, die nötig sind, um allen Anforderungen einer Organisation gerecht zu werden. Aus diesem Grund ist es wichtig, dass Führungskräfte sich auf ein Team stützen können, in dem unterschiedliche Gaben zur Entfaltung kommen. Wir können dann als Leitungsperson die anderen ihren Stärken nach einsetzen, sodass sie zu einem effektiven Gesamtmanagement beitragen.

Ein weiteres wichtiges Prinzip, wenn es um lebenslanges Lernen geht, ist der Faktor Konzentration. Viele junge Leitende sind begierig zu lernen; am liebsten wüssten sie alles über alles. Doch das führt dazu, dass man sich verzettelt und seine intellektuelle Entwicklung behindert, statt sie zu fördern. Es ist hilfreich, sich jedes Jahr einige Ziele zu setzen – Gebiete, auf denen man sich weiterbilden möchte – und diese Ziele dann mithilfe eines konkreten Plans zu verwirklichen. Bitte Gott um Weisheit und Verständnis, Erkenntnis und Unterscheidungsvermögen in diesen Bereichen. Lies am besten mehrere Bücher zu den Themen, mit denen du dich beschäftigst, und nicht nur eins. Studiere die Bibel hinsichtlich der entsprechenden Fragestellungen, lerne passende Verse auswendig und wende direkt im Alltag an, was du gelernt und verstanden hast.

J. O. Sanders erzählte einmal von einem Erlebnis, das er sein Leben lang nicht vergessen hat. Der bekannte Bibelausleger und Theologe Graham Scroggie war eines Tages bei Familie Sanders zu Gast. J. O. Sanders war schon als Jugendlicher sehr lernbegierig und so zeigte er dem Besucher nach dem Abendessen seine wachsende Büchersammlung zu den verschiedensten Themen. Er wies stolz darauf hin, dass er tatsächlich alle Bücher, die dort standen, gelesen habe. Nach einer Weile hielt er inne und wartete auf eine Reaktion. Scroggie legte dem jungen Mann die Hand auf die Schulter und ermahnte ihn: »Denk daran, lieber in die Tiefe zu lesen als in die Breite.«[35]

Erfahrung ist nicht der beste Lehrmeister

Oft hört man, Erfahrung sei der beste Lehrmeister. Aber das stimmt nur begrenzt. Wie oft machen Menschen die gleichen Fehler zweimal, ohne daraus zu lernen! Der Satz müsste also besser lauten: »Ausgewertete Erfahrung ist der beste Lehrmeister.«[36] Nur die Tatsache, etwas erlebt oder erfahren zu haben, bedeutet ja noch nicht, dass wir daraus etwas gelernt hätten. Wir müssen über das Erfahrene nachdenken, es evaluieren und daraus Prinzipien für zukünftiges Handeln ableiten.

Wir alle lernen aus unseren Lebenserfahrungen, aber der Prozess lässt sich noch steigern und beschleunigen, indem wir Feedback und Bewertung einholen. Es ist mit Blick auf eigene Lebenserfahrungen schwierig, sachlich zu sein. Wir alle brauchen weise Beratung und Mentoring von Menschen, die uns lieben und uns helfen wollen zu wachsen, um uns selbst objektiver zu sehen. Sie können uns die Wahrheit auf eine Weise sagen, die wir hören, weil wir ihnen vertrauen und wissen, dass sie uns lieben und Gottes Bestes für uns wollen. Solche Menschen können uns dann auch Dinge sagen, die wir nicht gerne hören, weil sie wissen, dass wir ihnen trotzdem zuhören und diese Lektionen auf ähnliche Situationen in der Zukunft anwenden werden, denn wir wollen nicht hinter dem Potenzial zurückbleiben, das Gott für uns vorgesehen hat.

Niemand macht gerne Fehler und doch sind es oft die Fehler, aus denen wir mehr lernen als aus unseren Erfolgen. Sie zwingen uns dazu innezuhalten und nachzudenken, was falsch gelaufen ist. Sie lassen uns keine andere Wahl, als unsere Schwächen einzugestehen und zuzugeben, dass wir »Mist gebaut« haben. Dies wiederum bietet uns die Möglichkeit, in Demut vor Gott zu kommen, seine Gnade zu empfangen und es ein weiteres Mal zu versuchen. Petrus schreibt dazu: »Alle miteinander bekleidet euch mit Demut; denn Gott widersteht den Hochmütigen, aber den Demütigen gibt er Gnade« (1. Petrus 5,5). Gottes Gnade ermöglicht es uns, aus unseren Fehlern einen Nutzen zu ziehen. Mir sagte einmal ein weiser Pastor: »Mit deinen Erfolgen wirst du anderen nur selten helfen können. Aber wenn du ihnen von deinen Fehlern erzählst, können sie sich damit identifizieren und neue Hoffnung für sich selbst schöpfen.« Er hatte recht!

Von den Erfahrungen anderer lernen

Wir müssen uns nicht darauf beschränken, aus unseren eigenen Erfahrungen zu lernen. Wir können auch von den Erfolgen und Misserfolgen unserer Mitmenschen in der Gegenwart oder Vergangenheit lernen und dadurch in unserer eigenen Charakterentwicklung deutlich schneller weiterkommen.

Es war Otto von Bismarck, der gesagt hat: »Nur ein Tor lernt aus der Erfahrung. Ich lerne aus der Erfahrung anderer.«[37]

J. O. Sanders wusste: *Leaders are readers* (»Leitende sind Lesende«).[38] Gerade unerfahrene Leitende profitieren vom Lesen historischer und biografischer Bücher sowie von denen anderer Führungskräfte. Fehler werden sich nie vermeiden lassen, aber wir können ihre Anzahl minimieren, wenn wir auf das achten, was andere erlebt haben. Wer es sich zur Gewohnheit macht, regelmäßig gute Bücher zum Thema Leiterschaft zu lesen – und zwar nicht nur die von der aktuellen Bestsellerliste –, wird daraus mit Sicherheit großen Nutzen ziehen. Vor einigen Jahren habe ich mir ein Ziel gesetzt: Jeden Monat zwei Bücher lesen! In meinem Büro gibt es extra ein Regal mit Büchern, die ich noch lesen möchte, und ich halte ständig Ausschau nach neuen Veröffentlichungen, die mir dabei helfen, ein besserer Leiter zu werden. Neben der Bibel hat mir nichts so sehr geholfen wie das Studium von Biografien, nicht nur geistlicher, sondern auch säkularer Führungspersönlichkeiten.

Lernbereitschaft entwickelt sich auch, wenn wir uns mit den Menschen unterhalten, die der Herr in unser Leben bringt. Jeder Mensch weiß etwas, was ich nicht weiß. Jeder Mensch kennt sich auf bestimmten Gebieten besonders gut aus. Und von der Expertise anderer können wir immer auch etwas für uns selbst lernen. Wir müssen nur versuchen herauszufinden, wo die Stärken der Menschen liegen, und dann mit ihnen darüber sprechen. Gespräche mit Menschen im öffentlichen Bereich (sei es mit jemandem aus dem Handwerk oder vom Flugbegleitpersonal, der Bedienung im Restaurant, der Person an der Ladenkasse etc.) können beispielsweise ein äußerst bereicherndes Erlebnis sein. Wir brauchen sie nur zu fragen, was sie über den Umgang mit Menschen gelernt haben. Wir selbst versetzen uns in die Position der Zuhörenden und Lernbereiten und zapfen das Wissen der anderen an, um von ihrer Erfahrung und aus ihren Fehlern zu lernen. Es ist immer wieder eine Freude mitzuerleben, wie die Leute auftauen, wenn man ihnen vermittelt, dass man wirklich von ihnen lernen möchte!

Bücher über Bücher – und das Buch der Bücher

Im Buch des Predigers heißt es: »Mein Sohn, lass dich warnen: Des vielen Büchermachens ist kein Ende und viel Studieren macht den Leib müde« (Prediger 12,12). Zum Thema Leiterschaft gibt es wirklich jede Menge mehr oder weniger schlaue Bücher. Schau dich beim nächsten Besuch in der Buchhandlung deines Vertrauens nur einmal um: Das Thema ist außerordentlich beliebt und die Regale stehen voll mit Ratgebern und Biografien politischer, sportlicher, militärischer und sogar spiritueller Größen. Bücher zum Thema Leiterschaft können sehr hilfreich sein (und ich hoffe sehr, dass auch mein Buch in diese Kategorie fällt), aber für Leitende im Reich Gottes sollte natürlich *ein* Buch den Vorrang vor allen anderen haben: die Bibel.

Viele junge Leitungskräfte suchen in Leitungsmodellen (besonders in businessbezogenen) nach Prinzipien, die sich von denen unterscheiden, die in der Bibel stehen. Es ist völlig in Ordnung, von solchen Modellen zu lernen, aber zuerst müssen wir die Bibel studieren und schauen, was sie zu unserem Thema zu sagen hat. Wenn wir dann aufgrund eines ausführlichen Studiums der Heiligen Schrift Richtlinien entwickelt und Überzeugungen ausgebildet haben, werden diese zu einem Filter oder Raster werden, das wir über alle anderen Prinzipien und Methoden legen. Bedauerlicherweise nehmen sich viele nicht die Zeit und machen sich nicht die Mühe, zuerst in die Bibel zu schauen. Stattdessen übernehmen sie kritiklos weltliche Prinzipien, ohne zuerst zu überprüfen, ob diese den biblischen Maßstäben widersprechen. Sie verschlingen die neuesten Managementbücher, verbreiten und lehren die dort vertretenen Methoden und versäumen es dabei, diese anhand der Schrift auszuwerten. Die meisten tun dies eher aus Unwissenheit heraus und nicht mit Absicht, aber die Folgen können so oder so verheerend sein.

Für angehende Leitungskräfte ist es darum ganz wichtig, sich ein solides, auf der Bibel beruhendes Verständnis der Prinzipien von Leiterschaft in Bezug auf Charakter und Praxis anzueignen. Wie gesagt, wir sollten uns durchaus mit den gängigen säkularen Modellen befassen, aber wir müssen sie durch die Brille der Bibel lesen und bewerten. Das heißt, wir überprüfen, ob sich die Aussagen darin in Übereinstimmung oder im Widerspruch zu dem befinden, was die Bibel lehrt. Wir behalten die Prinzipien, die mit ihren Werten übereinstimmen, und verwerfen diejenigen, die ihr widersprechen.

Manchmal ist es sinnvoll, sich beim Bibelstudium auf bestimmte Themen oder Charaktereigenschaften wichtiger biblischer Personen zu konzentrieren und nicht einfach Buch für Buch zu lesen. Ein systematisch-thematisches Vorgehen ist eine große Hilfe dabei, persönliche Überzeugungen zu entwickeln. Zum Thema Leiterschaft bieten sich Bücher wie Daniel, Nehemia oder die Evangelien an. Diese Bücher in Gänze zu lesen, ist für jede Führungskraft äußerst lehrreich. Charakterstudien, zum Beispiel zu Mose, David und Paulus, führen uns durch verschiedene Bücher der Schrift und bieten wertvollen Erkenntnisgewinn. Unsere getroffene Auswahl bedeutet nicht, dass wir bestimmte Teile der Schrift vernachlässigen, aber sie hilft uns dabei, einen Schwerpunkt zu setzen.

Anstatt die ganze Bibel zu durchforsten, empfiehlt zum Beispiel Professor Dr. Bobby Clinton, der am *Fuller Theogical Seminary* Vorlesungen zum Thema Leiterschaft hält, dass sich Leitende einen Grundstock an »biblischen Herzstücken« zulegen, auf den sie immer wieder zurückgreifen können.[39] Es handelt sich dabei um Textinhalte, die für unser geistliches Wachstum und unseren Dienst besonders wichtig sind. Dieser Grundstock kann zum Beispiel ganze Bücher der Bibel beinhalten, wichtige Abschnitte (wie die Bergpredigt), Personen (wie Debora oder David) oder Themen (wie weltweite Mission, Ausbildung von Leitungspersonen), die Leitende ein Leben lang begleiten. Wir sollten diese Texte immer wieder lesen und daraus lernen, um aus ihrer Weisheit heraus anderen zu dienen und einen segensreichen Einfluss auf sie auszuüben.

Jemand hat einmal gesagt: »Du bist verantwortlich für die Tiefe deiner Botschaft und Gott ist verantwortlich dafür, dass ihre Wirkung in die Breite geht.« Die Breite unseres Einflusses bestimmt die Anzahl der Bücher oder Themen in unserer Grundausstattung. Je größer unser Verantwortungsbereich und damit unser Einfluss, desto mehr Texte gehören in unsere Grundausstattung. Grundlegende Bücher, die für alle empfehlenswert sind, sind: mindestens ein Evangelium (das uns zeigt, wie Jesus Leitungspersonen heranbildete), der Brief an die Römer (die gute Nachricht) und der Brief an die Epheser (über den Leib

Christi). Nimm darüber hinaus gerne weitere Texte in deinen Grundstock auf, vorzugsweise solche, die dir persönlich geholfen, dich ermahnt, herausgefordert oder ermutigt haben, seien es einzelne Verse, Charakterstudien, themenbezogene Texte oder bestimmte biblische Bücher. Ich selbst habe etwa zwanzig biblische Bücher sowie Texte zu einzelnen Personen und Themen in meiner Grundausstattung.

Es ist wichtig, dass wir die Bibel studieren, um herauszufinden, was sie zu den Problemen sagt, denen geistliche Leitungspersonen heutzutage ausgesetzt sind. Was sagt sie zum Beispiel über Leitende, die moralisch versagt haben? Sollten sie in ihrem Amt bleiben bzw. dorthin zurückkehren? Was sagt die Bibel zum Thema Frauen in Leitungspositionen und über Charaktereigenschaften von Leitenden? Wir müssen für die Beantwortung dieser Fragen unbedingt Gottes Wort zu Rate ziehen, nicht nur, weil wir gerne in der Theorie die Antworten hätten, sondern vor allem, weil die Praxis sie verlangt. Die Bibel wurde uns gegeben, um unsere Leiterschaft und unser Leben zu verändern, wenn wir das, was wir durch sie lernen, auch anwenden.

Durch Mentoring lernen

Wie bereits in früheren Kapiteln angedeutet, gibt es noch eine weitere gute Möglichkeit, demütige Lernbereitschaft zu entwickeln. Sie besteht darin, sich eine Vertrauensperson für ein Mentoring zu suchen, die uns dabei helfen kann, in der Nachfolge Jesu Fortschritte zu machen und in unserer Leiterschaft zu wachsen. In ihren Zwanzigern und frühen Dreißigern brauchen die meisten Menschen in vielen Bereichen ihres Lebens und insbesondere auch ihrer Arbeit Hilfe. Deshalb sollte man in diesem Alter nach Menschen Ausschau halten, die in ihrer Reife und Lebenserfahrung weiter sind und uns in unserem persönlichen Wachstum, im Bereich Familie und hinsichtlich unserer Leiterschaft helfen können.

Denke im Gebet einmal darüber nach, wen Gott in dein Leben gestellt hat, um dir bei deiner Entwicklung zu helfen. Dann ergreife die Initiative, geh auf diesen Menschen zu und bitte ihn oder sie um Hilfe. Vielleicht empfindet die Person es anfangs als »komisch«, eine solche Anfrage zu erhalten, reagiert verlegen und sagt, sie könne sich nicht vorstellen, dir etwas beibringen zu können. Du kannst diese Zurückhaltung überwinden, indem du deine Erwartungen spezifizierst. Du kannst einen zeitlichen Rahmen setzen, für wie lange ihr euch trefft, und der Person erklären, dass du einfach gerne an dem teilhaben möchtest, was Gott ihr beigebracht hat. Manchmal ist es hilfreich, eine schriftliche Aufstellung mit Themen mitzubringen, sodass das Gegenüber genügend Zeit hat, sich vorzubereiten. Während sich eure Freundschaft entwickelt, werdet ihr bestimmt über eine Vielzahl von Dingen sprechen, die über das hinausgehen, was geplant war.

Je älter und reifer wir werden, desto mehr werden wir auf die Auswahl derjenigen achten, die wir um Coaching oder Mentoring bitten. Mitte oder Ende dreißig sollte man sich eigentlich über die eigenen Gaben und seine Berufung klar geworden sein. Es kommt dann darauf an, sich passgenaue Hilfe zu suchen, um in diesen Bereichen zu wachsen. Wir suchen gezielt Menschen mit ähnlichen Gaben und bitten sie um Rat, wie wir in unseren Stärken wachsen können, anstatt nur an unseren Schwächen zu arbeiten.

Als junger Mitarbeiter bei den Navigatoren wurde mir beigebracht, wann immer möglich persönlichen Kontakt mit anderen Leitenden zu pflegen. Wenn ich zu einem Treffen, zu Konferenzen und Seminaren fuhr oder zu sonstigen Gelegenheiten von anderen Führungskräften umgeben war, versuchte ich gleich zu Beginn, mit ihnen Kontakt aufzunehmen. Ich fragte sie, ob sie Zeit für ein gemeinsames Essen oder ein Gespräch hätten. Meist brachte ich auch gleich ein paar Fragen mit, die sich auf Bereiche, in denen ich Hilfe brauchte, und/oder auf ihre Stärken bezogen. Ich machte mir während des Gesprächs Notizen, weil ich später noch einmal über das Gelernte nachdenken wollte. Diese Zeiten waren für mich als Nachfolger Jesu und als Leiter sehr wichtig.

Besondere Reisen zu unternehmen, um andere Leitungspersonen zu besuchen und von ihnen zu lernen, kann ebenfalls von unschätzbarem Wert für unsere Entwicklung sein. Wenn es schwierig ist, mit geistlichen Leitungspersonen in Kontakt zu treten – die meisten von ihnen haben immerhin einen übervollen Terminkalender –, bitte jemanden von außen um Hilfe. Ich habe Freunde, die vielbeschäftigte Leitende kennen, darum gebeten, mich diesen vorzustellen, damit ich von ihnen lernen kann. Sie waren immer gerne bereit, den Kontakt herzustellen, und so durfte ich von einer Reihe weiser Menschen viel lernen. Manchmal habe ich sogar andere mitgenommen auf diese besonderen Ausflüge und so das Gute verdoppelt.

Führungskräfte, die blockierte Lernende sind

Zu Beginn ihrer beruflichen Karriere scheint es, als ob sich alle Führungskräfte in Bezug auf Wissen und Erfahrung gleichen und sich kaum voneinander unterscheiden. Im Laufe des Lebens trennen sich dann diejenigen, die sich aktiv um persönliches Wachstum als Lernende bemühen, von denjenigen, die dies nicht tun. Bei vielen flacht die Lernkurve ab. Nachdem sie in ihren Zwanzigern nach Weiterentwicklung strebten, sind sie nun voll mit den alltäglichen Leitungsaufgaben beschäftigt und suchen nicht mehr nach Möglichkeiten zu wachsen. Diese Leitenden ruhen sich auf ihrem Niveau aus und wiederholen in ihrer Leitungsverantwortung das, was sie schon immer gemacht haben. Wenn wir uns eine beliebige Gruppe von Führungskräften im Alter von 40 plus anschauen, können wir normalerweise leicht diejenigen ausfindig machen, die sich das Lernen zur Gewohnheit gemacht haben, denn sie leiten aus einem Überfluss an neuen Ideen und Inhalten, mit denen sie die Menschen um sich herum segnen.

Manche Menschen wollen zwar lernen, aber nur selektiv. Manche Männer haben Schwierigkeiten damit, von Frauen zu lernen. Manche Ältere finden es herausfordernd, von Jüngeren zu lernen. Manche Menschen wollen nicht von Führungskräften bestimmter Organisationen lernen. Verheiratete finden es manchmal schwierig, von ihrer Partnerin oder ihrem Partner zu lernen. Der Grund für diese fehlende Lernbereitschaft ist Stolz. Stolz schließt Lernbereitschaft aus. Eine wahrhaft lernbereite Person ist nicht nur selektiv lernbereit! Wir müssen bereit sein, von allen Menschen zu lernen, die Gott in unser Leben bringt. Er tut dies, weil er uns durch diese Menschen helfen möchte zu wachsen. Niemand arbeitet gerne mit einem stolzen Menschen zusammen, vor allem nicht, wenn es sich um eine stolze Führungskraft handelt. Angehende Leitende werden sich in diesem Fall von so einer Person abwenden und Anregungen und Hilfe zum persönlichen Wachstum bei jemand anderem suchen.

Führungskräfte, die auf ihrem bisherigen Niveau verharren, suchen nicht nach Möglichkeiten, um von anderen zu lernen. Sie teilen gerne ihre »Weisheiten« mit, werden aber ungeduldig, wenn andere sich zu Wort melden. Sie denken dann schon weiter, überlegen sich, was sie als Nächstes sagen wollen, statt zuzuhören, was die andere Person sagt. Sie stellen nur selten eine Frage und wenn, dann beantworten sie diese oft selbst. Wie man sich vielleicht denken kann, nehmen sie nur an Konferenzen oder Seminaren teil, wenn sie selbst dort lehren. Bücher lesen sie selten, und jemanden um Rat oder Hilfe zu bitten, liegt ihnen fern. Ihr persönliches Bibelstudium machen sie meist nur, um sich für eine Aufgabe in ihrem Dienst vorzubereiten, und nicht, um persönlich zu wachsen. Sie sind mit ihrer Leiterschaft sehr beschäftigt, aber wenn sie einmal ehrlich mit sich selbst sind, müssen sie zugeben, dass sie eigentlich immer nur an den Leitungsmethoden festhalten, die sie vor vielen Jahren gelernt haben.

Wie du siehst: Nicht lernbereite Leitende treten auf der Stelle und wir können es uns nicht leisten, mit ihnen auf der Stelle zu treten. Dafür ist die Arbeit im Reich Gottes zu wichtig. Es steht zu viel auf dem Spiel. Es wird schnell klar, dass Führungskräfte Lernende sind, die wie Salomo verstehen, dass es entscheidend ist, lebenslang gelehrt zu werden: »Weisheit ist das Allerwichtigste. Deshalb erwirb Weisheit und erwirb Verstand mit allen Mitteln« (Sprüche 4,7).

Die Gedanken und Tipps im nun folgenden Abschnitt »Charakterentwicklung konkret« sollen dich im Hinblick auf diese so wichtige ergänzende Charaktereigenschaft ermutigen.

Charakterentwicklung konkret – Thema Lernbereitschaft

Bibelarbeit

Innere Einstellung eines Lernenden:

1. Studiere die folgenden Bibeltexte. Achte dabei darauf, was sie über die innere Einstellung im Zusammenhang mit Lernbereitschaft sagen, die sich im Leben der Leitenden zeigt.

Jesus (Lukas 2,52; Johannes 15,15; Hebräer 5,7-10):

Mose (2. Mose 33,13f.; Apostelgeschichte 7,22):

David (Psalm 143,8-10):

Salomo (1. Könige 3,5-14; Prediger 1,12-18):

Daniel (Daniel 1,3-8):

Esra (Esra 7,10):

Paulus (Philipper 4,11-13):

Kennzeichnen eines lernbereiten Menschen

2. Betrachte die folgenden Bibelverse und führ dir vor Augen, was sie über die verschiedenen Möglichkeiten des Lernens aussagen:

Lernen aus dem Wort

Römer 15,4:

2. Timotheus 3,16f.:

Lernen von anderen Menschen

Sprüche 9,9:

Sprüche 12,15:

Andere nachahmen

Hebräer 6,12:

Hebräer 13,7:

Beobachten

Sprüche 24,30-34:

Philipper 4,9:

Zuhören

Sprüche 1,5:

Sprüche 19,20:

Stolz macht Lernen unmöglich!

3. Lies die folgenden Bibelverse daraufhin, wie Stolz einen beim Lernen behindert:

Sprüche 11,2:

Sprüche 13,10:

Sprüche 28,26:

Verse zum Auswendiglernen

Esra 7,10
Philipper 4,9
2. Timotheus 3,16f.
Hebräer 13,17

Gebet

Bitte Gott darum, dich zu einem lernbereiten Menschen zu machen. Es folgen nun ein paar Anregungen für deine Gebetszeit. Wichtig ist, dass du die einzelnen Punkte regelmäßig im Gebet vor Gott bringst:

- Bitte Gott, dir zu zeigen, ob es in deinem Leben Bereiche gibt, in denen du nicht oder nur begrenzt lernbereit bist, und an welchen Punkten du dich, womöglich ohne es zu merken, an bestimmte

Einstellungen und Verhaltensweisen gewöhnt hast, die deiner Lernbereitschaft im Weg stehen. Auf welchen Gebieten bist du stolz und willst dir nichts sagen lassen?

- Bitte Gott darum, dir zu helfen, deine Stärken und Schwächen zu erkennen. Bitte ihn um Ideen, wie du ein lernbereites Herz für persönliches Wachstum in diesen Bereichen zeigen kannst.
- Bitte Gott darum, dir Wissen, Verständnis und Weisheit zu geben, damit du deine Aufgaben gut erfüllen kannst.
- Denke im Gebet darüber nach, was für ein Lerntyp du bist (visuell, auditiv, erfahrungsbasiert). Überlege, wie du in naher Zukunft dir verfügbare Möglichkeiten zur Weiterentwicklung nutzen kannst.
- Bitte Gott darum, dir jemanden für ein Mentoring/Coaching an die Seite zu stellen, der dir dabei hilft, Fortschritte zu machen und zu wachsen.
- Danke Gott im Gebet für alle wichtigen Lektionen, die du aus Fehlern und Misserfolgen in deinem Leben und deiner Leiterschaft mitnehmen kannst.
- Bitte Gott, dass er einen ganz neuen Hunger nach seinem Wort in dein Herz legt und dass sich die neugewonnenen Erkenntnisse auf dein Leben und deine Verantwortung als Führungskraft auswirken.

Tipps für die Praxis

1. Bitte dein Team um ehrliches Feedback zum Thema Lernbereitschaft. Bringe zum Ausdruck, dass du in diesem Bereich wachsen möchtest und dabei auf ihre Hilfe angewiesen bist. Führe aus, wie Lernbereitschaft im Rahmen deiner Leitung konkret aussehen könnte, und bitte um Rückmeldung. Überlege, das Feedback anonym oder über eine dritte Person einzuholen, damit alle sich frei fühlen, ehrlich zu sein. Die Tatsache, dass eine Führungsperson es an diesem Punkt ernst meint und wachsen möchte, wird dein Team auf jeden Fall inspirieren!

2. Entwirf einen Jahresplan für deine persönliche Entwicklung. Suche dir zwei Schwerpunkte im Bereich Leiterschaft aus, in denen du besser werden willst. Dein Plan sollte konkrete Schritte und einen Zeit-

rahmen umfassen, um Wachstum in diesen Bereichen sicherzustellen. Welche ersten Schritte kannst du noch diese Woche in die Wege leiten, um den Plan in die Tat umzusetzen?

3. Lies jeden Monat ein Buch, das schwerpunktmäßig zu deinem Wunsch passt, zu wachsen und dich weiterzuentwickeln. Halte dabei einen Bleistift bereit und streiche alles an, was dich zum Nachdenken gebracht hat. Schreibe nach der Lektüre eine kurze Zusammenfassung der wichtigsten Punkte. Lege eine Liste mit weiteren Büchern an, die du noch lesen möchtest.

4. Welche Initiativen im Bereich Fort- und Weiterbildung kannst du diesen Monat ergreifen? Gibt es ein Seminar, einen Kurs oder eine Tagung, die dich in deinem Wunsch zu wachsen unterstützen könnte? Überlege, ob nicht vielleicht das ganze Leitungsteam daran teilnehmen könnte.

5. Bemüh dich um Feedback hinsichtlich deiner persönlichen Stärken und Gaben. Erarbeite mithilfe von Tests und Fragebögen ein Profil deiner Veranlagungen und Wesenszüge, immer mit dem Ziel, mehr darüber herauszufinden, wie Gott dich geschaffen und begabt hat. Auch Tests zum Thema Lerntypen oder Persönlichkeit (z. B. der Myers-Briggs Typenindikator) können helfen, dich selbst besser verstehen zu lernen.

6. Stell dich deinen Schwächen. Sei dabei ehrlich mit dir selbst. Bitte Menschen aus deinem Freundes- oder Kollegenkreis oder deiner Familie um Rat. Bitte sie, dir ganz offen mitzuteilen, welche Schwachpunkte sie bei dir sehen und wie sich diese auf deine Leitungsverantwortung auswirken. Sind eventuell ein paar richtig »dicke Brocken« dabei, die das Potenzial haben, deine Führungsqualitäten in Zukunft zu zerstören? Falls dem so ist: Wie kannst du jetzt damit anfangen, an diesen Punkten zu arbeiten?

7. Weil ausgewertete Erfahrung der beste Lehrmeister ist, nimm dir Zeit, die Projekte, bei denen du als Leitungskraft beteiligt bist und warst, gründlich auszuwerten. Gehe an diese Evaluierung mit der in-

neren Erwartung heran, dass du lernen und zukünftig Fehler vermeiden willst. Überlege, was gut gelaufen und was verbesserungsbedürftig ist. Notiere dir deine Gedanken und nimm sie mit in die nächste Gebetszeit.

8. Vielleicht hast du in letzter Zeit als Führungskraft einen schweren Fehlschlag oder Misserfolg erlebt. Denke daran, dass Krisen Chancen sind. Übernimm die Verantwortung für deine Fehler und sieh sie als Gelegenheiten, in Weisheit und Demut zu wachsen. Frage die Leute, die dabei waren, was ihnen aufgefallen ist und wie du ihrer Meinung nach deine Leitungsaufgaben in Zukunft besser wahrnehmen kannst.

9. Recherchiere und lies so viel wie möglich über ein historisches Ereignis, bei dem Leitende/Befehlshabende vorbildlich gehandelt haben. Besuche nach Möglichkeit mit anderen Führungskräften deines Leitungsteams den entsprechenden Ort und fasse anschließend die gelernten Lektionen zusammen, die für deinen speziellen Leitungskontext anwendbar sind.

10. Wen hat Gott dir in dein Leben gestellt, bei dem du Rat und Unterstützung suchen kannst? Bete über diese Person und gehe dann auf sie zu, um sie um Hilfe zu bitten. Erkläre genau, was deine Bedürfnisse sind und wo du von ihr lernen möchtest. Kläre Erwartungen und lege einen Zeitrahmen für gemeinsame Treffen fest.

Kapitel 10

Mut – Deine Zuversicht und Sicherheit in Gott finden

Erfolg ist nicht endgültig, Misserfolg ist nicht fatal, was zählt, ist der Mut weiterzumachen.
WINSTON CHURCHILL

Gebt mir hundert Männer, die nichts fürchten als die Sünde und nichts verlangen als Gott, und ich werde die Welt auf den Kopf stellen.
JOHN WESLEY

Was seid ihr so furchtsam? Habt ihr noch keinen Glauben?
MARKUS 4,40

Unsere Welt befindet sich im Krisenmodus. Die Krise ist keine politische, auch wenn ihre Auswirkungen bis in die Politik reichen. Die Krise ist auch keine wirtschaftliche, obwohl die Wirtschaft ebenfalls betroffen ist. Sie ist auch keine soziale Krise, obwohl die Folgen sich in allen Schichten unserer Gesellschaft widerspiegeln. Die Krise ist eine geistliche und die Verantwortung für diese Krise tragen wir Christen. Wir sind geistlich arm geworden. Unser Glaube, wie wir ihn leben und darüber reden, sprüht nicht mehr vor Leben, was zu einer Mittelmäßigkeit in der christlichen Welt geführt hat. Unsere Lauheit hat unser Zeugnis fast zum Verstummen gebracht und dies zeigt sich in unserer Gesellschaft. Was wir brauchen, ist eine Veränderung unter uns Christen. Wir brauchen eine neue Generation von Gläubigen, die mutig und radikal nicht für diese Welt leben, sondern für die nächste.

Das Wort *medioker* (mittelmäßig) setzt sich aus zwei lateinischen

Wörtern zusammen, die »auf halbem Weg« und »Berg« bedeuten. Medioker bedeutet, den Berg nur bis zur Hälfte zu erklimmen. Ein mediokres Christenleben ist eines, das am Anfang der Reise den Gipfel des Berges anstrebt, sich dann aber damit begnügt, nur bis zur Hälfte zu kommen. Was unsere Zeit braucht, ist eine Generation von Christen, die das Ziel im Blick behält und mit ihrem ganzen Leben dafür einsteht, dieses Ziel zu erreichen, koste es, was es wolle. Es darf unterwegs keine Kompromisse geben. Ja, wir werden in Situationen kommen, die schlimm genug sein werden, um am liebsten die Flinte ins Korn werfen zu wollen, aber wir müssen als »lebendige Fische« mutig gegen den Strom schwimmen. Wir werden uns nicht mit weniger zufriedengeben als mit dem Besten, was Gott zu bieten hat – und daher werden wir ihm mit ganzem Herzen dienen!

Wie alle von Gott gegebenen Emotionen ist auch die Angst zunächst einmal moralisch neutral. Angst ist dazu da, uns vor möglichen Gefahren zu warnen. Wenn wir eine dunkle, unbekannte Umgebung betreten, haben wir alle ein natürliches Gespür dafür, langsam und vorsichtig zu gehen, aus Angst, zu stolpern oder zu fallen. Die Angst vor dem Unbekannten hält uns davon ab, uns kopfüber in möglicherweise gefährliche Situationen zu stürzen. Mut bedeutet ja nicht, Angst zu ignorieren und sich kopfüber ins Dunkel zu stürzen. Nein, wir werden uns unserer Furcht bewusst und analysieren sie. Wir versuchen, die Angst zu beherrschen und uns mit Vorsicht weiter vorwärtszubewegen, statt uns von dieser Furcht beherrschen zu lassen.

Der Teufel nutzt oft die Angst vor einer unbekannten Zukunft aus, um uns zu lähmen, damit wir in Untätigkeit verharren. Er spielt das »Was-wäre-wenn«-Spiel in unseren Köpfen. Er flüstert uns sämtliche Worst-Case-Szenarien ein, die passieren könnten, wenn wir auch nur einen Schritt gehen. *Schlimmer geht immer!* Wir spielen die Möglichkeiten dann innerlich durch: »Wenn ich das tue, könnte jenes passieren. Und das könnte dazu führen, dass ...« Das Problem mit dem Wort »könnte« besteht nur darin, dass 99 Prozent dessen, was schlimmstenfalls passieren *könnte*, in Wirklichkeit nie passiert. Wir verpassen es, nur aufgrund von potenziellen Problemen und beängstigenden Möglichkeiten, mutig in die unbekannte Zukunft voranzugehen. Diese Gedanken stehen dem Glauben an Gott und seine Verheißungen im Weg. »Darum sorget nicht für morgen«, sagt Jesus. »Denn der morgige

Tag wird für das Seine sorgen. Es ist genug, dass jeder Tag seine eigene Plage hat« (Matthäus 6,34).

Mut und Geborgenheit finden wir allein in der Gegenwart Gottes, nicht in einem Leben ohne Gefahr. Er hat versprochen, uns nie zu verlassen und nie von uns zu weichen (vgl. 5. Mose 31,6). Wir können also voller Zuversicht darauf bauen, dass Gott uns tragen wird, dass er bei uns sein wird, was immer uns auch begegnen mag. In jeder Generation mussten Männer und Frauen des Glaubens Mut beweisen, wenn sie versuchten, ihren Glauben in einer ungläubigen Umgebung zu leben. Damals wie heute ist Gott auf der Suche nach solchen Menschen, besonders nach Leitungskräften, die den Mut haben, ihm zu vertrauen und in ihren Teams und nach außen hin für ihn einzustehen. Möge es doch in unserer Zeit anders sein als in der Zeit Hesekiels, als Gott sprach: »Ich suchte unter ihnen, ob jemand eine Mauer ziehen und in die Bresche vor mir treten würde für das Land, damit ich's nicht vernichten müsste; aber ich fand keinen« (Hesekiel 22,30).

Mut angesichts einer ungewissen Zukunft

Das, was den Menschen vielleicht die größte Angst bereitet, wenn sie über die Zukunft nachdenken, ist der Gedanke an den Tod. Niemand von uns kann ihm entrinnen. Für junge Menschen im Alter von zwanzig oder dreißig Jahren liegt er irgendwo im Nebel der fernen Zukunft. Aber das ist ein Trugschluss. Keiner von uns weiß, wann er oder sie aus diesem Leben abberufen wird. Jesus weiß, dass der Tod beängstigend sein kann. Er selbst hat ihn erlitten. Er ist für uns gestorben und er hat uns versprochen, dass er auch in der Stunde unseres Todes bei uns sein wird. Er tröstet uns mit den Worten: »Euer Herz erschrecke nicht. Glaubt an Gott und glaubt an mich! In meines Vaters Hause sind viele Wohnungen. Wenn's nicht so wäre, hätte ich dann zu euch gesagt: Ich gehe hin, euch die Stätte zu bereiten? Und wenn ich hingehe, euch die Stätte zu bereiten, will ich wiederkommen und euch zu mir nehmen, auf dass auch ihr seid, wo ich bin« (Johannes 14,1-3).

Neben der Angst vor dem Tod, der wir alle ausgesetzt sind, ist gerade unter jungen christlichen Führungskräften eine Angst verbreitet, die ihnen oft noch viel präsenter erscheint: die Angst vor dem Versagen. In jugendlichem Eifer geht man seine Leitungsverantwortung mit großen Erwartungen an. Man plant und hofft auf Erfolg. Aber innerlich sind viele sehr ängstlich. Sie fürchten, nie genug tun zu können, und schrecken vor großen Ideen und kühnen Initiativen zurück, weil sie befürchten, bei diesen Unternehmungen nicht erfolgreich zu sein. Sie sagen zu sich selbst: *Was, wenn mein Tun Gott nicht verherrlicht?* Oder: *Was werden die anderen denken, wenn ich mich als Führungskraft nicht bewähre?* Und so gehen sie »auf Nummer sicher« und achten peinlich darauf, dass nichts schiefgehen kann. Sie schrauben die Erwartungen zurück und legen die Latte immer tiefer. Das läuft darauf hinaus, dass alle Projekte »machbar« sind und kein Risiko bergen, obwohl es viel besser wäre, im Glauben mutig Wagnisse einzugehen. Die Angst vor dem Versagen hält Menschen zurück.

Winston Churchill hat einmal gesagt: »Erfolg bedeutet, von einem Misserfolg zum nächsten zu schreiten, ohne unterwegs die Begeisterung zu verlieren.«[40]

Keine Leitungsperson wird es schaffen, niemals zu versagen. Dieses Risiko gehört zur Verantwortung einfach dazu. Wichtig ist, dass wir wissen, wie wir mit Fehlern umgehen.

Kipling formulierte es in einem Gedicht so, dass wir es in diesem Zusammenhang immer mit zwei »Schwindlern« zu tun haben: »Der eine Herr heißt Triumph, der andere Herr heißt Katastrophe, und beide Herren verdienen ganz genau dieselbe Behandlung.«[41]

Die Zwölf bewiesen großen Mut, als sie Jesus zurück nach Jerusalem begleiteten, um ihn zur Auferweckung des Lazarus zu begleiten. Sie waren zuvor aus Jerusalem vertrieben worden. Man hatte ihnen sogar mit Steinigung gedroht, so groß war der Widerstand der Juden. Die Anführer hatten versucht, Jesus zu ergreifen, aber er und die Zwölf waren auf die andere Seite des Jordans entkommen (vgl. Johannes 10,22-40). Dort hörten sie nun also von Lazarus' Tod, woraufhin Jesus beschloss, dass sie alle unverzüglich nach Jerusalem zurückkehren sollten. Thomas erkannte sofort die Lage: »Lasst uns mit ihm gehen, dass wir mit ihm sterben« (Johannes 11,16). Sie machten sich mit Jesus auf den Weg zurück nach Jerusalem, in der Annahme, dass es für sie alle den Tod bedeuten würde.

Auch Paulus bewies großen Mut, als er auf seiner ersten Missionsreise wenig Erfolg hatte und stattdessen in Lystra gesteinigt wurde und wie tot zu Boden fiel (vgl. Apostelgeschichte 14,19f.). Das war sicher nicht das, was er sich unter einem erfolgreichen missionarischen Einsatz vorgestellt hatte. Aber sehen wir uns an, was er und sein Team nach einem Zwischenstopp in Derbe taten: »Sie predigten dieser Stadt (= Derbe) das Evangelium und unterwiesen viele. Dann kehrten sie zurück nach Lystra und Ikonien und Antiochia, stärkten die Seelen der Jünger und ermahnten sie, im Glauben zu bleiben, und sagten: Wir müssen durch viele Bedrängnisse in das Reich Gottes eingehen« (Apostelgeschichte 14,21f.). Paulus und seine Leute kehrten in die Stadt zurück, in der man vorher versucht hatte, sie zu steinigen. Wenn das kein mutiges Vorgehen war!

Als Leitende wollen wir Erfolg sehen, aber leider geschieht es allzu oft, dass dieses Streben mit Stolz vermischt wird, sodass es letztendlich ums Ego geht. Wenn unsere Pläne dann misslingen, sehen wir das als persönliches Versagen an. Unser Selbstwertgefühl und unsere Identität hängen davon ab, ob wir unsere Ziele erreichen oder nicht. Dabei liegt unser Wert darin begründet, dass wir Kinder Gottes sind, und nicht in dem, was wir für ihn tun. Wir leben in Christus – und sind deshalb stets an einem sicheren Ort. Gott hat uns versprochen, auf uns aufzupassen (vgl. Johannes 10,28-30). Er hat etwas Gutes im Sinn, auch wenn Schwierigkeiten und Herausforderungen in unser Leben kommen, und er will uns zu Menschen machen, die ganz von ihm abhängig sind. Er will unseren Glauben stärken und uns als Christen reifen lassen. In schwierigen Zeiten sind wir umso mehr auf ihn angewiesen. Wenn wir enttäuscht worden sind, schauen wir auf ihn, der unsere einzige Hilfe ist. Vielleicht überprüfen wir noch einmal unsere Berufung oder unsere Motivation als Leitende. Und wir machen uns aufs Neue klar: Wenn unsere Führung etwas Gutes bewirkt, dann liegt es an seiner Gnade und nicht an unserer Kraft. Mose hatte das genau verstanden. Im 90. Psalm heißt es: »Und der Herr, unser Gott, sei uns freundlich und fördere das Werk unserer Hände bei uns. Ja, das Werk unserer Hände wollest du fördern« (Psalm 90,17). Wir geben uns bei unserer Arbeit Mühe, aber das Gelingen, der bleibende Erfolg, kommt vom Herrn.

Eine weitere Zukunftsangst, die viele haben, ist die Frage der Ehe. *Werde ich einen Menschen finden, der mich so liebt, wie ich es mir ersehne? Werde ich jemanden treffen, der das Abenteuer Leben mit mir zusammen erleben möchte? Und wenn ich 30 werde oder 40, bevor ich heirate? Und was, wenn Gott will, dass ich mein ganzes Leben lang Single bleibe?* Solche Fragen können jungen Menschen den Schlaf rauben, wenn sie über ihren zukünftigen Lebensweg nachdenken.

Verheiratet zu sein, birgt keinen größeren Segen, als Single zu sein. Ein Single-Dasein ist kein Fluch! Jeder Mensch, für den Gott diese Lebensform vorgesehen hat, wird genug Kraft, Gnade und Segen bekommen, um ein erfülltes und glückliches Leben zu leben. Und wenn Gott uns an der Seite eines anderen sehen möchte, wird er auch dann die nötige Kraft und den Segen geben, dass wir unsere Rolle als Ehemann oder Ehefrau ausfüllen und genießen können. Wir brauchen vor Gottes »Heiratsplänen« (bzw. »Nicht-Heiratsplänen«) keine Angst zu haben. Sollten wir ihm als Single besser und effektiver dienen können, wird das zu unserem Besten sein. Und wenn der Dienst für das Reich Gottes in unserem Fall besser gemeinsam als Ehepaar funktioniert, wird Gott zu seiner Zeit genau die richtige Person in unser Leben bringen. Wir sollen einfach in ihm ruhen und darauf vertrauen, dass er seine guten Pläne für uns ausführt. Ich erinnere mich in diesem Zusammenhang an die Worte: »Besser fünf Jahre weniger mit der richtigen Person verheiratet sein als zehn Jahre mehr mit der falschen.«

Viele haben auch Angst vor Gottes Berufung, weil sie denken, dass er etwas von ihnen verlangen könnte, was zu schwierig ist, sie nicht erfüllt, sie in die Armut oder weit weg von Freunden und geliebten Menschen führt. Wenn wir so denken, sehen wir Gott als jemanden, der so verzweifelt auf der Suche nach Helfenden bei der Ernte ist, dass wir davon überzeugt sind: Wenn wir ihn nur lassen, wird er uns in den vollzeitlichen Dienst stecken. Und so versäumen wir es, uns der Frage der eigenen Berufung ergebnisoffen zu stellen, und hoffen darauf, dass wir ihm in einem Beruf, den wir selbst wählen, gut genug dienen können. Nur eins tun wir nicht: Ihm die Möglichkeit geben, unsere Pläne zu durchkreuzen. Die Angst davor führt dann manchmal dazu, dass wir die nagende Frage in uns spüren, ob wir ihm vielleicht ungehorsam waren und seinen Plan für unser Leben verpasst haben.

Doch ein beruflicher Dienst für den Herrn ist *nicht* das höchste Ziel des Lebens. Das höchste Ziel besteht darin zu entdecken, was Gott will, und das von ganzem Herzen zu tun. Paulus schreibt: »Alles was ihr tut, das tut von Herzen als dem Herrn und nicht den Menschen, denn ihr wisst, dass ihr von dem Herrn als Lohn das Erbe empfangen werdet. Dient dem Herrn Jesus Christus!« (Kolosser 3,23f.). Für die meisten von uns wird dieses Dienen darin bestehen, an dem Ort, an den uns Gott gestellt hat, Salz und Licht zu sein, in dem Umfeld, in dem wir als Ärztin, Lehrer, Buchhalterin oder was auch immer Gottes Beruf für uns sein mag, Einfluss zu nehmen. Aber einige von uns, wahrscheinlich einen recht geringen Prozentsatz, wird er dazu berufen, unsere Netze (Berufe) zu verlassen und unmittelbar beruflich mit an seinem Reich zu bauen. Beide Möglichkeiten sind gleichwertige Berufe und Berufungen und beide verlangen, dass wir sie mit ganzem Herzen tun.

Sollte Gott uns in die hauptberufliche Arbeit rufen und auffordern, unsere Familie, unsere Freunde und unsere vertraute Umgebung zu verlassen, um das Evangelium dorthin zu bringen, wo die gute Nachricht noch nicht bekannt ist, wird er uns die Bereitschaft verleihen, diesem Ruf mit ganzem Herzen zu folgen. Er hat versprochen, alle, die ihm auf diese Weise dienen, zu belohnen: »Wahrlich, ich sage euch, es ist niemand, der Haus oder Brüder oder Schwestern oder Mutter oder Vater oder Kinder oder Äcker verlässt um meinetwillen und um des Evangeliums willen, der nicht hundertfach empfange: jetzt in dieser Zeit Häuser und Brüder und Schwestern und Mütter und Kinder und Äcker mitten unter Verfolgungen – und in der kommenden Welt das ewige Leben« (Markus 10,29f.).

Mut, allein dazustehen

Weniges wird in unserer Kultur und Zeit höher geschätzt als der Gedanke der Toleranz. Die postmoderne Weltsicht will uns einreden, dass es so etwas wie die absolute Wahrheit nicht gibt. Es gibt nur viele individuelle Wahrheiten, aber keine, die für alle gilt. Es ist schön, bestimmte Überzeugungen zu haben und danach zu leben, aber wehe, wir versuchen, diese Überzeugungen an andere Menschen weiterzugeben. Stattdessen werden wir aufgefordert, alles zu tolerieren, sämtliche Überzeugungen und individuelle »Wahrheiten«, die sich aus diesen Überzeugungen ergeben, selbst wenn sie zu unseren eigenen im Widerspruch stehen. Wer glaubt, die absolute Wahrheit zu kennen, gilt als intolerant, scheinheilig oder Schlimmeres.

Zu glauben, dass die Bibel die absolute, von Gott offenbarte Wahrheit ist, ist mit dieser Haltung nicht vereinbar. Jesus spricht: »Ich bin der Weg, die Wahrheit und das Leben. Niemand kommt zum Vater, denn durch mich« (Johannes 14,6). Jesus sagt nicht: »Ich bin einer der vielen Wege zu Gott.« Nein, er beansprucht für sich, *der* Weg, das heißt der einzige Weg zu Gott und zum ewigen Leben zu sein.

Viele unserer Zeitgenossen würden Jesus aufgrund dieser Aussage als intolerant und arrogant bezeichnen. Und von ihrer Warte aus ist das ja auch folgerichtig. Wer nur an relative Wahrheiten glaubt, muss zu einer solchen Schlussfolgerung kommen. Wenn aber Jesus tatsächlich der Sohn Gottes ist, wenn sich in ihm Gott als Mensch den Menschen offenbart hat, müssen wir zwangsläufig zu einer anderen Einschätzung kommen. Er ist die Wahrheit. Er ist der Weg zu Gott, dem Vater, und alle anderen »Wahrheiten« über Wege zu Gott sind falsch. Die Menschen unserer Zeit werden also vor die Wahl gestellt, sich zwischen der absoluten Wahrheit, wie Christus sie verkündigt, und der relativen Wahrheit unserer Tage zu entscheiden. Wer in der heutigen Zeit sagt, er glaube an eine absolute Wahrheit, macht sich unbeliebt.

C. S. Lewis beschrieb dieses Dilemma mit den folgenden Worten:

> *Ich möchte jeden davor bewahren, sich jener weit verbreiteten, äußerst beschränkten Aussage über ihn anzuschließen: »Ich kann Jesus als großen ethisch-moralischen Lehrer akzeptieren, aber nicht seine Ansprüche auf Gottheit.« Diese Behauptung ist unhaltbar. Wer als gewöhnlicher Sterblicher solche Dinge sagt, wie Jesus es getan hat, der kann gar kein großer ethischer Lehrer sein. Er wäre entweder ein Wahnsinniger – wie einer, der behauptet, er sei ein Huhn – oder er wäre der Teufel persönlich. Vor dieser Wahl stehen wir. Entweder war und ist dieser Mann Gottes Sohn – oder er war ein Verrückter oder Schlimmeres.*[42]

Leitende brauchen in unserer heutigen Zeit viel Mut und Weisheit, um sich mit der Frage der absoluten Wahrheit in einer dem christlichen Glauben wenig zugewandten Welt auseinanderzusetzen. Sie brauchen genau das, was Jesus damals von seinen zwölf Jüngern verlangte, als er sie aussandte: »Siehe, ich sende euch wie Schafe mitten unter die Wölfe. Darum seid klug wie die Schlangen und ohne Falsch wie die Tauben« (Matthäus 10,16). Sie müssen kompromisslos für das eintreten, was richtig und wahr ist. Gleichzeitig versuchen sie, in Liebe und mit Verständnis für die heutige Zeit Gottes Reich zu bauen und durch die Türen zu gehen, die er öffnet.

Der Druck von außen ist gewaltig. Die Welt verlangt von Christen in Führungspositionen, dass sie sich anpassen. Hier braucht es viel Mut, um für das Richtige einzustehen und nicht für das, was gerade günstig und einfach oder populär ist. Mose ermahnte das Volk Israel: »Du sollst der Menge nicht auf dem Weg zum Bösen folgen« (2. Mose 23,2). Mag sein, dass es Zeiten geben wird, in denen wir uns als Leitende allein einer überwältigenden Mehrheit gegenübersehen. Gott selbst hat aber versprochen, dann bei uns zu sein. Jesus ermutigt uns mit folgenden Worten: »Wenn sie euch aber führen werden in die Synagogen und vor die Machthaber und die Obrigkeiten, so sorgt nicht, wie oder womit ihr euch verantworten oder was ihr sagen sollt, denn der Heilige Geist wird euch in derselben Stunde lehren, was ihr sagen sollt« (Lukas 12,11f.).

Durch die Geschichte hindurch hat Gott immer wieder von seinen Leuten verlangt, für die Wahrheit einzustehen und sich der Mehrheitsmeinung nicht zu beugen. Königin Ester setzte ihr Leben aufs Spiel, als sie vor den König trat. Sie trat für ihr Volk ein, dem durch einen königlichen Erlass die Vernichtung drohte. Ihr Vetter Mordechai warnte sie: »Wenn du zu dieser Zeit schweigen wirst, wird eine Hilfe und eine Errettung von einem andern Ort her den Juden entstehen. Du aber und deines Vaters Haus, ihr werdet umkommen. Und wer weiß, ob du nicht gerade um dieser Zeit willen zur königlichen Würde gekommen bist?« (Ester 4,14). Esters Antwort zeigt, was für eine mutige Leiterin sie war: »Und dann will ich zum König hineingehen entgegen dem Gesetz. Komme ich um, so komme ich um« (Ester 4,16). Wir wissen, wie die Geschichte ausging: Gott benutzte Ester, um das jüdische Volk zu retten, und ihr Widersacher Haman wurde vernichtet.

Und welchen Mut bewiesen Daniels Freunde Schadrach, Meschach und Abed-Nego, als sie dem König Nebukadnezar die Stirn boten! Sie weigerten sich, das goldene Standbild des Königs anzubeten, und wurden zur Strafe in den glühenden Feuerofen geworfen. Auch sie standen für das ein, was richtig war:

Da fingen an Schadrach, Meschach und Abed-Nego und sprachen zum König Nebukadnezar: Es ist nicht nötig, dass wir dir darauf antworten. Siehe, unser Gott, den wir verehren, kann uns erretten aus dem glühenden Feuerofen und auch aus deiner Hand, o König, kann er erretten. Und wenn er's nicht tut, so sollst du dennoch wissen, dass wir deinen Gott nicht ehren und das goldene Bild, das du hast aufrichten lassen, nicht anbeten werden (Daniel 3,16-18).

Welch außergewöhnlicher Mut!

Mut zur Auseinandersetzung

Alle Menschen wollen geliebt werden und wünschen sich, dass andere gut von ihnen denken. In besonderer Weise trifft dies auf junge Führungskräfte zu, die sich gerade erst in ihre neue Rolle einfinden. Manchmal hält uns unser Harmoniebedürfnis davon ab, unsere Mitarbeitenden zu kritisieren oder auf Fehler hinzuweisen, insbesondere, wenn es sich um schwierige und sensible Themen handelt. Vielleicht ist jemand in unserem Team seiner Verantwortung nicht gerecht geworden. Vielleicht wurden Termine nicht eingehalten, Zielvorgaben nicht erfüllt oder sogar andere verletzt und gekränkt. Vielleicht ist schlicht Sünde im Spiel. Wenn solche Dinge einer Führungskraft zu Ohren kommen, muss sie handeln. Die Sache auf die lange Bank zu schieben, würde alles nur noch schlimmer machen.

Als Leitende ist uns daran gelegen, einerseits »Klartext« zu reden, andererseits keinen Zweifel daran zu lassen, dass wir nicht besser sind als unser Gegenüber und dass es uns um sein Wohl geht. Wir bemühen uns, die Wahrheit in Liebe zu sagen, und geben der Hoffnung Ausdruck, dass die Person, die wir zurechtweisen, zu ihrem vollen Potenzial in Jesus findet. Wir riskieren zu diesem Zweck die Harmonie, vielleicht sogar die freundschaftliche Beziehung, weil wir unser Gegenüber lieb haben und davon überzeugt sind, dass Liebe immer das Beste für den anderen will. Ich weiß, wie schwer ein solches Zurechtweisen in Liebe fällt, besonders bei sensiblen Themen, aber Gott hat uns als Führungskräften die Verantwortung gegeben, mit allen in unserem Team gemäß seinen Geboten umzugehen (vgl. Hebräer 3,17).

Denken wir daran, was Gott zu Josua sagte, nachdem dieser von Mose die Führungsrolle in Israel übernommen hatte. Insgesamt dreimal wird er von Gott ermahnt, »getrost und unverzagt« zu sein (Josua 1,6; 7,9). Gott wusste, dass die neue Führungsrolle keine leichte Aufgabe war und dass Josua dafür Kraft von oben brauchte. Sogar dem Volk war klar, dass ihr neuer Leiter vor großen Herausforderungen stand, weshalb die Menschen zu ihm sagten: »Sei nur getrost und unverzagt (= mutig)« (Josua 1,18). Ich finde es bemerkenswert, dass das Volk diese Aussage machte, nachdem es sich entschieden hatten, Josua so zu folgen, wie es Mose gefolgt war. Auch Josua selbst, der sich ja gut daran erinnern konnte, welche Probleme Mose beim Leiten des Volkes gehabt hatte, wusste, dass er einen solchen Zuspruch brauchte.

Mut zum Vertrauen auf Gottes Versorgung

Es sind vor allem zwei Dinge nötig, um ein anvisiertes Ziel zu erreichen: Menschen und Geld. Von Führungskräften wird erwartet, dass sie einen Plan ausarbeiten, wie die notwendigen Ressourcen aufgebracht werden können. Nun gibt es zwei Möglichkeiten, wie man an Projekte herangehen kann. Die eine: Man schaut sich an, was vorhanden ist oder beschafft werden kann, und erarbeitet dann einen Plan, wie diese Mittel mit maximalem Nutzen zum Erreichen des Ziels eingesetzt werden können. Die Fertigstellung des Projekts richtet sich dann streng nach den vorhandenen Möglichkeiten.

Es gibt aber auch noch eine zweite Herangehensweise und diese erfordert sehr viel mehr Mut und zudem Glauben, wie wir in einem vorhergehenden Kapitel besprochen haben. Dabei tritt die Leitungsperson (und das gesamte Leitungsteam) vor den Herrn und fragt ihn: »Was möchtest du von uns? Was sind deine Pläne?« Hat man dann eine gemeinsame Vision des Ziels, leitet die Führungsperson mutig alle anderen dazu an, Gott zu vertrauen, dass er alle notwendigen Ressourcen zur Verfügung stellen wird, um den von ihm gegebenen Plan zu verwirklichen. Niemals wird er etwas von uns verlangen, für das er uns nicht die Mittel zur Verfügung stellt.

Diese Art der Planung erfordert Mut, denn wenn Gott nicht helfend eingreift, ist der Plan zum Scheitern verurteilt. Es besteht ein Risiko und die Frage »Wie wird es genau passieren?« lässt sich nicht ohne Weiteres beantworten. Doch wir sollten uns nicht auf das *Wie?* konzentrieren, denn dafür ist Gott zuständig, sondern darauf, worum wir ihn bitten. Die Mittel und Wege, mit denen Gott antwortet und uns versorgt, sind oft erstaunlich, denn dadurch bekommt er selbst die Ehre.

Ein Freund von mir sagte einmal: »Wenn ich ein Buch über Gebetserhörungen schreiben würde, würde ich ihm den Titel *Erstaunt, aber nicht überrascht* geben.« Ja, wir sind oft erstaunt darüber, wie Gott Ressourcen für unsere Leiterschaft bereitstellt, aber wir sind nicht überrascht, dass er antwortet – er ist schließlich Gott!

Risikoscheue Führungskräfte

Es gibt viele Leitende, die davor zurückschrecken, andere mutig zu führen. Stattdessen gehen sie bei ihren Entscheidungen auf Nummer sicher und scheuen das Risiko. Es fehlt ihnen an Freude und Schwung und man hat nicht den Eindruck, dass Gottes Kraft in diesen Menschen wirkt. Mutlose Leitungspersonen wagen nur selten Glaubensschritte. Sie planen zwar und tun ihre Arbeit, gelegentlich geht es sogar ein wenig vorwärts, aber Hingabe und Begeisterung sehen anders aus. Sie verbreiten eine Atmosphäre der Langeweile und Pflichterfüllung – mit dem Ergebnis, dass sich die Mitarbeitenden im Team fragen, warum die Arbeit so unattraktiv ist und ob es nicht doch noch mehr geben müsste im Leben eines Christen und im Dienst für den Herrn.

Risikoscheue Führungskräfte sind deshalb erfolglos, weil sie Gott nicht vertrauen, weder in ihrem Leben noch in ihrer Leitung. Sie haben Schwierigkeiten, andere Führungskräfte für ihren Dienst zu gewinnen, denn viele wollen im Glauben vorangehen und Gott auf sehr dynamische, reale Weise am Werk sehen.

Es ist schwierig zu erkennen, wofür diese Leitungskräfte stehen, da sie stark von ihrem Umfeld beeinflusst werden. In einer Situation sagen und tun sie eine Sache, weil es einfacher ist, sich anzupassen, als mutig für das Richtige einzutreten, aber in einem anderen Kontext tun sie etwas ganz anderes. Sie ähneln einer politischen Führungsperson, die ihre Leitung an die neuesten Ergebnisse öffentlicher Meinungsumfragen anpasst und immer versucht, der Mehrheit zu gefallen.

Führungskräfte, denen es an Mut mangelt, sind mehr damit beschäftigt, den Menschen zu gefallen als Gott. Sie gehen den Weg des geringsten Widerstands, anstatt das Richtige zu tun, und geben schnell dem kulturellen Druck nach. Um Konflikte zu vermeiden, gehen sie bei ihren biblischen Überzeugungen Kompromisse ein und reden sich ein, dass es sich dabei nur um Kleinigkeiten handelt. Ihrer Leiterschaft fehlt deswegen der Segen Gottes.

Sicher will niemand von uns die Art Führungskraft sein, von der man sich nach ihrem Tod fragt, ob sie überhaupt etwas Gutes in die Welt gebracht hat. Mögen wir uns stattdessen mutig den Herausforderungen unserer Leitungsrolle stellen und darauf vertrauen, dass Gott uns befähigt, seine Ziele in und durch uns zu verwirklichen.

Josiah Gilbert Hollands Gedicht mit dem Titel *The Day´s Demand* (dt.: *Der Bedarf des Tages* im Sinne von »Was die heutige Zeit erfordert«) aus dem Jahre 1860 beschreibt die Art von Leitenden, die in seinen Tagen, aber genauso auch heute gebraucht werden (sinngemäße Übertragung).

Gott gebe uns Männer für unsere Zeit
im Herzen weich, im Willen stark,
glaubensmächtig und zum Handeln bereit.
Männer, die nicht nur nach Ämtern streben,
Männer, die für ihre Überzeugungen leben,
ehrbare Männer, der Lüge feind,
die der Hass auf Bestechung eint.
Männer, die dem Hetzer ins Angesicht sehen
und keins seiner Schmeichelworte verstehen.
Männer, groß, stark, mit gütiger Hand,
dem Durchschnitt entronnen im Dienst für ihr Land.
Männer, die sich in ihrem Tun nicht wandeln,
die mutig und aus Prinzipientreue handeln.
Aber, ach, der Pöbel regiert
mit hehren Manifesten und leeren Worten,
in sich zerstritten, doch präsent allerorten.

Und die Freiheit, sie weint und kann nur hoffen.
Doch noch schläft Justitia und Unrecht regiert ...[43]

Wenn du nun den letzten praktischen Teil in diesem Buch studierst, vergiss nicht, dass die Anwendung des Gelernten Mut erfordert – Mut, Gebet und ein Leben in der Abhängigkeit vom Heiligen Geist. Viele Führungskräfte begnügen sich damit, aus eigener Kraft voranzukommen, indem sie den Fähigkeiten nachjagen, die sie im Moment brauchen, anstatt die grundlegenden und ergänzenden Charaktereigenschaften aufzubauen, die ihnen auf Dauer zu gutem Einfluss verhelfen. Es sollte stets unser Ziel sein, einen Charakter zu entwickeln, der dem Jesu ähnlich ist. Denn es geht darum, dass wir durch unsere Leiterschaft etwas bewirken, was Ewigkeitswert hat.

Charakterentwicklung konkret – Thema Mut

Bibelarbeit

1. Lies aufmerksam die folgenden Bibelstellen und -verse. Was verraten sie über die Menschen, die in ihren individuellen Lebenssituationen Mut bewiesen? Welche Folgen hatte dieser Mut?

Die hebräischen Hebammen und Jochebed, die Mutter des Mose (2. Mose 1,15-2,10):

Kaleb (4. Mose 13,1-33):

Rahab (Josua 2,1-24):

David (1. Samuel 17,20-50):

Esther (Esther 4,1-5, Kapitel 5; 7,1-10):

Schadrach, Meschach und Abednego (Daniel 3,1-30):

Daniel (Daniel 6,1-28):

Joseph von Arimathäa und Nikodemus (Johannes 3,1-3; 19,38-42):

Petrus und Johannes (Apostelgeschichte 4,1-22):

Paulus (Apostelgeschichte 14,8-28):

2. Lies die folgenden Bibelstellen. Was sagen sie zum Thema Mut?

5. Mose 20,8:

5. Mose 31,6.23:

Josua 1,1-9:

Josua 14,6-15:

2. Samuel 12,1-14:

2. Chronik 26,16-21:

Esra 10,1-5:

Sprüche 28,1:

Johannes 3,1-12; 14,3f.:

Johannes 10,22-40; 11,16:

1. Korinther 16,13:

Philipper 1,20f.:

Hebräer 3,6:

Hebräer 10,32-35:

Verse zum Auswendiglernen

Esther 4,14
Apostelgeschichte 4,13
Römer 8,31
1. Korinther 16,13

Gebet

Bitte Gott darum, dich zu einem mutigeren Menschen zu machen. Es folgen ein paar Anregungen für deine Gebetszeit zum Thema Mut. Bringe die einzelnen Punkte regelmäßig im Gebet vor Gott:

- Bitte Gott darum, dir zu zeigen, ob es Bereiche in deinem Leben gibt, die von einem Mangel an Mut geprägt sind. Bitte ihn, dass er dir zeigt, an welchen Punkten du verzagt reagierst und es vielleicht noch nicht einmal gemerkt hast.
- Übergib dem Herrn die Zukunft deines Lebens. Überlasse ihm die Verantwortung und das Recht, darüber zu bestimmen, wo es langgeht. Sag ihm, dass du bereit bist, ihm ohne Bedingungen überallhin zu folgen.
- Für Singles: Breite deine Situation regelmäßig im Gebet vor Gott aus. Sag ihm, dass du gerne bereit bist, ihm alleinstehend zu dienen, wenn es sein Wille ist. Versprich ihm für den Fall, dass er die Ehe für dich vorgesehen hat, denjenigen Menschen zu heiraten, den er an deiner Seite sieht.

- Bete darum, dass du ein besseres und tieferes Verständnis entwickelst für Gottes Kraft, seine Liebe und versprochene Versorgung. Bitte darum, dass er dir dabei hilft, alle Verzagtheit abzulegen und mutig voranzuschreiten.
- Bete, dass Gott deinen Glauben stärkt und dir den Mut gibt, im Licht seiner Verheißungen zu handeln.
- Bitte Gott, dir ganz konkret zu zeigen, ob es Bereiche in deinem Leben gibt, die von Angst bestimmt sind. Bitte ihn, dass er dir klarmacht, wo die Ursachen dieser Ängste liegen, und dir den Mut und die Kraft schenkt, dich ihnen zu stellen.
- Danke Gott für alle Gebetserhörungen, die du schon erleben durftest, und dafür, wie er dich versorgt hat. Bitte ihn um Mut, um der Zukunft vertrauensvoll ins Auge zu sehen.

Tipps für die Praxis

1. Bitte deine Mitarbeitenden um ehrliches Feedback. Lass sie wissen, dass du mutiger werden möchtest. Sage ihnen, dass du an diesem Punkt auf ihre Hilfe angewiesen bist. Führe aus, wie Mut in deiner Leitungsrolle konkret aussehen könnte, und bitte um Rückmeldung. Alles darf auf den Tisch. Falls (noch) keine Offenheit besteht, über diese Dinge zu reden, könntest du deinem Team die Möglichkeit geben, sich anonym oder über eine dritte Person zu äußern. Die Tatsache, dass eine Führungsperson es in diesem Punkt ernst meint, wird auf jeden Fall motivierend und inspirierend wirken.

2. Denk im Gebet über die Beziehungen nach, in denen du dich befindest. Bitte Gott, dir zu zeigen, ob du mutig sein solltest, um eine Person auf etwas anzusprechen, was dir in ihrem Leben aufgefallen ist. Sollte Gott dir Frieden darüber geben und eine Möglichkeit zum Gespräch eröffnen, achte unbedingt darauf, dass du es mit der richtigen inneren Einstellung tust. Denk daran: Du willst das Beste für deinen Bruder oder deine Schwester. Du möchtest, dass dein Gegenüber zu seinem vollen Potenzial in Christus findet. Hüte dich also vor einer verurteilenden oder gar verdammenden Einstellung.

3. Bist du innerhalb deines Verantwortungsbereichs an bestimmten Stellen Kompromisse eingegangen und hast deine biblischen Überzeugungen verleugnet, vielleicht, weil du in unserer modernen Gesellschaft nicht anecken wolltest, vielleicht schlicht aus Menschenfurcht? Bitte Gott um Vergebung und um den Mut, deine Lebensführung so zu ändern, dass sie wieder mit deinen Überzeugungen übereinstimmt.

4. Hat Gott dir in letzter Zeit aufs Herz gelegt, mit jemandem aus deinem Bekanntenkreis oder einem Familienmitglied über Glaubensfragen zu sprechen? Wenn dem so ist, bitte ihn um Mut und eine Möglichkeit, das diese Woche zu tun.

5. Befindest du dich momentan in einer Situation, in der du Gott vertrauen und im Glauben wandeln könntest, aber es nicht tust, weil du dir nicht vorstellen kannst, wie er die notwendigen Ressourcen bereitstellen wird? Bete über Verheißungen, die mit Gottes Versorgung zu tun haben, und nimm dann deinen Mut zusammen, um die ersten Schritte in Richtung deines Glaubensziels zu tun.

6. Gibt es in deinem Umfeld Menschen, die kaum oder keine Hoffnung haben und die deine Ermutigung brauchen, um Gott in ihrer Situation zu vertrauen? Bete mit ihnen für ihre Lage und bittet Gott gemeinsam um Gnade und Barmherzigkeit.

7. Wo lässt du dich von Angst leiten? Gibt es Tage, an denen diese Angst die Oberhand gewinnt und dich völlig beherrscht? Wenn dem so ist, bitte Gott darum, dir dabei zu helfen, diese Angst zu überwinden. Denk darüber nach, auf diesem Gebiet Seelsorge und/oder psychologische Hilfe in Anspruch zu nehmen.

8. Gibt es in deinem Dienst oder in deinem Leben einen angstbesetzten Bereich, der dich wie ein Kaninchen vor der Schlange erstarren lässt und daran hindert, so zu leben, wie es Gott gefällt? Stell dich dem Risiko: Analysiere es genau und leite dann – sofern Gott dir die Freiheit dazu schenkt – die ersten Schritte in die Wege, trotz allem im Glauben voranzuschreiten. Vergiss nicht, andere zu bitten, dich im Gebet zu unterstützen.

9. Triff dich regelmäßig mit Gleichgesinnten oder deinem Leitungsteam. Betet gemeinsam dafür, dass Gott euch den Mut schenkt, unverzagt voranzugehen und die zusammen erarbeitete Vision immer vor Augen zu haben. Bittet ihn, euch zu zeigen, auf welchen Gebieten ihr zu furchtsam seid. Betet darum, dass Gott diese Angst durch Mut ersetzt. Und dann handelt mit Entschlossenheit in eurem Glauben!

10. Hat Gott dir in letzter Zeit einen Menschen aufs Herz gelegt, den du ermahnen oder zurechtweisen solltest, obwohl es unangenehm sein wird? Vielleicht handelt es sich um jemanden, der unter seinem Können bleibt und mehr Einsatz zeigen sollte. Vielleicht ist es jemand, der andere durch seine Worte und Taten verletzt hat. Bitte Gott um Mut, mit dieser Person zu sprechen. Suche sie unter vier Augen auf, sag die Wahrheit in Liebe und hilf diesem Menschen in aller Demut dabei, zu seinem vollen Potenzial in Christus zu finden.

Endnoten

1 Jerry Bridges, *The Discipline of Grace* (Colorado Springs, Colorado: NavPress, 1994), S. 134.

2 James G. Friesen et al., *Living from the Heart Jesus Gave You* (Pasadena, California: Shepherd's House, 2000), S. 6.

3 Paul Lee Tan, *Encyclopedia of 7700 Illustrations* (Rockville, Maryland: Assurance Publishers, 1985), S. 905.

4 Ich verdanke diese Einsicht einem Gespräch mit Bill Thrall im November 1997.

5 Zitiert bei Rick Warren, *Rick Warren's Bible Study Methods* (Grand Rapids, Michigan: Zondervan 2006), S. 16.

6 Vgl. W. E. Vine, *An Expository Dictionary of New Testament Words*, Band 3 (Old Tappan, New Jersey: Revell, 1966), S. 20ff.

7 James G. Friesen et al., *Living from the Heart Jesus Gave you* (Pasadena, California: Shepherd's House, 2000), S. 18.

8 Kenneth Blanchard und Spencer Johnson, *The One Minute Manager* (New York: Berkely Books, 1981), S. 39ff.

9 Paul Lee Tan, *Encyclopedia of 7700 Illustrations* (Rockville, Maryland: Assurance Publishers, 1985), S. 757.

10 Wahrig, *Deutsches Wörterbuch*, Neuausgabe 2006, siehe auch W. E. Vine, *An Expository Dictionary of New Testament Words*, Eintrag zu *humility*.

11 *Webster's Unabridged Dictionary*, 2. Ausgabe, o. J.; Eintrag zu *integrity*.

12 W. E. Vine, *An Expository Dictionary of New Testament Words*, Band 3 (Old Tappan, New Jersey: Revell, 1966), S. 239.

13 Der Ausspruch wurde am Center for Academic Integrity, Rutland Institute for Ethics der Clemson University zitiert; www.academicintegrity.org.

14 Donald T. Phillips, *The Founding Fathers on Leadership* (New York: Warner Books, 1997), S. 99ff.

15 Phil Parshall, »*The Tiger of Lust – The Downward Path of Moral Ruin*«, Essay.

16 Fran Love in einem persönlichen Schreiben an den Autor.

17 »God encourages us to trust Him for the impossible as well as

the possible, for to Him they are all the same, less than Himself.« Ich habe dieses Zitat einem Gespräch mit J. O. Sanders im Jahr 1986 entnommen.

18 A. Sims, *An Hour with George Mueller* (Grand Rapids, Michigan, ohne Datum), S. 34.

19 Dwight D. Eisenhower, *Crusade in Europe* (Garden City, New York: Dolphin Books, 1961), S. 222.

20 Norval Hadley, Vortrag mit dem Titel »Powerful Prayer Principles – Prevailing Prayer« (»Wichtige Prinzipien des Betens – anhaltendes Gebet«) anlässlich einer Tagung der Organisation International Intercessors (etwa: »Fürbitte für die Welt«) im Jahre 1987.

21 Warren Myers, *»The Devotional Use of Scripture for Application, Guidance and Promise-Claiming«*, Anhang C, ohne Jahrgang und Erscheinungsort.

22 Ebd.

23 Charles Spurgeon, zitiert bei Herbert Lockyer, *All the Promises of the Bible* (Grand Rapids, Michigan: Zondervan: 1962), S. 55f.

24 A. W. Tozer, *That Incredible Christian* (Wheaton, Illinois: Tyndale, 1964), S. 28.

25 Nach Merriam-Webster Online Dictionary, 11. Auflage, Eintrag: promise. Quelle: www.merriam-webster.com/dictionary/promise.

26 W. E. Vine, *An Expository Dictionary of New Testament Words*, Band 3 (Old Tappan, New Jersey, Revell, 1966), S. 167f.

27 Ich verdanke diese Gedanken über die zwei Antriebskräfte Doug Nuenke und Bill Thrall.

28 Hinsichtlich der Gedanken über den Zusammenhang zwischen Lebensbrüchen und Charakterentwicklung bin ich Dr. J. Robert Clinton zu großem Dank verpflichtet. Vgl. den Artikel Clintons: *»Boundary Processing – Looking at Critical Transition Times in Leaders' Lives«* (1992) sowie spätere Veröffentlichungen des Autors zum gleichen Thema.

29 Paul Lee Tan, *Encyclopedia of 7700 Illustrations* (Rockville, Maryland: Assurance Publishers, 1985), S. 984.

30 Ebd., S. 936f.

31 Ulysses Grant war der Oberbefehlshaber des US-Heeres im Sezessionskrieg und von 1869 bis 1877 der 18. Präsident der Vereinigten Staaten von Amerika. Zitiert nach Tan, *Encyclopedia*, S. 1093.

32 Nach Paul Lee Tan, *Encyclopedia*, S. 1668.

33 So Dr. Howard Hendricks in einem Vortrag Ende der 1970er-Jahre, bei dem ich unter den Zuhörern war.

34 W. E. Vine, *An Expository Dictionary of New Testament Words,* Band 3 (Old Tappan, New Jersey: Revell 1966), S. 316.

35 Zitiert nach Sanders in einem Gespräch im Jahr 1986.

36 Ich verdanke diesen Hinweis Paul Stanley. Paul hat mich immer wieder daran erinnert, wie wichtig es ist, Leitenden dabei zu helfen, ihre Erfahrungen auszuwerten, um besser zu leiten.

37 Zitiert bei Tony Geraghty, *Inside the SAS* (New York: Ballantine Books, 1982), S. 177.

38 In einem persönlichen Gespräch.

39 Mitgeteilt im persönlichen Gespräch im Jahr 1995. Originalformulierung: *core set.*

40 Original: *Success consists of going from failure to failure without loss of enthusiasm.* Quelle: http://brainyquote.com.

41 Original: *If you can meet with triumph and disaster, And treat those two imposters just the same.* Rudyard Kipling, »If«, http://www.everypoet.com/archive/poetry/Rudyard_Kipling/kipling_if.htm.

42 C. S. Lewis, *Mere Christianity* (New York: MacMillan, 1941, S. 40f.), zitiert nach dem Wortlaut der deutschen Ausgabe: *Pardon, ich bin Christ.* Neuausgabe zum 50. Todestag des Autors bei Fontis – Brunnen Basel.

43 Josiah Gilbert Holland, *»The Day's Demand«,* in: *Masterpieces of Religious Verse,* hrsg. von James Dalton Morrison (Nashville: Broadman, Holman, 1984), S. 353. Anmerkung des Übersetzers: Der amerikanische Dichter und Schriftsteller J. G. Holland lebte von 1819-1881 und schrieb das Gedicht *God give us men* 60 Jahre vor der Einführung des allgemeinen Frauenwahlrechts.

Wer wir sind

Navigatoren

Die Navigatoren wollen Menschen dazu einladen, Jesus kennenzulernen und seine Botschaft tief zu ergründen. Mit der Bibel in der Hand, mitten im Leben. Der besondere Fokus liegt darauf, Leben zu teilen und Einzelne so in ihrem Glauben zu bestärken, dass sie ihn auch noch an die übernächste Generation weitergeben können.

Am Anfang stand eine Zweierschaft, eine Lern- und Austauschbeziehung zwischen dem Kalifornier Dawson Trotman und einem befreundeten jungen Matrosen. Daraus entwickelte sich während des 2. Weltkriegs ein Netzwerk unter amerikanischen Seeleuten. Man traf sich, um gemeinsam in der Bibel zu lesen, Verse auswendig zu lernen und sich gegenseitig im Glauben zu unterstützen.

Nach ihrer Zeit bei der Marine nahmen viele der jungen Leute die Erfahrungen mit an die Universitäten, behielten aber ihren maritimen Namen: Navigatoren. Daraus wuchs in den 1950er Jahren eine Bewegung unter Studierenden, zunächst in den USA und bald darauf auch in Europa und weltweit. Mittlerweile gibt es die Navigatoren in über 100 Ländern.

In Deutschland begannen die Navigatoren in verschiedenen westdeutschen Universitätsstädten und als Timotheusarbeit unter dem Dach der evangelischen Kirche in der DDR.

Studierendengruppen, verschiedenste Freizeiten und Weggemeinschaften auf der Langstrecke des Glaubens prägen heute das Bild der Navigatoren. Das Mentoringprogramm „Generation Timotheus" lädt junge Leute ab 17 dazu ein, sich in Glauben und Charakter weiterzuentwickeln und in andere zu investieren. „Leiten mit Charakter" ist dabei zur wichtigen Ressource geworden.

Die Arbeit der Navigatoren geschieht in konfessioneller Offenheit auf der Glaubensgrundlage der Evangelischen Allianz und in Kooperation mit Christen aus anderen Werken, Kirchen und Gemeinden.

Navigatoren e.V.
Thomas-Mann-Straße 60
53111 Bonn
Fon 0228/361031
Fax 0228/361033
www.navigatoren.de
mail@navigatoren.de